「ぼくの自学ノート」

梅田明日佳

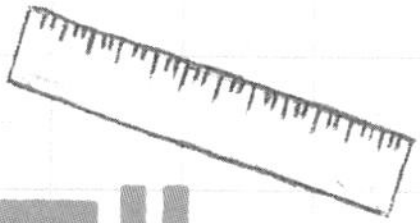

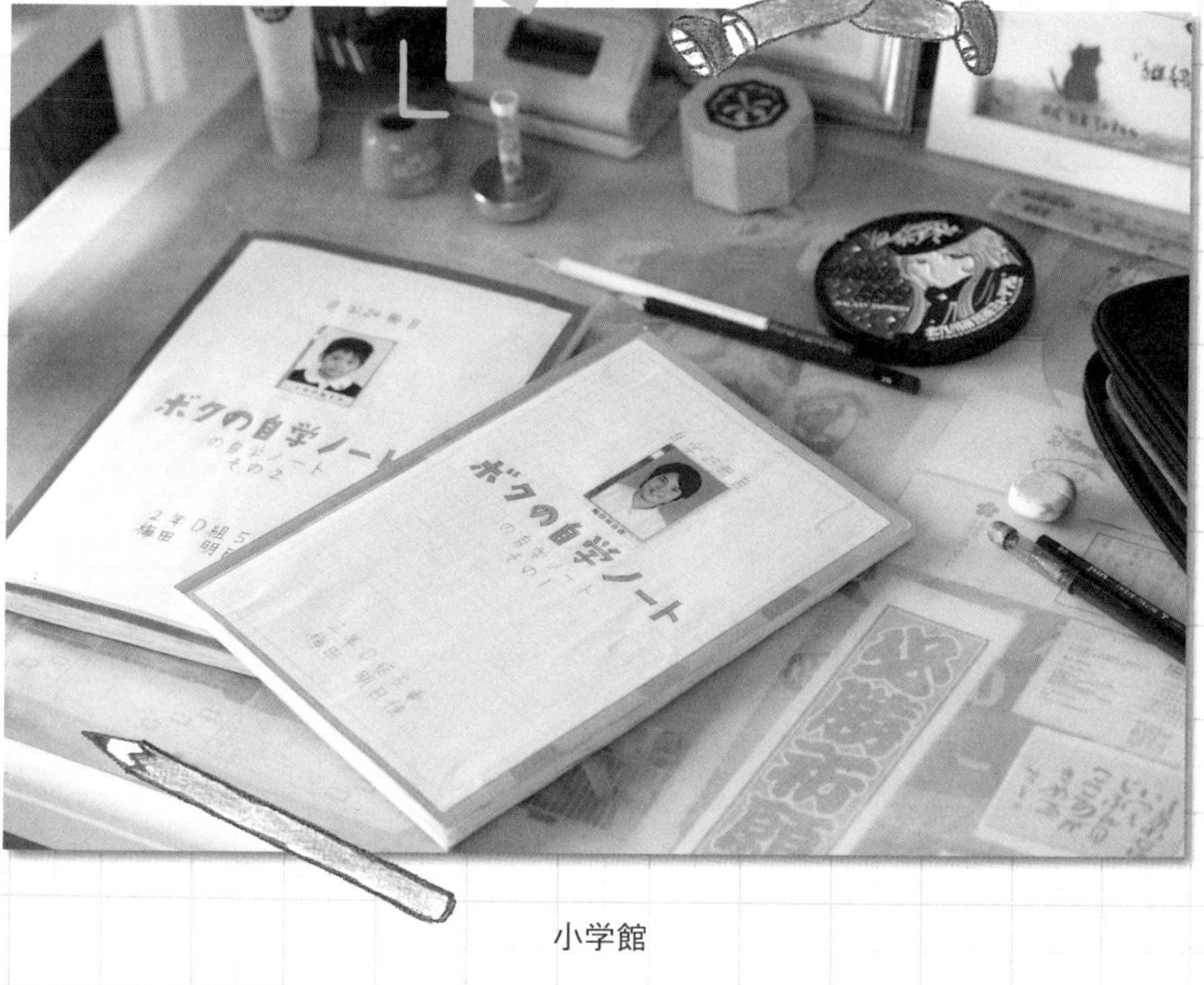

小学館

目次

僕《ぼく》はこの部屋で「自学ノート」を書いている。

ZZ GUNDAM
GUNDAM
ZAKU
GUNDAM X DIVIDER
TIE FIGHTER
FineMolds
ファインモールド
日本と世界の歴史
BATTLESHIP ISE
将棋盤
NO.40

まえがき

はじめまして、梅田明日佳《うめだあすか》です。高校三年生です。

僕《ぼく》には、高校生だということ以外に、例えばフィギュアスケート選手とかプロ棋士《きし》とか、そういう輝《かがや》かしい肩書《かたがき》はありません。

そんな僕がどうして本を出すことになったのかというと……。

きっかけは、小学三年生のときに書きはじめた「自学ノート」にありました。

僕の「自学ノート」は、新聞記事の感想、展覧会のレポートや旅行記、絵や作文コンクールに出品した作品の解説や、「ぼくのあしあと」「ぼくの10大ニュース」とタイトルをつけた自分史のページなどで作られています。「自学ノート」の取り組みが全国の小中学校で行われていることは、最近になって知りました。僕の「自学ノート」は、まるで『ドラえもん』に登場するジャイアンが作った脅威《きょうい》の料理「ジャイアンシチュー」のようなごちゃまぜノートですが、中学の部活問題や高校受験のピンチを乗《の》り越《こ》え、現在二十七冊まで完成しています。学年を追うごとに読んでくださる方が増え、自分でもなんだかすごいことになったなあと思っています。

小学三年生からの四年間は、担任の先生との交換日記《こうかん》のようなものでした。新聞記事の感想や体験談を書くと、赤ペンで「うめちゃんはもの知りだね！　すてきだね！」とコメントが返ってきて、とても励《はげ》みになりました。質問が書かれていたら、一所懸命《けんめい》に調べて返事を書きました。こうして時間がたっぷりあった小学校時代に、僕は新聞を読む習慣を身につけ、新聞で紹介《しょうかい》された身近な場所に出かけて取材する楽しさを覚えました。


中学時代は、市内のいくつかの資料館の方に、展示の感想を書いたページを読んでいただけるようになりました。部分的にコピーをとり手紙といっしょに送ることもありましたが、ノートを持参した場合は、何週間かあとに受け取りに行ったり、郵送してもらったりしました。返ってきたノートに感想が書き添《か》《そ》えられているのがうれしくて、企画展《きかくてん》の取材とその後の資料の読書にも自然と熱が入りました。

定期テストとその準備期間は勉強に切《き》り替《か》えながら、中三の一学期まで、読んでは書き、出かけては書きの生活を続けました。この体験は、学校でまったく存在感のない僕に、少しの自信と、違《い》和感《わかん》いっぱいの学校生活を客観視する力をくれました。毎日があまりにも充実《じゅうじつ》していたので「部活をしてないと内申書《ないしんしょ》に響《ひび》くよ」とクラスメイトから言われても、どこ吹《ふ》く風で受け流すことができました。

中三の夏休みから約五ヵ月をかけ、北九州市が主催《しゅさい》するコンクール「子どもノンフィクション文学賞」に出品する『ぼくのあしあと　総集編』の原稿《げんこう》を書きました。四百字づめ原稿用紙五十枚、「自学ノート」についての話です。それが中学生の部で大賞に選ばれたという知らせが届いたのは、公立高校の受験を半月後に控《ひか》えたときでした。

高一の夏休みは、課外授業を受けながら、担任の先生から勧《すす》められた慶應義塾《けいおうぎじゅく》大学主催の小論文コンテスト「小泉信三賞《こいずみしんぞうしょう》」の原稿に取り組んだので、学期中より余裕《よゆう》のない日々でした。そんなある日、『ぼくのあしあと　総集編』がおもしろかったと、ＮＨＫエデュケーショナルの佐々木健一《ささきけんいち》さんから手紙が届きました。のんきな僕は、テレビ番組を制作しているディレクターさんとメールのやりとりができるようになったことが、うれしくてたまりませんでした。僕のドキュメンタリー番組を作りたいと言われて驚《おどろ》いたのは秋、企画が採択《さいたく》されたと聞いてことの重大さに気づいたのは冬、翌二〇一九年二月の学年末テスト最終日から一週間ほど撮影《さつえい》が行われました。そして迎《むか》えた令和元日の五月一日、『ボクの自学ノート〜7年間の小さな大冒険《だいぼうけん》〜』がＮＨＫＢＳ１で放送されました。平成最後の半年間は「平らか」とはほど遠い、刺激《しげき》に満ちた日々でした。

ＢＳで放送された二日後のこと、小沢一郎《おざわいちろう》さんという方から電話がありました。政治家ではなく、本の編集者の小沢さんは、平成の大ベストセラー乙武洋匡《おとたけひろただ》さんの『五体不満足』や、ノンフィクションライターで「子どもノンフィクション文学賞」の選考委員でもある最相葉月《さいしょうはづき》さんの『調べてみよう、書いてみよう』を担当した方です。その小沢さんが「自学ノートの紹介と読書記録で、一冊の本を作りたい」とおっしゃるのです。さすがに怖《こわ》くなりました。

テレビでの僕は、佐々木さんの取材対象の一人でしかありません。がんばったのは番組を制作した方々ですが、本の話を引き受けたら僕もがんばる側になります。僕はなりゆきでこのような状況《じょうきょう》に置かれているだけで、本を出すほどの文章はとても書けません。しかし、ベテラン編集者さんの仕事と、どのように一冊の本が生まれ店頭に並ぶのかを見てみたい！　という好奇心《こうきしん》には勝てませんでした。最相さんの『調べてみよう、書いてみよう』は、ノンフィクションの文章の書き方を小学生にもわかりやすく、優《やさ》しく語りかけるように教えてくれる本です。購入《こうにゅう》して五年、なんとこの本を読みものではなく参考書として使う日が来たのです。

小沢さんとの二人《にん》三脚《きゃく》の日々が始まりました。まずは第3章の「ぼくのあしあと　読書編」を書くために、おすすめ本の候補をピックアップしました。「マニアックな本が多すぎるなあ」。驚いた小沢さんが相談のためわざわざ東京から飛んできて、ほどほどにマニアックなラインナップに変更《へんこう》しました。高二の夏休みに書いたまえがきは、内輪《うちわ》ネタになりすぎで半分が「トル」。これまでのような特定の相手に向けた書き方では「一般《いっぱん》の読者」に届かないことを実感しました。

そして、自分では気づかない記述の間違《まちが》いや、わかりにくい表現になっているところに「エンピツ」が入ります。

「中学校の図書室にはじめて入ったのは四月だと思いますが、このとき又吉直樹《またよしなおき》さんの『火花』はまだ芥川賞《あくたがわしょう》候補になっていませんので、そのことは書かないでください」

「『空想科学読本』で取り上げた『走れメロス』のネタはインターネットでも見られるので、もしほかにふさわしい例があれば……」

パソコンで送信した原稿が戻《もど》ってくるときは電話での打ち合わせもセットなので、毎回心臓が飛び出しそうになるほど緊張《きんちょう》しますが、本を作るプロセスを実際に体験することで、編集者さんが『サザエさん』に登場するノリスケさんのように、「原稿までですかあ」と言うだけの人ではないことがわかりました。

テレビ番組の『ボクの自学ノート』は何度も再放送され、ついに十一月には地上波の「NHKスペシャル」で放送されました。まだまだ当分「自学ノート」はやめられそうもありません。「自学ノート」を書き続けていたというだけで僕は、そのことをネタにしながら「にわか作家生活」を送るという、とてつもなくおもしろい高校生活を送っています。「大学受験生がこんなことをしていていいのだろうか」という大問題を積み残したまま……（笑）。

写真のあとのページから、僕のターニングポイントとなった「ぼくのあしあと」が始まります。中学生の僕が書いた「半生の記」を、まずはどうぞお読みください。

東筑紫学園創立

小学校卒業後の3月、
「子どもノンフィクション文学賞」の
表彰式《ひょうしょうしき》で、リリー・フランキーさんと。

小4の夏休み、
ポスターコンクール応募作《おうぼさく》を制作中。

「自学ノート」20冊目の裏表紙。
（32ページ）

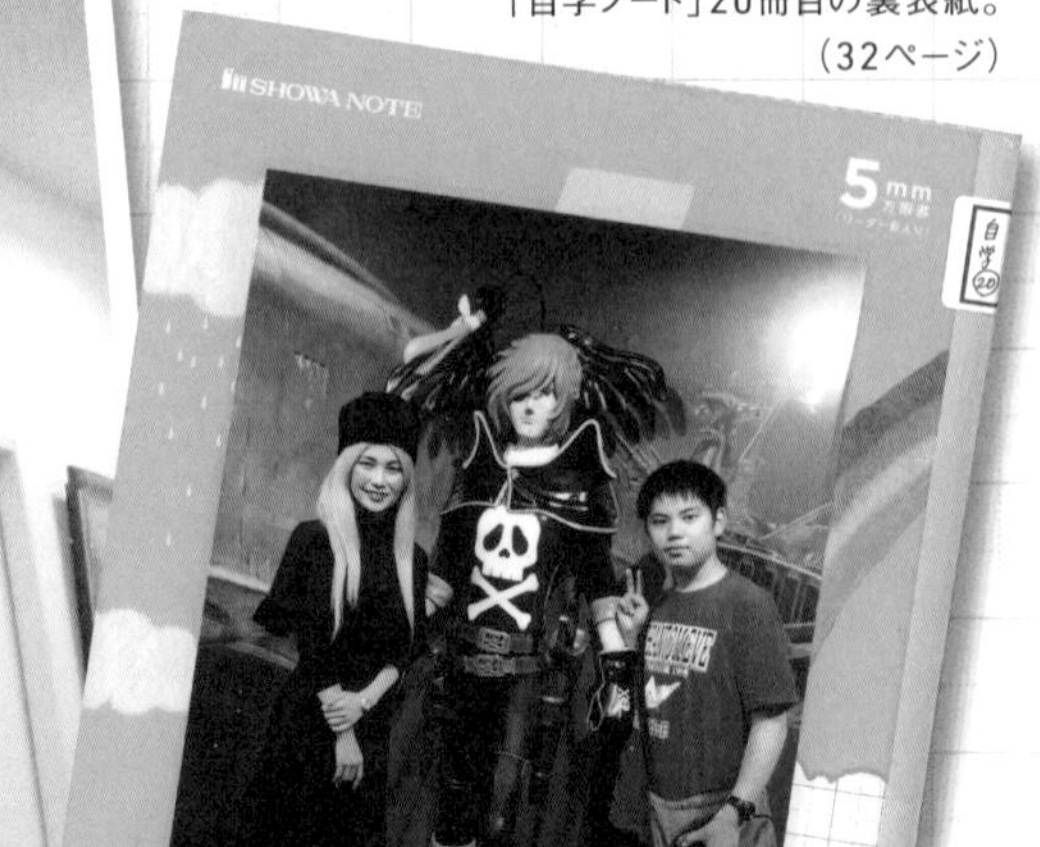

「自学ノート」を持って
「めがねのヨシダ」を訪ねた。（20ページ）

第1章

ぼくのあしあと

ギター小僧《こぞう》!(54ページ)

この章の原稿《げんこう》は、福岡県北九州市が主催《しゅさい》する
「子どもノンフィクション文学賞(中学生の部)」で
2017年度大賞を受賞した、
『ぼくのあしあと　総集編』を改題したものです。
中学3年までの「自学ノート」の取り組みを、
夏休みの日記形式で紹介《しょうかい》しました。

ぼくのあしあと

北九州市立思永《しえい》中学校三年　梅田明日佳

●七月二十日(木)　一学期終業式

プラモデルの箱だらけの本棚《ほんだな》の一角に、貼《は》り付《つ》けたもので大きくふくらんだ「自学ノート」のコーナーがある。

「自学」とは、「自分でテーマを見つけ学ぶこと」と言うとエラそうだが、単に「好きなことをして『学んだ』と言っていい」ということだ。小学生時代に宿題として始まったこの取り組みは、おそらくほとんどの人が卒業とともにやめてしまったが、そのころにはこれが遊びの中心となっていた僕《ぼく》は、中学生になってからも部活がわりのように続けてきた。

放課後、学校中の生徒がワイワイガヤガヤ大移動を始め、校舎全体がこれまでとは違《ちが》う空気に包まれるなか、僕はダッシュで学校を飛び出す。僕が家で新聞を切《き》り抜《ぬ》いたり、何か調べたり書いたりしている間に、学校ではチームワークや友情が深まったり、カップルが誕生したり消滅《しょうめつ》したりしていることに気づいたのは、つい最近のことだ。小説の中だけの話だと思っていた「かっこいい◯

○君のファンクラブ」なんていうものが自分の中学にも存在すると、どこからか母が情報を仕入れてきて、僕はとても驚《おどろ》いた。
放課後の学校にいない、ということは、中学生でありながら中学生の実態を知らない、ということになるのかもしれない。だが、この二年半、放課後の時間を自分の好きなように使えたことで、僕はやりたいことの多くをあきらめずにすんだし、この「自学ノート」を切符《きっぷ》に、思ってもみなかった場所に行け、普通《ふつう》なら会えないような人と話せた。

終業式のあと、担任の藤江《ふじえ》先生に言われた。

「自学ノートはやってもいいけど、勉強に支障がないよう、ほどほどにね」

美術の平戸《ひらど》先生からは、

「今年はポスター描《か》く？」

「……すいません」

「そうよね……今年は勉強したいよね……」

いよいよ僕も受験生だ。小学校受験のため幼稚園《ようちえん》のクラスの半分が休みだった日、さびしくて、「じゅけんが、したいかった」と泣いた日から、あっという間に九年たった。

今ほど小中高一貫《いっかん》に進んだ友達をうらやましく思ったことはない。が、昔を懐《なつ》かしんで泣いている時間はすでにない。受験勉強と今しかできないこととのバランスをどうとればいいのかわからないまま、僕の「受験生の夏」は始まった。

新しいことを始めないかわりに、これまで僕がどんなことをしてきたかを振《ふ》り返《かえ》ってみようと思う。「自学」は広い範囲《はんい》での取り組みだったのか、僕の小学校だけで静かなブームだったのかはわからないが、小一のころからあり、不定期でやってくるその宿題を僕は楽しみにしていた。

小三の六月、「自学」が五ミリ方眼ノートにどんどんやっていい宿題として始まった。

一冊目の最初のページは「祇園太鼓《ぎおんだいこ》銅像のばち消えた」という『読売新聞』の記事の感想だ（131ページ）。何をしようかなあと考えていたら、母が六月一日の朝刊を持って来て「バチをとった人はバチがあたるぞ、とか書いたらおもしろいんやないん？」と言った。

一九五九年に制作された、小倉《こくら》駅前にある祇園太鼓をたたく少年の像のバチがなくなっていて、福岡県警小倉北署《しょ》は器物損壊《そんかい》容疑で調べている、と書いてある小さな記事をノートに貼り、僕は考えに考えた。あのバチ、外れるん？　どんな人がこんなしょうもないことしたん？

ところが書けたのはオリジナリティゼロの、

〈こくらえきの、ぎおんだいこのどうぞうの、右手のばちがなくなっていました。とった人は、ばちがあたるぞ――!!　6月1日朝かん〉

先生は優《やさ》しく「ほんとうに、バチがあたるよね!!」とコメントをくださっている。

二日後の六月三日に僕は像を見に行っている。自分で撮《と》った写真を貼り、

〈きょう、ぼくは、小くらえきまえの、ばちがなくなった、ぎおんだいこぞうを見にいきました。ばちがなくなった、ぞうには、かわりに木のばちをもたせてありました。ぼくは、ぎおんだいこぞ

うのしゃしんをとりました。ほかにも、「テレビで見たね」と言う人もいました〉

区切り方が変である。小学校の先生は、こんなひらがなばかりの、なぞなぞみたいな文章を日々解読しなければいけないのだから大変だ。先生は〈かわりに木のばちをもたせてありました〉のところに赤ペンをひいて「先生もみました」とコメント。

「祇園太鼓バチ事件」の追跡《ついせき》は続いた。

六月十二日朝刊、「祇園太鼓像修復へ募金《ぼきん》　市民ら30人、6万円集める」「7月上旬《じょうじゅん》にも溶接《ようせつ》して修復する予定」。

七月十日朝刊、「祇園太鼓像のばち修復」の記事を見た僕は、その日のうちに確認《かくにん》に行った。

〈バチがもとにもどって本当によかったと思います。きねんしゃしんをぼくもとりました〉

僕は新聞に、自分にもわかることが載《の》っていることを知った。僕は新聞が好きになった。

●七月二十一日(金)　夏休み終了《しゅうりょう》まであと四十二日

今年（二〇一七年）の夏は格別に暑い。僕は家の中でする趣味《しゅみ》が多いので、部屋が快適なら平気で何日も家にいられる。これから四十二日も休みなんて最高だ。そういえば僕は、インフルエンザによる学級閉鎖《へいさ》を経験していない。自分は元気いっぱいだけど学校に行ってはいけないという状況《じょうきょう》に憧《あこが》れていたが、結局小二と小六で自分がインフルエンザになって休んだ。人生は思うようにいかないことばかりだ。

受験生の夏が酷暑《こくしょ》だったという記憶《きおく》は残りやすいかもしれないが、小学○年生の夏がどうだったかというと覚えている人は少ないだろう。だけど僕は、新聞記事や「自学ノート」のおかげで、そのころのことを簡単に思い出せる。

小四の夏休み、北九州市の「省エネ王コンテスト」にチャレンジした。することは、毎日同じ時刻に電気メーターを見て、使用量を省エネチェックシートに書きこむだけなのだが、問題はどれだけ暑さを我慢《がまん》できるかだ。ベランダのツタンカーメンの豆が枯《か》れるほど暑いなか、汗《あせ》だくで節電したのに結果は参加賞だった。そのときに提出した感想文の一部を紹介しよう。

〈ぼくは節電をがんばりました。風が強くてまどが開けられないとき以外、エアコンをつけませんでした。電気をたくさん使うタコ焼きやホットサンドもがまんしました。冷ぞう庫と電話以外のコンセントもぬきました。十二回も（平日）図書館ですごし、家ではかき氷を食べました。そして去年の八月より百六十五キロワット節電しました〉

この月の電気使用量は二百二キロワット時、こんなにがんばって一体何が足らなかったんだろう？　参加賞のバッジを渡《わた》してくれた人に質問したら、「消費電力以外に、家族で取り組んだ内容とか、そういうのもあるみたいです」と言われた。帰りながら僕と母は来年度に向け対策を練り、決意を新たにした。

「省エネ王になるには、おもしろい取り組み、そして作文だ！」

小五の夏は今年と同じような、連日三十五度超《ご》えの暑さだった。が、僕たちはがんばった。母は土鍋《どなべ》でご飯を炊《た》き、一日あたりの消費電力は五キロワット時を下回るようになった。新聞の集金の人がメーターの動きで「留守だと思った」と驚いたという、おもしろエピソードもできた。

それでも省エネ王になれなかった。もしかしたら、がんばりのベクトルを間違えたかもしれない。勝山《かつやま》公園の大芝生《おおしばふ》広場のテントの前で、感想文がおもしろかったですなんて言われて、特別賞の賞状を読んでもらいながら僕は、戦地で芥川賞《あくたがわしょう》をもらった火野葦平《ひのあしへい》みたいだと思った。この夏僕は、この先家の中でこんなに汗をかくことはないだろうという程《ほど》の大汗《おおあせ》をかき、精いっぱいやっても自分よりすごいやつがいれば勝てないという当たり前のことを知った。

小六の夏休みは雨ばかりだった。プールはどこもガラガラ、野菜の価格は高騰《こうとう》した。僕は快適に除湿《じょしつ》した部屋で、本をひたすら読んだ。この読書は、僕のプライドをかけた大一番でもあった。

北九州市には夏休みに「早寝《はやね》・早起き・朝ごはん・読書カード」という取り組みがある。小一のとき、配られたパンフレットに読書記録をとって提出したら、表彰式に出ることになってびっくりした。翌年以降も表彰式には出られたのだが、一度も市内一位になれなかった。名前しか知らない強力なライバルたちに勝ちたくてがんばったのに、小六のこの年から審査《しんさ》方法が変わり、クラスでいちばんがんばった、みたいな賞状を教室でもらった。担任の先生も驚いて、何度も問い合わせてくださったと聞いた。そして普通に暮らしただけなのに「省エネ王」では特別賞をもらえた。

やっぱり人生って、思うようにいかないことばかりなのである。

●七月二十四日(月) 夏休み終了まであと三十九日

新聞を読み、自学ノートを書くことで生まれた出会いがある。門司区《もじく》の「めがねのヨシダ(吉田《よしだ》時計店)」の社長、吉田清春《きよはる》さんだ。

きっかけは、小三の年の六月九日の朝刊に載っていた「珍《めずら》しい時計126点展示」という記事で、六月十日の時の記念日に合わせて、店舗《てんぽ》に展示された吉田社長のコレクションを無料で見学できると書いてあった(127ページ)。

僕は大の時計好きだ。どれくらい好きかというと、四歳《さい》のころは一日一冊お絵かき帳をからくり時計だらけにし、図書館では約一年、時計の図鑑《ずかん》と機械の図鑑だけを交代で借り続けていたというレベルだ。さらには、毎正時に動き出すからくり待ちをしたために、僕はあちこちの時計屋さんで顔を覚えられたし、大きなボンボン時計が欲《ほ》しくて開業医になりたいと思っていた時期もあった。この新聞記事をワクワクしながら貼り、〈ぜひ、いってみたいとおもいます〉と書いた一週間後に、家族でめがねのヨシダに出かけた。

「めがねのヨシダ」は、一階がめがね、二階が時計と宝石コーナーで、店内のあちこちに売り物にまざって珍しい時計が展示されていた。ブランコに乗った人形が振《ふ》り子《こ》になっている時計、毎正時に人形がボールをシュートするサッカー時計、蛇口《じゃぐち》から水が流れているように見えるからくりのついた時計など、レトロでおもしろい時計がたくさんあった。うわーすごいと見ていたら、奥《おく》からニコニコ笑顔《えがお》の社長さんが出て来られた。

僕が新聞を見て来たことを話すと、社長さんはひとつひとつ説明してくださった。紙でできている時計は、薄《うす》い紙を何枚も重ねて作られていること、作った人に三年も頼《たの》んで売ってもらったこと。宝物入れのようなショーケースから江戸《えど》時代の携帯《けいたい》日時計を出して、折りたたんで見せてくださったり、世界ではじめて作られた、人形が十四本の棒鈴《ぼうりん》をたたいて演奏する「ミネラルサウンドクロック」や、世界で二十台しか作られていない、二十体の人形がベルをたたいて演奏する「スモールワールドカントリー」の演奏を見せてくださったりした。すごすぎて、目がまわりそうだった。

たくさんの写真を撮り、帰ってすぐに僕は渾身《こんしん》のレポートを書いた（126〜125ページ）。

〈めがねのヨシダができて120しゅうねんだそうです。ヨシダ時計店はりっぱなお店でした〉

それから社長さんに、お礼の手紙を送ったら、数日後、「明日佳さんの喜びが伝わって、私たちもとてもうれしい気持ちになりました」という返事が届いた。僕は大人から手紙をもらうのがはじめてだったので、とびあがるほどうれしかった。何度も読み返して、ますますめがねのヨシダが好きになった。そして、こんなに親切にしてもらったんだから、今度から時計やめがねの用事ができたときはヨシダへ行こうと家族で話した。

僕は、社長さんに「自学ノート」を見せたら喜ばれるんじゃないかと思いついた。今度はノートを持ってヨシダに出かけた。

社長さんは、「うわあ、これはすごいなあ。ヨシダの歴史まで、ほらこんなにくわしく書いてあって」と言いながら、まわりの社員さんと見てくださった。そして『時計のひみつ』という本をくださった。

社長さんと記念撮影《さつえい》をしたあと、「このノートのことを、ブログに載せてもいいですか」と聞かれた。僕はブログが何かわからなかったけど、パソコンに僕のことが載るのはわかって、かっこいいなと思った。数日後、僕のことが社長のブログに書いてあった。

「こんな小さなお子様が、時計に興味を持たれてここまでまとめて下さって涙《なみだ》が出るくらい嬉《うれ》しいです」

僕のノートの写真も載っていて、ブログって「自学ノート」みたいだなと思った。

二〇一二年三月三十一日朝刊に、ヨシダが「日本でいちばん大切にしたい会社」大賞の審査委員会特別賞に選ばれた、という記事が載った。「りっぱな会社」と思ったのは僕だけではないとわかってうれしかった。

四年生になって、時計の修理でヨシダへ行ったとき、半年前よりキャラクターの目覚まし時計が少ないことに気がついた。タイで洪水《こうずい》があり、時計工場が被災《ひさい》して生産数が落ちていることを、店員さんが教えてくださった。新聞で見たタイの洪水とヨシダの時計が頭のなかでつながって、すごいと思った。

今年の五月、「とらや通信」というヨシダの広報紙に、僕がヨシダ秘蔵の火縄銃《ひなわじゅう》を持った写真が載ったが、その話はまた別の日に。

●七月二十六日（水）　夏休み終了まであと三十七日

朝刊に大変なニュースが載った。

「公立小中夏休み短縮の動き」

それによると北九州市は、二年後の二〇一九年度から夏休みを六日間短縮する予定らしい。ついに来たか……という気持ちと、僕は助かったなという気持ちがまぜこぜになった。

二年前の九月十一日の朝刊の北九州面に「小中学校の休み短縮検討」の記事が載ったとき、僕はめちゃめちゃ焦《あせ》った。なぜなら僕は、夏休みと冬休みと春休みを心の支えとして、なんとか学校に行っている「どうにかこうにか中学生」だからだ。ちなみに小学生のときは「どうにかこうにか小学生」であった。

小学生のとき、僕は夏休みに動く模型を作ることを楽しみにしていた。市販《しはん》のものを買って組み立てるのではなく、自分の頭のなかにあるものを形にするので、一度で大成功ということはない。材料を変えて作り直したり調整したりするのに、お盆《ぼん》のあとの二週間は貴重だった。夏休みを逆に長くしてほしいくらいなのに短縮なんてあんまりだ。

僕は市長さんに手紙を書いた。小二から五年間、理科区展で金賞だったこと（金賞の上には特選がある）、小一から五年間、「早寝・早起き・朝ごはん・読書カード」で表彰式に出たことなどを書き、これらは夏休みがたくさんあったからこそできたんだと訴《うった》えた。賞をとったとったなんて書いたら、感じの悪いやっちゃと思われそうだと気になったが、説得力のある文章にするためには致《いた》し方《かた》ない。

しばらくして、教育委員会の人から返事が届いた。

「夏休みを短くするかどうかについては、現在まだ話し合いを行っている段階です。（中略）このような中で、梅田さんからのお手紙は大変貴重な参考意見になりました」

夏休み短縮は全国的な流れだし、一学期に教室にエアコンが設置されたことから考えると、この問題は「いつから、どのくらい短縮するか」になるだろうと思った。だが、自分がこの問題に関しての意見を伝えられたこと、それに対してていねいなお返事をもらえたことに満足した。

じつは、僕が市長さんに手紙を出したのは、これがはじめてではない。

一回目は小三のクリスマスのころだ。そのひと月くらい前の夕刊の「知識たまる通帳」という記事で、山口県下関《しものせき》市立図書館が全国ではじめて読書通帳システムを導入したことを知った。北九州市でも導入してほしいので市長さんにお願いしてみようと思った僕は、ヨシダの社長さんから手紙をもらって相当気をよくしていたと思われる。

クリスマスカードに書いて市役所前のポストに投函《とうかん》したら、年明けすぐに、中央図書館の館長さんから返事が届いた。その書き出しに僕は度肝《どぎも》を抜かれた。

「お寄せいただきました、図書館に対するご意見について、市長より指示がありましたので、回答させていただきます」

読書通帳はすぐに導入するのは難しいと書いてあった。残念だったが、市長さんに手紙を出したら、その内容によって返事を書く人が代わることもわかった。新聞記事の感想は「自学ノート」に書いたが、手紙のことは書かなかった。これが、「自学」がノートの外に飛び出したはじめての出来事だった。

　そして二回目が夏休み短縮についてで、三回目は去年十二月、北九州市に平和資料館を造るため、米国《べいこく》国立公文書館に担当の人が調査に行くという記事を読んだ直後だった。「機雷《きらい》についても調査してください」と書いて市長さんあてに送った。

「機雷」とは簡単に言うと海にしかける爆弾《ばくだん》のことだ。太平洋戦争末期、関門海峡《かんもんかいきょう》には、米軍によって全国に敷設《ふせつ》された機雷の半数の約四千七百個が投下されたということを、広島県呉市《くれし》の「てつのくじら館」で知り、中二の春から本で調べ続けていた。

　北九州に住んでいれば、小倉が二発目の原爆投下第一目標だったことと八幡大空襲《やはただいくうしゅう》のことは学校で習って知ることになるのだが、機雷のことは知らなかった。機雷については、市史などに記載《きさい》はあっても、子どもの読みもので出会うことはほとんどないのだ。

　戦争は昭和二十年に終わったが、海に投下された機雷には、そんなことはわからない。その機雷はどうなったのか？　僕は資料を読みまくった。半年たって僕は、機雷に関する記述は、どれもごく限られた本からの引用で、今の調べ方だけでは新しい発見は難しいだろうと思うようになった。それはうれしい気づきだったし、この先がいよいよ研究になっていくのはわかるが、どうすればいいのかわからなかった。

　そんなときに新聞で平和資料館の建設計画についての記事を見つけた。今の自分の力では調べら

れないことを専門の人に調べてもらいたいと思い、手紙を書くと、

「小倉北区に住んでいる梅田さんが最近までそのこと（機雷）を知らなかったということも、たいへん参考になりました」

と返事が。そこで今度は市役所の総務課あてに、お礼の手紙といっしょに機雷について調べて書いたものを送った。すると一ヵ月後、僕が探せずにいた資料のコピーを送ってくださった。仕事が忙《いそが》しいのに、市役所の人が僕の作文をていねいに読んでくださったことがわかってうれしかった。調べたことを作品にしておいてよかったな、とも思った。

話は戻《もど》り、僕の夏休みは九年間、八月はすべて休みのまま、義務教育を終えることになった。偶《ぐう》然《ぜん》なんだろうけど、がんばって手紙を書いた結果だと勝手に思っている。

●八月五日（土） 夏休み終了まであと二十七日

「昼から行くとこ、どっちにするか決めた？」

ついに決断のときが来た。北九州市立文学館「上橋菜穂子《うえはしなほこ》と〈精霊《せいれい》の守り人《もりびと》〉展」は九月三日まで、松本清張《まつもとせいちょう》記念館「清張と鉄道」展は十月いっぱい……今日のところは文学館が正解だ。

僕には行きつけの資料館が市内にいくつかある。ここで言う「行きつけ」とは、僕のノートにコメントを書きこんでくださる方がいるという意味だ。

ところが今年は、まずは勉強の予定を立て、次に今行かなければ一生後悔《こうかい》するだろうと思うイベ

ントの予定を入れたら、八月五日しか残らなかった。勝手に常連だと思っている北九州イノベーションギャラリー（ＫＩＧＳ《キグス》）はこの夏はガマン。安川電機《やすかわでんき》みらい館も、公開日を知ってしまったらガマンできなくなるのでホームページを見るのをガマン。高校生になったら少しは自由が戻って来るのか、それとも……？

　市立文学館は中央図書館の向かい側にある。図書館に本を返してから行くと、受付で「講演会に参加ですか？」と聞かれた。講演会？　一瞬《いっしゅん》なんのことかわからなかったが、奥のスペースに人がいっぱいいるのに気づいた。もしかして……？

「こんにちは、梅田君も上橋さんの講演会？」と、勝山こどもと母のとしょかん（現・北九州市立子ども図書館）の司書さんに声をかけられた。控《ひか》え室《しつ》に上橋菜穂子さんがいる！　でもなんで？

「急に決まったみたいですよ。私も図書館のカフェで偶然知って」と司書さん。

申しこんでいないので席に着くことはできなかったが、この館は吹《ふ》き抜《ぬ》けになっているので、上橋さんの話は館内のどこにいても聞こえる。ホームラン級の大ラッキーだ。チケットを受け取るときに「展示を見るとき、音が気になるかもしれませんが……」と言われたが、いえいえいえ願ってもないこと。常設展示のある二階からそっと下をのぞくと、僕に気づいた参考室の司書さんの口が「こんにちは」と動いた。

　上橋さんは「自分の話したことが違う感じに伝わるのは困るので、ＳＮＳなどには書きこまないでください」と話してから講演を始めた。その後ギャラリートークがあり、ちゃっかり参加した。

帰宅後に取り組んだのは「自学ノート」ではなく、午前中の続きの英語ワークだ。部屋には「自学ノート」に貼るためにとっておいた新聞が山になっている。完全に物置と化した学習机が片付くのはいつだろう？

資料館で「自学ノート」を見てもらうようになったのは、中学生になってからだ。小学生のときは担任の先生がコメントを入れてくださっていたが、卒業してからは宙ぶらりんになっていた。

北九州イノベーションギャラリーは、別名「産業技術保存継承《けいしょう》センター」。子どもが遊べる場所なのかイマイチわかりにくいのだが、じつは最新の技術で遊べる楽しい資料館だ。僕はここで、からくり儀右衛門《ぎえもん》こと田中久重《たなかひさしげ》が作ったからくりに出会い、関門地区の近代史に興味を持つようになった。企画展《きかくてん》は、興味を感じないテーマのときも、ぜひ続けて足を運んでもらいたい。学校で習う理科と社会科がじつは地続きだとわかったことが、僕がここに通って得たいちばんの収穫《しゅうかく》だ。

中学校入学前後に観《み》た「THE《ザ》世界一展」と「東田《ひがしだ》ものがたり」のレポートを読んでくださいとお願いしたら、職員の片峰陽子《かたみねようこ》さんが、ノートのあちこちに解説を書いた付箋《ふせん》を貼ってくださった（76〜74ページ）。「東田ものがたり」は、当時世界文化遺産登録をめざしていた「明治日本の産業革命遺産」を応援《おうえん》する企画展で、製鉄所設置場所の選定がどのように行われたかということや、第一高炉《こうろ》に火が入ってから安定した操業ができるようになるまでの苦労などがよくわかるものだった。

〈最後のコーナーに、「八幡製鉄所の世界遺産登録を応援しよう!!」と書かれたボードがありました。そのボードに色々なメッセージをふせんで貼っていると、職員さんが、いろんな事を話してく

れました。ぼくの事を覚えてくれていたのでうれしかったです〉

「自学ノート」のこの部分に、片峰さんは「今ではボードに、たくさんの花が咲《さ》きました。世界遺産に決定するまで、まだまだ応援してくださいね」とコメントをくださった。

その後、五月五日の「明治の産業革命　世界遺産へ」の新聞記事に、冗談《じょうだん》で〈ぼくの応援のおかげで登録してもらえそうなので、うれしかったです〉と書いたら、館長の金氏顕《かねうじあきら》さんが赤ペンで「よかったね」と入れてくださっていて、恥《は》ずかしかった（72ページ）。

館長さんが「楽しく勉強できる博物館」として書きこんでくださった五つのうちの一つ「安川電機みらい館」は、平日のみ十人以上の団体での予約制なのであきらめていた。なので八月二十六日朝刊、安川電機の玄関口《げんかんぐち》ともいえる黒崎駅《くろさきえき》に「ＭＯＴＯＭＡＮ《モートマン》」のおみくじロボットが設置されたという記事に、僕は食いついた。

体育大会の代休だった九月十六日に行ってみたら、平日なのに行列ができていた。

〈駅にあるロボットは、七つの関節を持ったものです。長いレールには、つながっていない部分があり、その部分にボールが転がってくる前にロボットがレールを持っていきます。僕の時はボールが大吉《だいきち》の所へ転がって行きました。すると、それまでボールを吸い上げていたアームが大吉《だいきち》のおみくじを吸い上げて、受け取り口に落としました。何でも持てるアームに僕の目は釘付《くぎづ》けになりました〉

それから一月半後、十月九日朝刊に「まるで本物一夜城《いちやじょう》」という記事を見つけた。ベニヤ板に描いた巨大《きょだい》な黒崎城が十二日まで城跡《じょうせき》に設置されることが紹介された最後に、「普段《ふだん》は団体のみの予約制である安川電機の産業用ロボット見学施設《しせつ》『みらい館』が、10日午前10時〜午後4時に一般公開される」と書いてあったのだ。こういうことがあるから、地方面はとくにていねいに読む必要があるのだ。

「安川電機みらい館」は、中三の英語と社会の教科書にも載っている「MOTOMAN」が、ものづくりから医療《いりょう》や介護までさまざまな分野で活躍《かつやく》できることを、展示やゲームで楽しく学べる場所だ。僕は開館一時間前から並び、閉館ギリギリまでねばって、「自学ノート」にこれまでで最長の九ページのレポートを書いた。

〈「MOTOMAN」に刀を持たせて、花や丸太を切らせる映像が流されていました。剣士《けんし》の動きをコンピュータに取りこみ、プログラミングの技術を使ってロボットに技を教えこませていました。人と並んで切っている様子がそっくりに見えて、繰《く》り返《かえ》して見ました〉

一ヵ月後の十一月十一日夕刊に「ロボ居合《いあい》動画海外で人気」という記事が載った。再生回数五百万回超《ちょう》の半分以上が海外からのアクセス、と書いてある。僕はドキドキしてきた。みらい館の人に僕もこの「BUSHIDO《武士道》　PROJECT《プロジェクト》」がすごいと思ったと伝えたい！

中一と中二の間の春休みに思い切って手紙を出したら、「四月六日の一般公開日に、よかったら遊びに来てください」と電話があった。受付で「自学ノート」を出すと「館長が喜びますので、直接渡してください」と言われた。

館長の岡林千夫《おかばやしかずお》さんは、うんうんとうなずきながら読んでくださった。半年前と違って僕たちしかいないピカピカの館内に座《すわ》りながら、勢いあまってなんだか大変なところまで来てしまったぞと思った。館長さんはページいっぱいにメッセージを入れてくださり、趣味のラジコンの写真を見せてくださった。「梅田君は理科が好きかね?」と聞かれ、はいと答えたら「安川電機に入らんかね?」。……えっ? 僕はどう言えばいいかわからなくて答えられなかった(67〜63ページ)。

帰りに母が「なんですぐにハイと答えられんのかね。お母さんやったらすぐ言うけどね……せっかくのチャンスもったいなかったねえ」と言った。このときばかりは母の言うことはごもっともであった。

中一時代、僕は自分で書いたノートに後押《あとお》しされながら、少しずつ行動範囲を広げていた。五年間書きためた自学ノートは十三冊になっていた。

●八月六日(日) 地球滅亡《めつぼう》まであと二十六日(by《バイ》アニメ『宇宙戦艦《せんかん》ヤマト』)

前日から北九州に近づいていた台風の影響《えいきょう》で、市内の夏祭りが大集合する「わっしょい百万夏まつり」も、行く予定にしていた「高校進学フェア」も中止になった。風が強いので花火はさすがに無理そうだったが、受験生っぽいイベントの予定がなくなり急に力が抜けた。広島の平和記念式典をテレビで見てから数学のワークをした。

午後は、北九州市漫画《まんが》ミュージアム開館五周年記念企画「黒田征太郎《くろだせいたろう》が松本零士《まつもとれいじ》に聞く」というトークショーに参加した。

会場の受付四人のうちの一人は『銀河鉄道999《スリーナイン》』の謎《なぞ》の美女メーテルだった。これまでもメーテルが市のイベントにいるのを新聞で見たり、漫画ミュージアムの受付をしているのを見かけたりしたことがあった。わーメーテルやと思いながら近づくと、なんと初対面のメーテルが「梅田君」と話しかけてきた。人生には、けっこうちょくちょく思いがけないことが起きる。僕はどちらかというと『宇宙戦艦ヤマト』のほうが好きだし、機械の体はいらない。びっくりしていたら、メーテルはさらに驚きの発言をした。

「私は松本清張記念館で働いています。梅田君の感想文、よかったですよ。涙が出ました」

この「感想文」とは、松本清張『或《あ》る「小倉《こくら》日記」伝』の読書感想文のことだ。僕は去年（二〇一六年）、松本清張記念館が主催する中高生読書感想文コンクールに応募して、中学の部の優秀賞《ゆうしゅうしょう》に選ばれた。二月に行われた表彰式に出席したとき、記念館の人にこれまで「自学ノート」に書きためた清張記念館の企画展のレポートを見てもらい、また「行きつけ」を一つ増やしていた。メーテルの発言を聞いたほかの受付の人は、当然「え、何？　感想文って」となり、メーテルがみんなに僕を紹介するという不思議な状況が生まれた。

松本清張記念館は、東京に建っていた松本邸《てい》の一部が館の中に収められた、ものすごい博物館だ。清張といえば推理小説のイメージが強いが、この記念館を訪《おとず》れると、じつはいろいろなジャンルの作品を遺《のこ》していることがわかる。編集者が作家宅で原稿を待ち、書けた分だけもらい何度も印刷所を行き来する、そんな時代の大作家がどんな思いで作品を生み続けたかがわかるこの記念館に、たくさんお客さんが来て清張ファンが増えるといいなと、僕は静かに応援している。

話はトークショーに戻る。松本零士さんの大ファンだという北九州市在住のイラストレーター・黒田征太郎さんがきっかけを作ると、零士さんはスラスラと話しはじめた。

「小倉はよい勉強ができるよい町です。小学校の先生から『松本、飲め』と言われて酒を鍛《きた》えられて、中学生になると『松本、漫画を描くなら英語が読めんといかん』と英語をしっかり教えてもらった。また、『お前、ＳＦ漫画を描くなら理科がわからんといかん』と理科も教えられ、そうかと思ったら『漫画を描くなら字がちゃんと書けんといかん』と習字をしごかれました。これらのことは高校生になって漫画を描くにあたって、とても役に立ちました」

表情を変えずに話す内容がおもしろくて、零士さんは人を笑わせる天才だと思った。心残りだったのが、話が長引いて質疑応答の時間がなくなったことだ。零士さんは「戦後、近所の人に『八月九日に小倉にＢ29が来たとき、すべての高射砲《こうしゃほう》があるだけの弾《たま》を撃《う》ち上《あ》げて煙幕《えんまく》を作った』と聞いてホントかいなと思っていたけど、アメリカでそのことを裏付ける米軍資料を見たから間違いない」と話したのだ。

当日の天気予報は晴れだったのに、Ｂ29が小倉上空に近づくにつれて雲が厚くなり視界が遮《さえぎ》られたという話は事実だ。これは前日の八幡大空襲の残煙によるものという説が一般的《いっぱんてき》なので、零士さんの語る煙幕説は衝撃的《しょうげきてき》だった。八幡製鉄所がこの日コークスを焚《た》いて煙幕を作ったと書いてあるのを個人の回顧録《かいころく》で読んだことがあるが、小倉でも煙幕を作ったというなら、僕にとって新事実だ。また課題が一つ増えた。

小倉が育てた二人の松本さんは、どちらもパワーあふれる人だ。零士さんは来年（二〇一八年）八十歳だが、歯はすべて自分のもので、体もどこも悪くないのだそうだ。まだやりたいことがいっぱいあると話していた。

清張さんの作家デビューは四十歳を過ぎてからだったが、書きたいものがありすぎて自分には時間が足りないとよく言っていたそうだ。清張さんなら、メーテルに千年生きられる機械の体をもらいにアンドロメダへ行こうと声をかけられたら、喜んで999号に乗ったに違いない。

●八月十日(木) 夏休み終了まであと二十二日

楽しく「自学ノート」を書きながら、僕のなかである疑問が生まれ、将来への不安になっていた。それは自分が理系か文系かわからないということだ。僕の好きなものは両方にあるが、高校では進路によって理系と文系にクラスが分かれるらしい。世界ではじめて宇宙に旅立ったロボット宇宙飛行士「キロボ」を作ったロボットクリエーターの高橋智隆《たかはしともたか》さんは、文系の大学を卒業したあと、ものづくりの夢をあきらめられなくて京大工学部に再入学したという経歴の持ち主だが、誰《だれ》にでも真似《まね》できることではない。

あと少しで中一が終わるというころ、北九州イノベーションギャラリーの片峰さんが「梅田君、次の企画展はこれですよ」と言って「時を刻《きざ》む」展のチラシを渡してくださった。僕はびっくりしすぎて声も出なかった。東芝《とうしば》未来科学館（神奈川県）が復元した、田中久重の最高傑作《けっさく》といえる万年時計が北九州にやって来る！

この時計は正式名称《めいしょう》を「万年自鳴鐘《じめいしょう》」という。上部は天球儀《てんきゅうぎ》、下部の六角の面は、二角が和時計と洋時計、他の四角は七曜、十干十二支《じっかんじゅうにし》、二十四節気《にじゅうしせっき》、旧暦《きゅうれき》の日付と月齢《げつれい》を表示する面になっていて、すべての面の進行が連動しているものすごい時計なのだ。すごいぞイノベーションギャラリー！　でかしたぞイノベーションギャラリー!!　そして、チラシの下の「協力」のところに「時計・宝石・めがねのヨシダ」と書いてあるのを見つけた。きっと社長さんのコレクションの展示もあるのだろう。自分の行きつけの二ヵ所がつながっていることを発見してワクワクした。

春休みに入り、めがねを作りにヨシダへ行くと、すぐに社長さんが来てくださった。

「フレームを決めたら二階へどうぞ。火縄銃を持たせてあげよう」

えっ火縄銃？　僕はフレームどころではなくなった。

社長さんは階段を上がってすぐのところで、「ちょっと重たいよ〜」と言いながら火縄銃を渡してくださった。こんなすごいもの、素手《すで》で持っていいの？　かつて日本のどこかで撃たれた本物の火縄銃はちょっとどころではない重さだった。「構えられる？」と言われがんばったが、帰宅部の僕には、どうにかおなかの高さまで持ち上げるのが精いっぱい。その格好で写真を撮っていただいた。

〈それから「いい話を二つ話そう」と社長さんが人生のヒントになる話をしてくれました。社長さんは、好きな大学に入る事を目標にすると、そこを失敗しただけで、夢までが遠くなる、最初になりたい自分を決めて、そのためにどこで努力をするかを考える方が充実《じゅうじつ》した人生を送れるという事を僕に教えてくれました〉

帰るとき、さっき撮ったばかりの写真をいただいた。めがねといっしょに、社長さんと社員さんたちの親切をいっぱいもらって帰った。

四月二十三日、北九州イノベーションギャラリーの企画展「時を刻む～〝かたち〟になった人類の英知～」が始まった。この日にヨシダの社長さんから招待券が届いてうれしかった。会場には先月ヨシダで見せてもらった新しい時計のコレクションがいくつもあり、火縄銃も展示されていた。もちろん「お手を触《ふ》れないでください」である。火縄銃は一五四三年（天文《てんぶん》十二年）に種子島《たねがしま》に伝来したが、そのときいっしょに機械式時計がやってきた。展示方法がおもしろいなと思った。

お目当ての万年時計は会場の真ん中にあった。季節によって長さの変わる「不定時法」にしたがって鐘《かね》が鳴るので、油断していたらその瞬間を見逃《みのが》してしまう。

〈講演会が終わったあと、企画展を見ていると片峰さんが「四時五十分頃《ごろ》に万年時計が鳴るから、その間に本を借りませんか」と声をかけて下さいました。四時四十五分からショーウィンドウに耳を近づけて待っていました。四時五十分に「チーン」としゃれた音が七回鳴りました。時計の第三面の時刻表は七を指していて、七つ時だったからかと思いました〉

五時の閉館までに本を借りて、鐘の鳴るのも聞けるようにしてもらってありがたかった。

七月三日までの会期中に僕は四回出かけた。「チーン」を確実に聞くため、出かける時間を工夫《くふう》した。四月二十三日の初日の七つ時は四時五十分だったが、会期中はだんだん日が長くなるので、五時の閉館前に聞けるのは、一つ前の八つが最後だ。

〈和時計は太陽が出ているとき、出ていないときをそれぞれ六つに分けます。夏は、だんだん昼間の一つが長くなるので見当をつけて、万年時計の鳴る時間に行ったので、職員さんが「すごいね」と言いました〉

このころから僕は次第《しだい》に一人で出かけるようになっていたが、夏休みに安川電機を訪ねたときは緊張《きんちょう》した。約束した時間に、みらい館と新しくできた歴史館の感想を書いた「自学ノート」を持参すると、岡林館長さんと防衛大学校出身の職員さんが話をしてくださった。

「やすかわくんのソフトクリーム」をごちそうになりながら、潜水艦《せんすいかん》のスクリューは扇風機《せんぷうき》のフィン（羽根）がもとになっている話などを聞いていたら、館長さんが「そうそう、先月東芝未来科学館に行って茶運び人形の説明を聞いたよ。梅田君の新聞がよく書けていることがわかったよ」と壁《かべ》を指さした。そこには僕が以前送った「江戸のからく里《り》たんけん新聞」が貼られていた（62ページ）。これは雑誌『大人の科学』の付録の「ミニ茶運び人形」を一度作って分解して、仕組みを解説した壁新聞だ。ほめられてうれしかったが、僕より先に東芝未来科学館に行った館長さんがうらやましくてたまらなかった。

帰るやいなや「潜水艦のスクリュー……あの形は軍事機密やもんね。そりゃまた理系男子が三人集《つど》ってマニアックな話をしたんやねえ。ちゃんと伝わる言葉で受け答えができた？　ソフトクリームのお礼は言った？」と母は次々と質問を繰り出してきた。しかも、ちゃんと話したと言っても「あっちゃんの言うことを信用するしかないねえ」とまったく信じてもらえなくて困った。

一週間後、コメントがびっしり書きこまれたノートが帰ってきた。同封《どうふう》の手紙に館長さんはこう書いてくださった。

「私は文章で表現する力と科学の力には密接な関連があると思います。例えば、相対性理論を発案したアインシュタインはもちろん大天才なのですが、時間や空間の伸《の》び縮《ちぢ》みについて、難しい数学だけではなく、例え話で誰にでもわかりやすく表現することに長《た》けていたと言われています。このように、自分の考えを伝える力がどのような分野でも重要だと思います」

僕はこのかっこいい文章にしびれた。こんな手紙を僕もいつか誰かに書きたいと思った。

この年の十二月、年末の「自学ノート」恒例《こうれい》「僕の10大ニュース」に、「安川電機みらい館の岡林館長さんと知り合いになる」という項目《こうもく》を入れた。二〇一六年は、一生分の運を使ったんじゃないかというくらい充実した年だった。

この年、自学ノートを続けていて「こんなにうれしいことはない」という出来事がもうひとつあった。これは『機動戦士ガンダム』の中の名ゼリフだが、ガンダムをデザインした大河原邦男《おおかわらくにお》さんの企画展が漫画ミュージアムであり、なんと初日の十一月五日のサイン会に当選したのだ。

僕はかわいい幼稚園生《ようちえんせい》のころから、プラモデルを作っていた。そして「自学ノート」を始めてからは、作ったプラモの写真を貼って、工夫したところの解説を書いていた。大河原さんに関連のあるページを十五冊の自学ノートから探して、コピーをとり封筒《ふうとう》に入れた。そして、ノートを持って会場へ向かった。

大河原さんに会場で直接見せようと思ったのは、ガンダムの首と左腕《ひだりうで》がとれた場面のジオラマのページだった。とれた部分が光っている写真と、配線図を描いたページを開いて順番を待っていた。〈ついに僕の番がまわってきて、図録を開いて大河原さんにわたしました。そしてノートを出しました。僕が見せたページは、読売新聞日曜版の大河原さんの特集、小三の頃に作ったプラモデルの感想でした。大河原さんは、「ああ、こんなのあったね」という感じで、うなずいていました。次にプラモデルの記事を見せたら、「ああ、これは」と見て下さり、大河原さんだけでなくスタッフも「わぁ、力作ですね」と驚いていました。大河原さんは、ノートの隅《すみ》に描かれていた配線図に目を向け、「これ（コードが）光るん?」と聞かれました。僕は緊張して「はい」としか言えませんでした〉

この十ページのレポートの最後に僕は、〈「ありがとうございました」と握手《あくしゅ》をしたとき、僕は今まで生きた中で一番幸せでした〉と書いた。いろんな場面で「自学ノート」が僕を応援してくれるようになっていた。

●九月四日（月）　課題テスト

八月の後半、僕は絵を描いていた。今日のテスト勉強を全力でしなくてはならない大事なときに、図書館でチラシを見つけた「世界遺産のある街・北九州市」夏休みポスターコンクール（47ページ）のアイディアがもくもくと浮《う》かんできた。藤江先生ごめんなさい。

まず世界遺産に登録された製鉄所旧本事務所を画面いっぱいに描く。窓からは浅葱色《あさぎいろ》の作業服を着た一般工員のほかに、製鉄所誘致《ゆうち》運動に携《たずさ》わった安川敬一郎《やすかわけいいちろう》、高炉を改造して安定した操業《そうぎょう》をできるようにした野呂景義《のろかげよし》、製鉄所で働いていた作家の佐木隆三《さきりゅうぞう》と、『絵本　八幡製鐵所《せいてつじょ》今昔』を描いた漫画家の富増万左男《とみますまさお》をのぞかせた。それから伊藤博文《いとうひろぶみ》に、岩下俊作《いわしたしゅんさく》『富島松五郎伝《とみしままつごろうでん》（無法松の一生）』を読む車夫、「くろがね堅《かた》パン」に「くろがね羊羹《ようかん》」、おまけで空には工場間を走る「くろがね線」の車両を描いた。そして僕の夏休みは終わった。

平戸先生を驚かせようと、九月一日の朝一番でポスターを持っていった。すると思いがけず「学校から応募できるかどうか確認するね」と言われ自分が驚くことになったのだが、今朝平戸先生を見かけて何か言おうと思ったとき、先生の手が「オッケー」をした。僕は安心し、テストを終え家に帰ってほっとした。そして油断していた。

寝ようとしていたら、母が松本清張感想文コンクールの話を持ち出した。

「締《し》め切《き》りは月末やし、体育祭までちょっと余裕《よゆう》もあるし、せっかく途中《とちゅう》まで書いとるんやけ、仕上げてしまったら？」

僕はふと、夏休み前に国語の守永《もりなが》先生が言ったことを思い出した。

「あ、そうそう。夏休みの課題作文ね、二つ書いたら加点するって話やったんよね」

母の顔が一瞬にして、文楽人形のガブ（仕掛《しか》けが施《ほどこ》された頭《かしら》）のように変わった。

「なんでそんな大事なこと早く言わんのね。二学期の内申点《ないしんてん》がどれだけ大事かわかっとるでしょうが」

「だ、だって、ノンフィクションとかあったし……」

今度は母のまゆげがハの字になった。

「あっちゃん、あれは自学でしょうがね。締め切りはまだ先でしょうが」

母は「もう今さら言ったってしょうがないね」とか「宿題を優先させんにゃいけんくらいちょっと考えたらわかるやろうに」とか「守永先生がせっかく言ってくださっていたのに」とか、似たようなセリフを繰り返した。僕は、もうどうしようもなくなって「おやすみ」と言って逃《に》げたが、母はいつまでも「あ～残念やったね。途中まで書いとったのにね」とやっていた。

松本清張感想文コンクールは、今年から学校の夏休み課題作文のリストに加わった。昨年僕が入賞したことがきっかけになったのなら、学校に足あとを残せたようでうれしい。絵は今回、平戸先生に見せたくて学校に持っていったが、いつもは自分で出している。作文もそうだ。僕は優等生の作文が書けないし、美術はいつも居残りだ。絵でも作文でも、一つ仕上げるのにものすごく時間がかかる。

「かんもんこども絵画コンクール」の壇《だん》ノ浦《うら》の戦いの絵を描いていた小四のある日、友達に遊ぼと言われて絵があるからムリと言ったら、絵なんてあとから描いたらいいやんとケンカになった。下書きは最低三日、色塗《いろぬ》りは学校に行きながらだと二〜三週間はかかるなんて、普通はわかってもらえない。小学校の先生に「時間をかけてよいものができるのは当たり前、決められた時間でまとめる力が大事」と言われたことがある。これはこれからも僕の人生の課題となるだろう。しかし「自学」は制限時間ナシで納得《なっとく》のいくまで取り組んだからこそ、誰かに見てもらえるものができた。

新聞を読み、本で調べ、時間をかけてかけて書いた「自学ノート」は、僕をいろいろな場所へ連れ出してくれた。

夏になると家の近くに出現する『バビル2世』の怪鳥《かいちょう》ロプロスのようなアオサギの子育ての様子を、俳人の橋本多佳子《はしもとたかこ》が住んでいた櫓山荘跡《ろざんそうあと》の山に見に行ったこと、解体前の折尾駅《おりおえき》を見るため洞《どう》海湾《かいわん》を電車と渡船《とせん》で一周したこと、市役所前に作られたモニュメント「マカロニ星人」のマカロニの穴の影《かげ》が、春分の日と秋分の日だけヒマワリの花の形になるという新聞記事につられて、見物に出かけてテレビに映ったこと……。「自学ノート」を開けば、僕はいつだって全力で好きなことをしてきたことを思い出せる。そして、やり続けることで、なんでも少しずつ上達するということも。

このノートは、これからも静かに僕を励《はげ》まし続けてくれる。

●十一月二十六日(日) THE《ジ》 ALFEE《アルフィー》コンサート

その後なんとか無事（？）に清張感想文を書き上げ、「清張と鉄道」展では、偶然会えたメーテルと話ができた（清張記念館内ではメーテルの姿ではありませんので期待して行かないでください）。十月からは、どのテストの話をしているかわからなくなるほどテストが続いた。学力テスト、中間テスト、英検、英検ＩＢＡテスト、外部テスト、また学力テスト、文化祭を挟《はさ》んで英検の面接、そして期末テスト。

そんな日々のささやかな楽しみは『空想科学読本』を読むことだ（１７７ページ）。この本は漫画や映画の設定を科学で検証したもので、例えば宇宙戦艦ヤマト内の重力はどうやって作り出しているのか、機動戦士ガンダムのビームサーベルはどこまで実用的なのかなどの問題を大まじめに論じていて、爆笑《ばくしょう》間違いなしのシリーズだ。作者の柳田理科雄《やなぎたりかお》さんは物理学者になりたくて東大に入学したが、塾《じゅく》の講師のバイトがおもしろくなって中退し、自分の塾の経営を立て直すために書いた本で大ブレークしたそうだ。あいかわらず僕は「なりたい自分」がはっきりしないが、こんな話に出会うと、そのうちなんとかなるだろう♪　でもいいのかなと気持ちが楽になる。

漫画の世界を大まじめにといえば、小六のときに行った「建設業のおもしろさを伝える講演会」は最高におもしろかった。前田建設ファンタジー営業部の部長さんが、映画『宇宙戦艦ヤマト２１９９』のヤマト発進のシーンについて語る。漫画の設定に従うと、宇宙戦艦ヤマトは戦艦大和《やまと》の中で秘密裏《ひみつり》に造られ、大和を突《つ》き破《やぶ》って宇宙へ発進する。それを実現するため真剣《しんけん》に考えて作った工程表を解説すると、会場は笑いに満ちた。

〈前田建設ファンタジー営業部とは、マンガに出てくる建物を実際に作ることになったらという事を大まじめに考えている所です。マンガファンの人達にツッコミを入れられないように、マンガや映画を見まくって、マンガとちがわないようにがんばっています〉

漫画を読む仕事とかいいなあ、と思ったんよね。今やったら、それだけじゃないってわかるけどね……。小六の僕が大まじめに考えていたことを「自学ノート」が教えてくれる。

このノートは僕の歴史年表だ。

今日、ジ・アルフィーが十二年振りに小倉にやって来た。さすがに今回は、いつものように博多《はかた》に遠征《えんせい》はできなかったので助かった。ジ・アルフィーは受験生に優しいグループだ。二階二列の真ん中で、僕と父は星形の専用のペンライトを持ち、歌って踊《おど》って応援した。これで今年のイベントは終了《しゅうりょう》した。今、職員室で回覧してもらっている十七冊目の「自学ノート」が返って来たら、チケットだけは貼っておくつもりだ。

次は、今年の四月一日に若松《わかまつ》にある軍艦防波堤《ぼうはてい》に行ったことと、四月二日に参加した「軍艦防波堤を語る会」の感想を書いた「自学ノート」を持って、来年の「語る会」に行ってみようと思っている。

※書籍化《しょせきか》にあたり一部加筆しました。

第2章

ぼくの「自学ノート」

この章では、
横書きの「自学ノート」を
そのまま紹介《しょうかい》しています。
132ページまで飛んで、
そこからさかのぼって
読むようにしてください。

小3から中3まで18冊の
「自学ノート」から抜粋《ばっすい》して紹介します。
新聞記事の切《き》り抜《ぬ》きを貼《は》って感想を書き、
興味を持ったり疑問を感じたりしたことを調べるうちに、
世の中への扉《とびら》が次々に開いていきました。

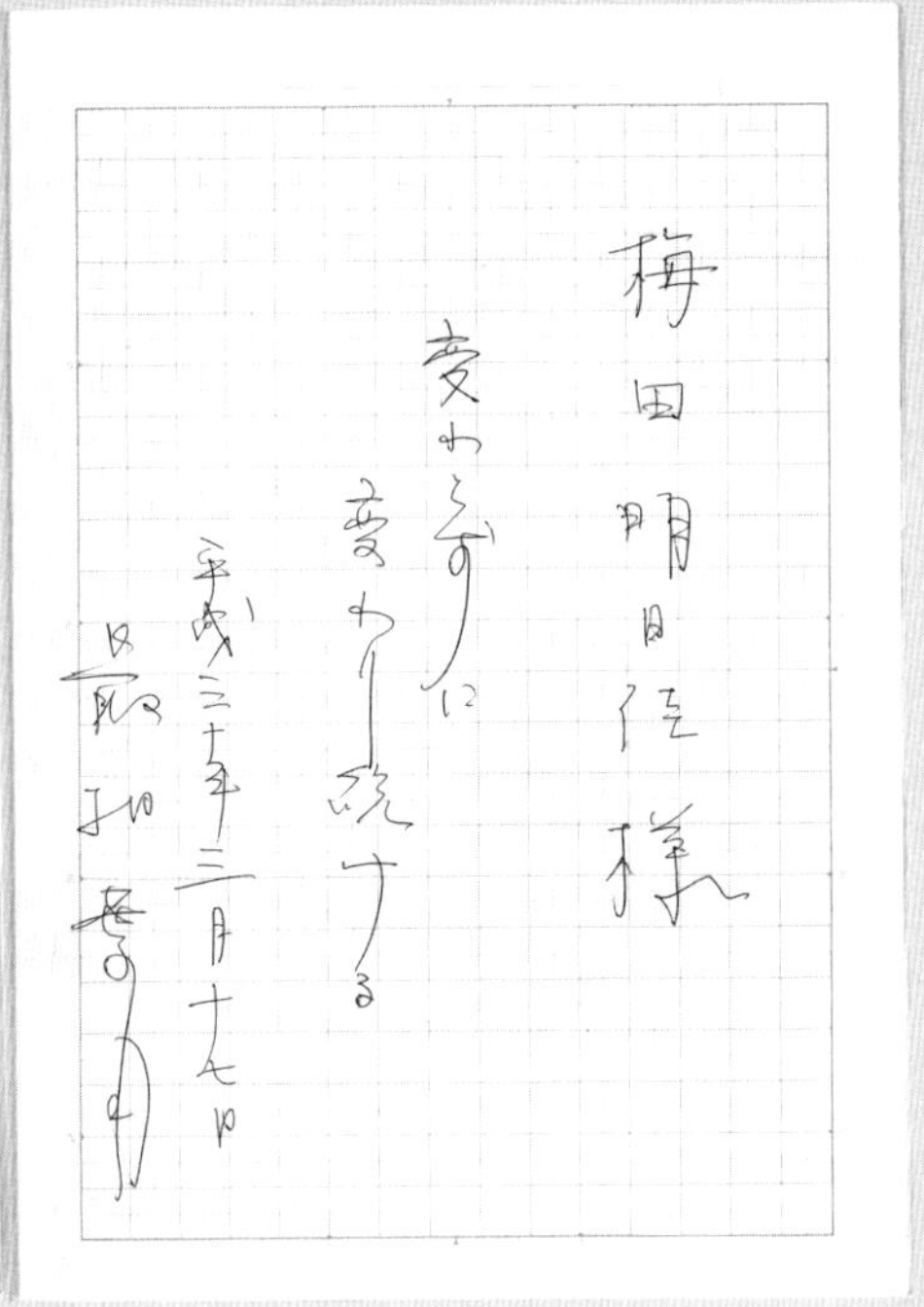
梅田明日佳様
変わらずに
変わり続ける
平成三十年三月十七日
最相葉月

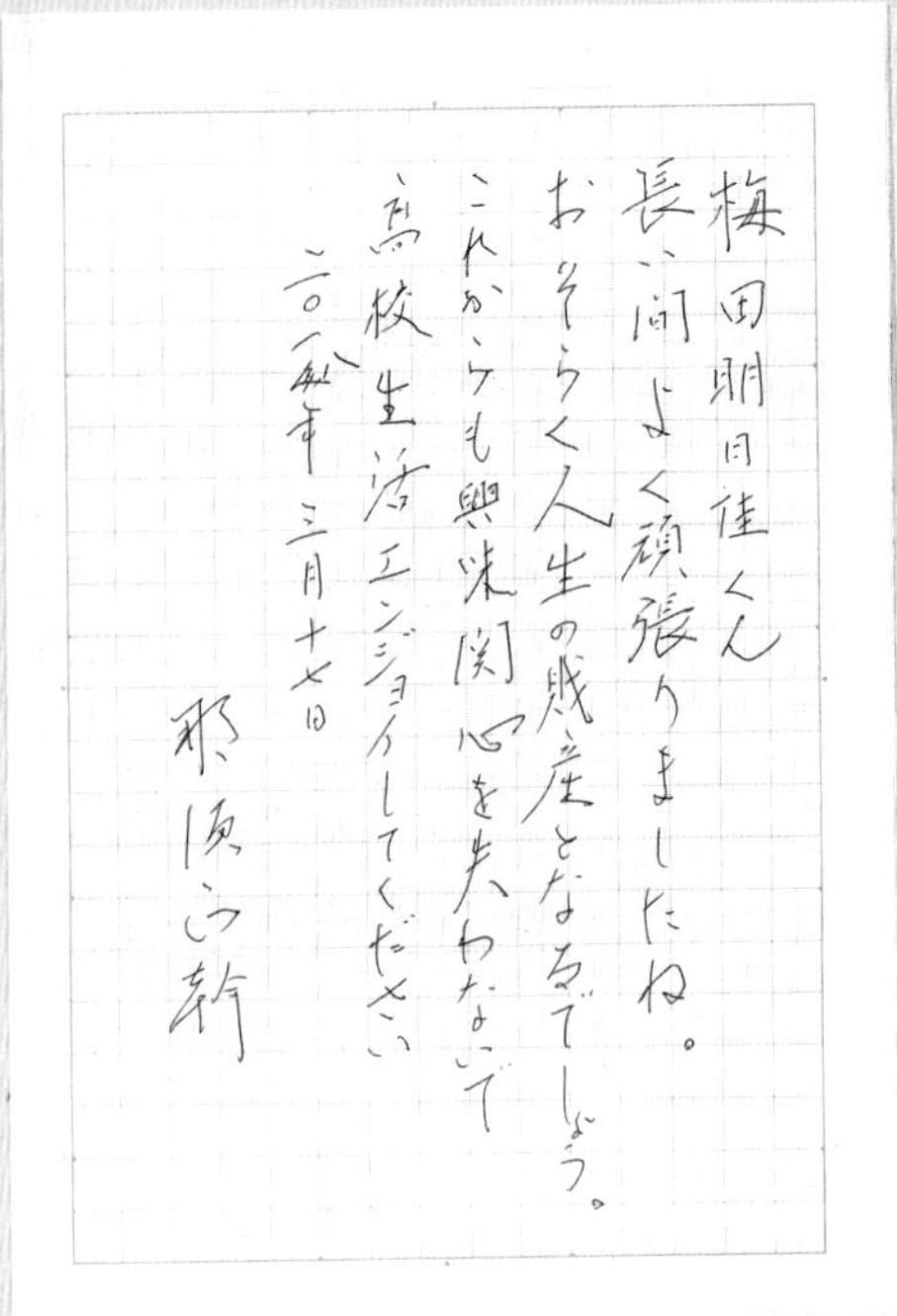
梅田明日佳くん
長い間よく頑張りましたね。
おそらく人生の財産となるでしょう。
これからも興味関心を失わないで
高校生活エンジョイしてください
二〇一八年三月十七日
那須正幹

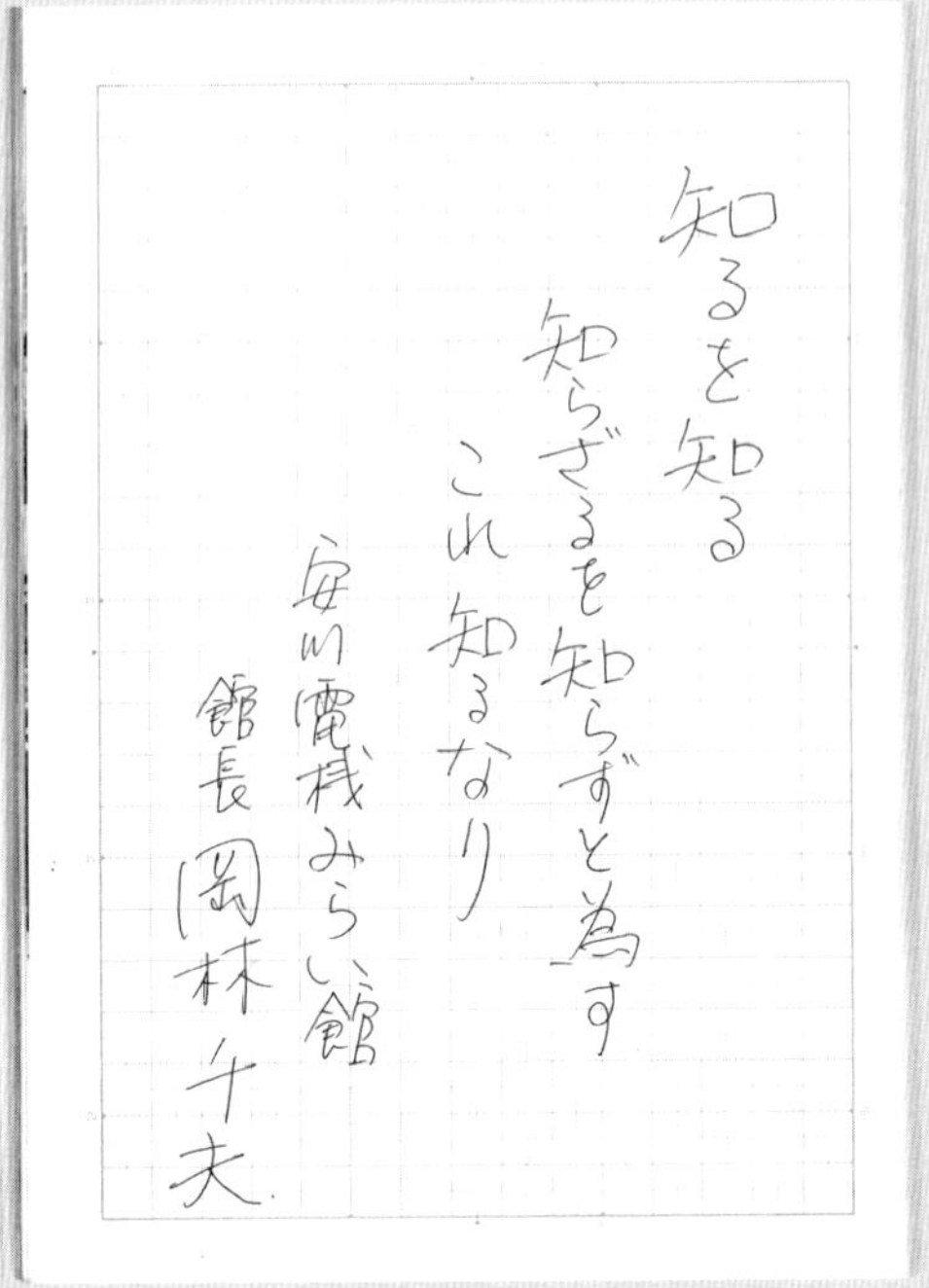
知るを知る
知らざるを知らずと為す
これ知るなり
安川電機みらい館
館長 岡林千夫

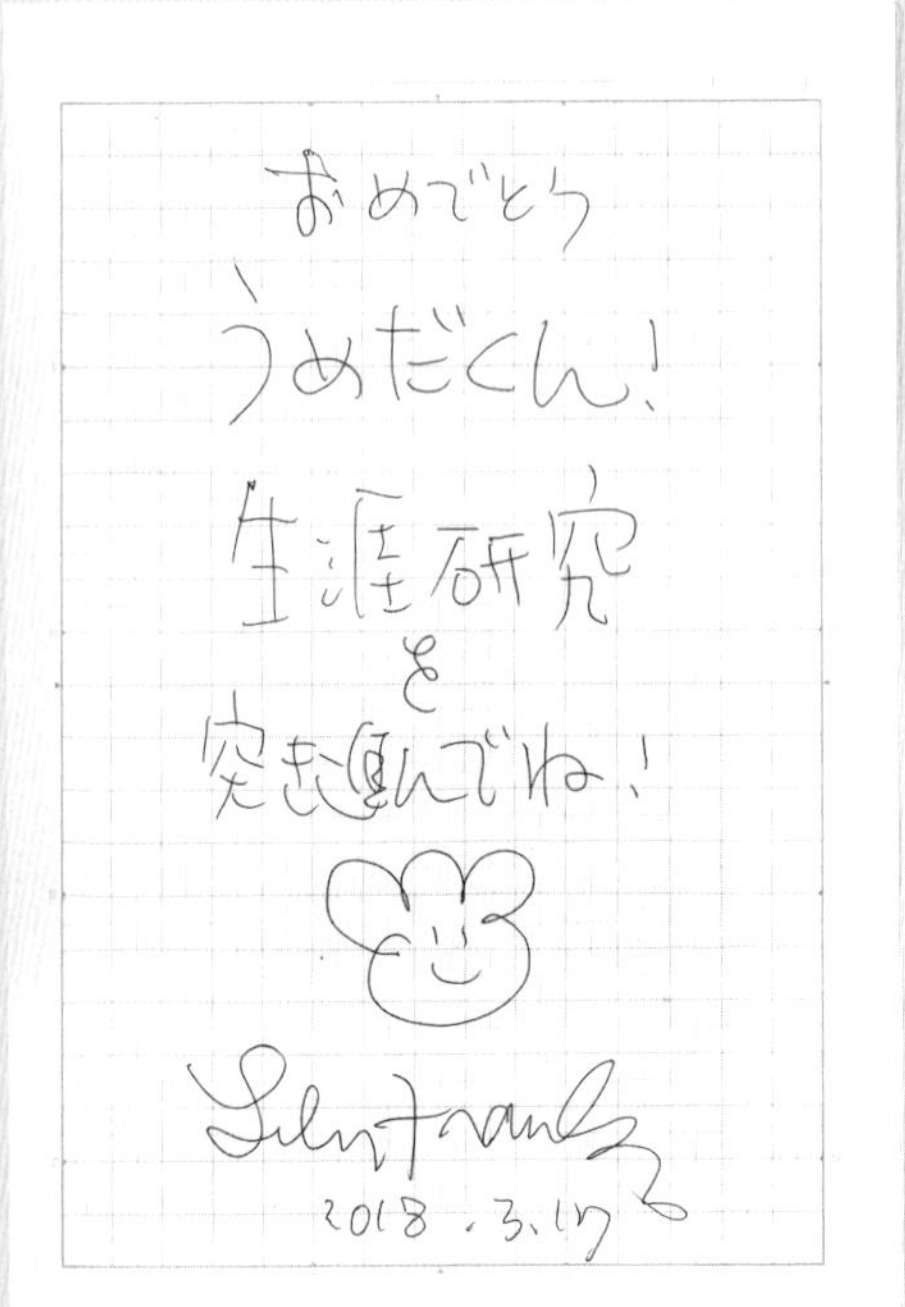
おめでとう
うめだくん！
生涯研究
を
突き進んでね！
2018.3.17

中学卒業。4人の大人たちからいただいた僕の宝物。
左下はリリー・フランキーさん。

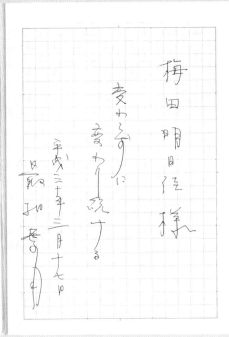

3/31 2017年 僕の10大ニュース
月 日

●北九州市の今年の10大ニュース

順位	ニュース
1	天皇、皇后両陛下が北九州市をご訪問
2	ミクニワールドスタジアム北九州が3月にグランドオープン。ギラヴァンツ北九州の開幕戦でサッカーＪ3最多の1万4935人が観戦
3	スペースワールドが12月末で閉園へ。跡地活用の優先交渉先にイオンモール
4	７月の九州北部豪雨で復旧・支援本部を設置し、被災地を支援
5	2016年に北九州市を訪れた外国人観光客数が34万9000人に。5年連続増、これまでで最多
6	門司港、下関港にある明治、大正期の建造物群などが日本遺産に
6	小倉北区のアパート「中村荘」の火災で入居者6人が死亡。再発防止のため火災予防条例を改正
6	人口減少数が３年連続で全国最多
9	若松区沖の洋上風力発電の拠点化事業で、九州電力子会社などによる企業連合を事業者に選定
10	北九州の魅力を発信するイベント「ＫｉｔａＱフェス　ｉｎ　ＴＯＫＹＯ」を東京で初開催

今更ですが毎年恒例僕の10大ニュースをお送りします。

両陛下ご訪問が1位
北九州市10大ニュース

北九州市は28日、今年の市の10大ニュースを発表した。トップには、天皇、皇后両陛下が10月に市内を訪問し、市エコタウンセンター（若松区）などを視察されたことが選ばれた。2位はミクニワールドスタジアム北九州（ミクスタ）のグランドオープンとなった。

広報室が挙げた88項目の中から、幹部職員31人がそれぞれトップ10を選び、点数化して順位付けした。北橋健治市長は同日の定例記者会見で、天皇、皇后両陛下のご訪問について「環境分野における市の国際貢献を説明でき、世界の環境首都を目指す市にとって、たいへん光栄なことだった」と振り返った。

2017年
12月29日
朝刊 23面

彩

今年の漢字を発表する北橋市長

①夏休みポスターコンクール市長賞

井筒屋や八幡製鐵所など市内数か所を巡回しました。

北九州市長賞
せかいいさんのある街
北九州市
思永中学校3年 梅田明日佳さん

伊藤さんに会えてよかったなあ。

ポスターの真ん中にいるのは北九州市環境《かんきょう》マスコットキャラクターの「ていたん」と「ブラックていたん」。絵のくわしい説明は40ページに。

受験勉強と「自学ノート」の両立。全国の高校受験生で僕だけに課せられたヘンテコなテーマだった。

NO. DATE

4月23日
朝刊27面

銀河鉄道「車掌」出迎え

小倉駅に新名物 等身大模型

北九州市で22日、漫画家松本零士さんの代表作「銀河鉄道999」に登場する「車掌」のほぼ等身大の模型がお目見えし、松本作品のキャラクターが描かれたモノレールの運行も始まった。模型の除幕式と列車の出発式には松本さんも駆けつけ、新しい市の名物誕生を祝った。

模型は、同市小倉北区のJR小倉駅に市が設置。強化プラスチック製で、高さは約1・6メートル。新幹線の改札口近くに、敬礼のポーズで立っている。両脇には999の座席をイメージしたイスも置かれ、記念写真を撮ったり、休憩したりできる。

モノレール車両 ラッピング刷新

一方、モノレールのラッピング車両（4両編成）は北九州高速鉄道が運行。2010年から昨年11月まで運行していた初代車両を刷新した。2代目は999の「メーテル」などに加え、新たに「宇宙海賊キャプテンハーロック」をはじめとした別の松本作品の人気キャラクターのイラストをあしらった。

記念式典で、松本さんは「上京した人生の出発点が小倉駅だった。今の自分は小倉に育てられた。古里に作品が生かされ、うれしい」と話した。

ラッピングが刷新されたモノレール

まだ「車掌像」を探してはいないけれど、像と並んで記念撮影をしたいです。

モノレールの先頭に描かれているメーテルの顔が切れていて怖いです。

老蔵と勸玄

昭和39年9月24日第3種郵便物認可 （日刊）©読売新聞社2017

■ 沖ノ島 一括登録なるか
■ 国会議員所得一覧 10 11
■ 体験 東京の勤め人 18 19
■ 錦織 初戦は圧勝 24
◀ 海老蔵さん親子「宙乗り」 35

松竹提供

7月4日朝刊1面

市川海老蔵さんの長男、堀越勸玄さんが「七月大歌舞伎」に出演しました。勸玄さんも海老蔵さんも頑張って欲しいです。

松本零士さんの記事は見逃《みのが》さない。
モノレールの小倉駅は『銀河鉄道999』の高架橋《こうかきょう》をイメージしている。

NO. 7/9 DATE 面白記事コーナー

その① 湯〜園地

7月6日朝刊31面

「湯〜園地」コースター公開

泡の入ったジェットコースターを体験する学生ら（5日午前）

大分県別府市の遊園地・別府ラクテンチで5日、今月29〜31日に開催するイベント「湯〜園地（ゆうえんち）」のアトラクションに予定している「温泉バブルジェットコースター」の試験運行が報道陣に公開された。

ジェットコースターは、席に湯を張ると重量オーバーになるため、常温の温泉水と植物性オイルを混ぜてつくった泡を入れ、温泉につかっているような感覚を再現した。試験運行では、同市の立命館アジア太平洋大学の学生ら17人が搭乗。カーブで泡を飛ばしながら歓声を上げて楽しんだ。イベントではジェットコースターのほか、八つのアトラクションを予定している。

温泉ジェットコースターは無理だと思っていたけれど、あの手この手で出来るだけイメージに近づけるよう努力した人がいたのだなあと思いました。温泉ジェットに乗ってみたいです。

その② 暗殺者が外務省の看板

「ゴルゴ13」がテロ対策を指南――。外務省は22日、海外に進出する中小企業向けに、さいとう・たかをさんの人気漫画「ゴルゴ13」を使った「海外安全対策マニュアル」を作成し、ホームページ（HP）で公開を始めた。

ゴルゴ13が テロ対策指南

＊ 海外進出企業向け

マニュアルはプロの狙撃手でゴルゴ13と呼ばれる漫画の主人公が、外相からの依頼で世界各国に派遣される設定。最近のテロの傾向や注意点を解説している。昨年7月にバングラデシュで日本人の会社員ら7人が犠牲となったテロ事件を受けた安全対策の一環で、テーマ別に週1回更新され、ゴルゴ13にちなんで全13回を予定している。

岸田外相（左）と面会する漫画家のさいとう・たかをさん（22日、外務省で）

3月23日朝刊4面

暗殺
のゴル
13が外
省の依
を受け
のは考
られな
けれど
面白そ
です。
いつ
H.P で
もうと
います

大分県別府市《べっぷし》にある「別府ラクテンチ」の「湯《ゆ》〜園地《えんち》」化について書かれた記事はどれもおもしろかった。

両さん、ありがとう

亀有住民ら終了惜しむ

さよなら、両さん――。17日に40年間の長期連載が終わった人気漫画「こちら葛飾区亀有公園前派出所」（こち亀）。太い眉毛がトレードマークの主人公・両津勘吉（両さん）は、東京の下町風情が残る亀有を主な舞台に、型破りな言動で暴れ回った。ゆかりの人たちから、終了を惜しむ声、亀有出身の作者・秋本治さん(63)をねぎらう声が上がった。〈本文記事1面〉

(上)境内で「こち亀」への思いを語る唐松さん。作品内では、この場所で、宮司と両さんが語り合っている（15日、東京都葛飾区亀有の亀有香取神社で）(下)亀有香取神社の祭りについて描かれた「亀有祭の巻」の1ページ　©秋本治・アトリエびーだま／集英社

■香取神社

漫画にたびたび取り上げられた亀有香取神社は、16日に始まった「例大祭」の真っ最中。宮司の唐松範夫さん(40)は「亀有が1年で一番盛り上がる時に、連載が終わってしまうのは寂しいけれど、お祭り好きの両さんらしい」と話す。

例大祭は、単行本第198巻収録の回で、「亀有祭」として描かれた。みこしを見に来た両さんが、唐松さんをモデルとする若い宮司から祭りについて教わる場面も盛り込まれている。

連載開始と同じ1976年に生まれた唐松さんは、幼い頃から「こち亀」を読み、「うちの神社が登場するたび、鼻が高かった」。2007年に宮司になってからは、両さんの銅像や、漫画ゆかりの場所を記した地図を境内に設置。「こち亀の聖地」と呼び、訪れるファンも多いという。

葛飾区役所や商店街も、駅前に銅像を設けたりイベントを開いたりと、こち亀を通じた地域の活性化を進めている。唐松さんは、「こち亀は、亀有の知名度を上げてくれた。その恩返しのつもりで、今後も亀有を盛り上げていきたい」としている。

■名画座

1999年に道路の拡張工事に伴って閉館した映画館「亀有名画座」は、第115巻収録の回に登場。両さんが子供時代に塀を乗り越えてこっそり映画を見ていたエピソードが披露され、支配人の今井道雄さん(89)に、「もったいないよ　壊してしまうなんて！」と閉館を嘆く。

今井さんの妻、洋子さん(78)は「実は、作者の治君が育った家はうちのすぐ隣でね。両さんみたいにこっそり映画を見てたのよ」と語る。閉館の頃には秋本さんが来訪し、「ありがとう、お疲れさまでした」と夫婦に声をかけたという。

1960年頃、亀有には五つの映画館がひしめいたが、テレビの普及などで次第に姿を消し、最後に残ったのが41年開館の名画座だった。跡地にはマンションが建ったが、漫画には、営業当時の名画座の外観や、映写室の様子が生き生きと描かれている。

洋子さんは「名画座と、昭和の亀有の町並みは漫画の中で生き続けている。本当にありがたいこと。今度はこちらが、治君に『お疲れさまでした』と言う番です」と話した。

両さんは商店街の人達からツケで買い物をしています。一体どれだけ借金をしているのか知りたいです。両さんの謎の全てをまとめた本を出してほしいです。

9月17日夕刊11面

しジのがでくがと最、ルてさたん
まー長装のなれな。に一。両みさ
いペ部武たはこだた別オ載。ザ川
買別原のいでもんしはがでたク中
に特大でてけななまと話ーしヤ、
念。はまっだんきい回ーラまはで
記たに今載僕み好思終第カいんい

文化

ガキ大将 華やかな幕引き

「こち亀」最終回に寄せて 斎藤宣彦

日暮《ひぐらし》熟睡男《ねるお》という男がいる。

「週刊少年ジャンプ」に1976年から40年にわたって連載された、秋本治さんのマンガ『こちら葛飾区亀有公園前派出所』（こち亀）主人公の警察官・両津勘吉（両さん）の同僚として80年に初登場。なんと夏季五輪の行われる年にしか登場しない（例外もあるが）という名物キャラクターである。

日暮は一度寝ると4年起きず、目覚めるたびに超能力を発揮して事件を解決していた。その後はパワーアップし、ゴジラ並みに、町を破壊する「エネルギー弾」を発射したこともある。

「4年に一度登場」の設定（今ふうに言えばレアキャラ）にも驚くが、真に驚くべきは、読者に4年後の登場が期待されている＝連載の継続が前提となっている、ことだ。少年マンガが「初めて読むマンガ」という人は多い。年少読者にとって「マンガ」そのものの入り口となるから、少年マンガ誌はマンガ界最大の戦場である。作家も作品もそこで生き残ることは難しく、10週ほどで終わったマンガは枚挙にいとまがない。

『こち亀』はきつい風刺・ギャグも織り交ぜた「警官コメディ」として始まった。1話完結型の作品。両さんが欲望に目がくらんだ行動で周囲に迷惑をかけ、最後は上司に怒られるのが定番のオチで、時に下町情緒たっぷりのエピソードが語られるのも魅力だ。マンネリとなりがちなコメディに、連載途中から、両さんがベーゴマやプラモデル、パソコンからドローンにまで蘊蓄《うんちく》を傾ける「情報マンガ」の要素を取り入れたのが、長寿連載となった秘密のひとつだろう。ジャンプを卒業した読者でさえ、『こち亀』が「今も連載されている！」と、いつでも安心することができた。

情けなかったり、頼もしかったり。知識も実行力もある、下町のガキ大将のような両さん。大人なのに、読者と等身大の存在。40年のうちに絵や作品スタイルの変遷はあったが（その変わりようも作品内でギャグにし）、徹底的に、少年読者の生活に寄り添った。だから、「ジャンプの中に載っている看板作品」というより、雑誌の基調を決める、ジャンプの「包み紙」だったのではないだろうか。

きょう17日、連載完結。長く続いた作品にふさわしい華やかな幕引きだった。雑誌と最終回収録の単行本が同日発売。きわめて珍しい手法だが、『こち亀』ではこの同日発売を利用した「マンガ界初」ともいえる大掛かりなギャグもあり、「さすが！」の一言である。

秋本さんは会見やインタビューで、「祝っていただいているときに退場したい」と語っている。

これで思い出すのは映画「男はつらいよ」シリーズだ。物語が一段落して店にみなが集まる。ふと気づくと寅さんがいない。ふらりと商売の旅に出てしまう。秋本さんは、このあとジャンプ系列誌で読み切り作を発表するそうだが、おそらくはその旅先からジャンプ本誌に帰還して、また読者を楽しませてくれることだろう。（マンガ評論家）

17日発売の「こちら葛飾区亀有公園前派出所」第200巻の表紙 ©秋本治・アトリエびーだま／集英社

東京の日本橋高島屋で開催中の「こち亀展」開幕式に出席した秋本治さん（中央）と、舞台版「こち亀」出演中のラサール石井さん（右）と生駒里奈さん（14日）＝奥西義和撮影
▼

9月17日朝刊29面

ぶ察れ終「40けて確だく。くいが
を警か最が描っ、もいす白わん
ムい描。んは言どんわま面かさ。
ナ悪ですさ絵とれさかいがも両す
グしし ま両の」け両んて話絵ので
マ放といで前いたにだっは、今き
はっ官て巻年ないかんな僕てい好

『こち亀』最終回のプレゼント企画でクリアファイルがあたったことは、
〈僕の10大ニュース〉の13番目にランクされた。この年は本当に話題の多い年だった。

すごい！

両さんは奇想天外なアイディアで色々な事をビジネスとして成功させかかり、最後の詰めが甘くて毎回大失敗します。その原因は全て両さんが金に目がくらんで起きるので、おかしくて笑ってしまいます。話の中で面白い所は、両さんが大原部長を激怒させ、大原部長が武装して派出所に「両津のバカはどこだ」と言って現れる所です。部長が毎回軍服や騎士のヨロイなどで武装して怒りをアピールする所が最高に面白いです。僕はこち亀最終回の9/17のジャンプを永久保存版にしようと思って、

よみうり寸評

警視にまで出世した警察官が定年になり、ゆったりした時間の中でふと思いたつ。プラモデルを作ってみよう、と◆模型店に行くと、見事に彩色された戦車が飾られていた。店主に尋ねる。「誰が作ったんだね？」「両さんですよ」「両さん？」――作家の今野敏さんが描いた退職警官は、こうして子供の頃の夢への再挑戦を始める◆複数の作家が短編を寄せた小説『こちら葛飾区亀有公園前派出所』（集英社）にある。今野さんも遊びの名人・両津勘吉にひかれた読者の一人だろう◆原作の漫画には童心が横溢《おういつ》する。40年にわたる少年誌の連載が終わりになると聞いて、ベーゴマやGIジョー、ファミコン…と、遊びの今昔物語を自身にかさねて浮かべた方は多かろう◆両さんのポケモンGOだって――最近、このゲームにまつわる〝いい方〟の話題を聞いた。福井の景勝地・東尋坊に大勢が詰めかけ、崖から自殺者を遠ざけているらしい。呑気《のんき》な光景を見て思いとどまる人もあろう。童心は役に立つのである。

― 2016. 9. 7

「編集手帳」「よみうり寸評」でも取りあげられ

僕が両さんを読み始めたのは小学3年生の時です。読み始めたきっかけは、読売新聞に5日間だけ連載された4コマ漫画です。両さんの性格やアイディアがとても面白くて、家にあった単行本を読むようになりました。こち亀には僕の大好きなプラモやラジコンをはじめ、その時に流行ったものがうまく取り入れられています。僕と両さんの好きなものが似ているのと、新聞で読んだ記事がすぐにネタになっているのが気に入って毎週立ち読みしていました。

編集手帳

マドレーヌを紅茶にひたして口に含んだとき、遠い幼年期の記憶が隅々までよみがえる。全編を読みおおせたことのない身で口幅ったいが、フランスの作家マルセル・プルーストの長い長い物語『失われた時を求めて』である◆当方が口にしていたのは卵かけご飯と麦茶だが、記憶が突然よみがえる感触をささやかながら味わった。3日前、朝刊をひらいたときである。殺風景な学生寮の一室。よく通った定食屋のテーブル。理髪店の待合席…◆ファンは皆それぞれに〝両さん〟と過ごした時間を、場所を懐かしく思い出しているだろう◆『こちら葛飾区亀有公園前派出所』が終わるという。型破りな警察官・両津勘吉を主人公に、秋本治さんが40年間にわたって「週刊少年ジャンプ」に連載してきた人気ギャグ漫画である。漫画誌にはとんとご無沙汰の身だが、青春時代の古なじみであるあの愛すべき、一本につながった太い眉に会えないと思うと、やはりさみしいものがある◆17日発売の号が見納めという。〈月光や遠く人を銀色に〉（星野立子）。飛び切り明るい人の別れにふさわしく、その夜は満月である。

2016. 9. 7

1976年から40年も続いた『こち亀《かめ》』が終わるというニュースは、僕だけでなく日本中を驚《おどろ》かせた。

2年生1学期　他にも行ったよこんなトコロ

5月21日福岡サンパレスTHE ALFEEコンサート

高見沢さんへのプレぜントを入れる箱に僕の書いた作文「バンド道」を入れました。父は中学生の頃からアルフィーファンで今回初めて2人で行きました。幼稚園生の時によく聞いていた曲が何曲も演奏されて懐しかったです。腕が痛くなり、声がかれるほど応援して楽しかったです

みました

お父さんとコンサートに行って親子で盛り上がる。すばらしいことです。高見沢さんのギター、すごかったでしょう。

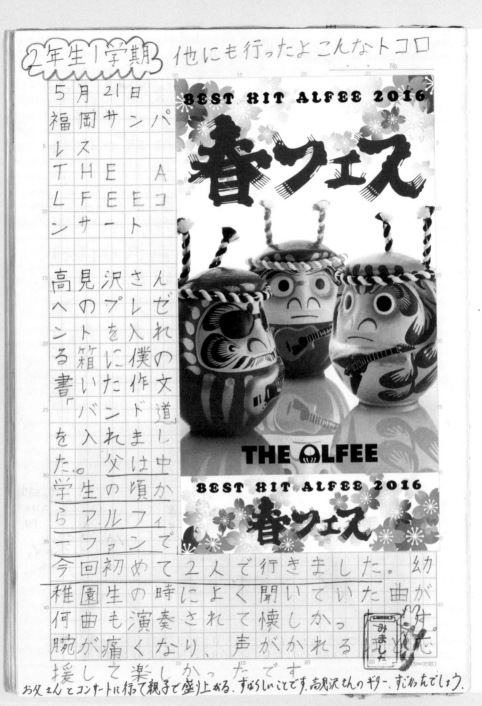

『バンド道』は中1のときの「子どもノンフィクション文学賞」応募作。
父が作り僕もギタリストとして参加しているロックバンド「OVERDRIVE《オーバードライブ》」の活動について書いた。

No.

えられそうな事を心配しています。戦争が始まれば、確実に核兵器が使われ、人間の住めない地球になってしまいます。日本が平和を続けるためにできることは、憲法9条を守ることだと思います。

6月9日夕刊
7面

オバマ氏の思い 見つめる

オバマ米大統領

5月に現職の米大統領として初めて広島を訪問したオバマ大統領が作った和紙の折り鶴4羽と記帳した芳名録が9日、広島平和記念資料館（広島市中区）で公開され、入館者が熱心に見入っていた＝写真、野本裕人撮影＝。8月31日まで展示される。

折り鶴はいずれも幅約10センチ、高さ約7センチで、同資料館で出迎えた小中学生にオバマ氏が手渡した水色、ピンクの2羽と、芳名録に添えた赤、オレンジの2羽。「共に平和を広め核兵器のない世界を追求する勇気を持ちましょう」と英語で書いた芳名録とともに、本館北側ギャラリーでガラスケースに収められている。

広島・折り鶴公開

修学旅行で訪れた三重県鈴鹿市の私立鈴鹿中2年田之上美咲さん(13)は「鶴は想像していたよりきれいにできていた。訪問の時の声明の通りに、核兵器のない世界を実現してほしい」と話していた。

「戦争なくそう」印象的

爆心地から約3㌔の自宅で被爆し、児童文学「ズッコケ三人組」シリーズで知られる作家の那須正幹さん(73)(山口県防府市)

「オバマ氏の声明には核兵器廃絶の決意が込められていたが、『生きている間に達成できないかもしれない』と述べるなど、廃絶がなかなか進まないことへの忸怩たる思いもにじんでいた。核兵器だけでなく戦争をなくそうと呼び掛けたことも印象的だった。今回の訪問だけで世界が大きく動くとは思えないが、核保有国で『核兵器はいらない』と考える人が増えるきっかけになってほしい。私もこれまで原爆をテーマとした児童文学を書いてきた。核兵器廃絶に向けて、生涯のテーマとして書き続けていきたい」

願い実現 でも短かった

被爆の惨状を伝える漫画「はだしのゲン」の作者・中沢啓治さん(2012年死去)の妻・ミサヨさん(73)(埼玉県所沢市)

「夫が(「核なき世界」を掲げた)プラハ演説に感銘を受けてオバマ氏に送ろうとした手紙が、25日に偶然見つかった。『何としても一度広島と長崎においでいただき、平和記念資料館をご覧いただきたい』と書かれていた。夫の願いは実現したが、資料館の訪問は短時間で、広島の惨状は伝わらなかったのではないか。声明の内容も目新しいことはなかったように感じた。夫は常々『知らないことほど怖いことはない』と言っていた。オバマ氏や次の米大統領には、継続して広島を訪問してもらい、被爆者の声に耳を傾けてほしい」

あと思いました。スピーチの中で分かる英語が少しあったので、とても集中して聞けました。

核兵器廃絶は、「私が生きている間には実現しないかもしれないが、勇気を持って追求しなければならない」と大統領は話しました。

僕の大好きな那須正幹さんは、「核兵器だけでなく戦争をなくそうと呼び掛けたことが印象的だった」と話しています。「ズッコケ熟年三人組」のあとがきで那須さんは、平和憲法が変

被爆者の森重昭さんを抱き寄せるオバマ米大統領（27日午後6時8分、広島市中区の平和記念公園で）＝尾崎孝撮影

五月二十八日朝刊三十七面

大統領は頭を下げなかったけれど、長い時間黙祷をしていました。アメリカや日本の人の事を考えて、自分ができる範囲で誠意を表しました。スピーチは6分と聞いていたけれど、17分もありました。それだけ言いたい事があったんだな

5月28日
夕刊1面

原爆死没者慰霊碑に献花し、声明を発表するオバマ米大統領（27日午後5時49分、広島市中区の平和記念公園で）＝野本裕人撮影

動画はYOLで

オバマ氏声明のポイント

▽我々は10万人を超える日本人、多くの朝鮮半島出身者、捕虜になっていた米国人を含む犠牲者を悼むために広島に来た

▽第2次大戦は広島・長崎に残酷な結末をもたらした

▽命を奪われた人々の苦しみは言葉では言い表せないが、我々は歴史を直視する責任がある

▽米国と日本は同盟だけでなく友情も築いてきた

▽我々は核兵器のない世界を追求しなければならない

大統領が折った鶴

オバマ米大統領は27日に広島平和記念資料館（広島市）を視察した際、自ら折った四つの「折り鶴」＝写真＝を持参した。うち2羽は出迎えた地元小中学生2人に手渡し、残り2羽は、同資料館の芳名録のそばに置いた。

同行した安倍首相が「自分で折ったのか」と尋ねると、オバマ氏は「少し手伝ってもらったが、自分で折った」と応じた。折り鶴は赤色や黄色で、和紙で折ったものだったという。5月28日朝刊38面

並んで歩くのを見て、「本当に今これが広島で起きているんだな」と緊張しながら見ました。献花の時

(5mm方眼)

にフランスの提唱で始まったものです。日本での開催は8年ぶりです。サミットの内容はよく分からなかったけど、世界の先進国の首相が集まって話すなんてすごいなと思いました。会場になった賢島は開催前から厳しい警備が行われました。サミットが終わって1ヶ月の間に北朝鮮が長距離ミサイルを発射し、イギリスの国民投票でEU離脱に賛成の人が多くて、残留派だったキャメロン首相が辞職しました。歴史が激しく動いているなあと思いました。

この日、歴史が動くことがありました。オバマ大統領が現職の大統領として初めて広島を訪れました。オバマ大統領は原爆資料館を見学した後、平和記念公園で献花と演説をしました。僕はこの歴史的瞬間に立ちあおうとテレビをつけました。平和公園を安倍首相と

ランド仏大
理事会常任
表撮影

伊勢志摩サミット開幕

G7財政出動 協調焦点

サイバー対策 自衛権行使明記へ

主要国首脳会議（伊勢志摩サミット）は26日午前、各国首脳らが三重県伊勢市の伊勢神宮を訪問し、開幕した。日本での開催は8年ぶり。同日午後から始まる全体会合では、中国など新興国経済の減速が懸念される中、先進7か国（G7）が世界経済の浮揚に向け、機動的な財政出動を含む政策協調を打ち出せるかどうかが焦点となる。議題の一つのサイバー対策では、27日に採択する首脳宣言の付属文書に、サイバー攻撃も武力攻撃とみなした上で、国連憲章で認められた個別的自衛権や集団的自衛権が「行使可能」と明記する方向で調整している。

＜関連記事2・9面＞

サミットは27日まで2日間、志摩市・賢島《かしこじま》の「志摩観光ホテル　ザ　クラシック」を主会場に行われる。世界経済のほか、国際的な課税逃れ対策やテロ・難民対策、海洋安全保障、北朝鮮問題、ウクライナ問題などが討議される予定だ。27日には首脳宣言のほか、六つの付属文書も採択される見通しだ。

世界経済については、首脳宣言で、金融政策と機動的な財政出動、構造改革の三つの政策を経済成長に向けた「3本の矢」と位置づけ、その重要性を確認する方向だ。

ただ、日米やカナダが財政出動に積極的なのに対し、ドイツは規制緩和などを通じて経済の効率性を高める構造改革を重視している。世界経済の成長に向けた力強いメッセージを打ち出すには、首脳間の議論で認識の違いを乗り越える必要がある。

テロ・難民対策を巡っては、G7が今後取り組む「行動計画」を策定する予定で、どこまで具体的な内容に踏み込めるかが注目される。中国の南シナ海への進出を踏まえ、海洋安全保障も主要議題になる。

首脳宣言の付属文書で、サイバー攻撃が自衛権発動の対象となる可能性を示すのは、中国や北朝鮮などが行っているとされるサイバー攻撃をけん制する狙いがある。また、首脳宣言では、サイバー空間の安全確保に向け、G7が共同で問題に取り組むための作業部会の設置を盛り込む方針だ。

伊勢志摩サミット初日の主な議題と議論のポイント

26日(木)	会合	議題
昼	全体会合①（昼食会）	G7の価値・結束、世界経済
	◆世界経済の成長下支えのために財政出動でどれだけ共同歩調をとれるか	
午後	全体会合②	貿易
	◆自由貿易推進に向けた姿勢をどの程度強く示せるか ◆鉄鋼の供給過剰問題で中国に強く改善を促すことができるか	
	全体会合③	政治外交
夜	全体会合④（夕食会）	政治外交
	◆実効的なテロ対策を打ち出し、中東情勢の改善につなげることができるか ◆南シナ海の軍事拠点化を進める中国や、ウクライナ問題で批判を受けるロシアに、どのようなメッセージを発することができるか	

5月26日夕刊1面

伊勢志摩サミット & オバマ大統領広島訪問 6/26

伊勢神宮を訪問し、参道を歩く（左から）レンツィ伊首相、ユンカー欧州統領、トルドー加首相、オバマ米大統領、メルケル独首相、安倍首相、ト議長（ＥＵ大統領）、キャメロン英首相（26日午前11時31分、三重県伊勢

広島2氏、長崎1氏と あす

日米両政府は26日、安倍首相とオバマ米大統領が27日に広島の平和記念公園を訪問する際、オバマ氏と被爆者が対話する機会を設ける方針を固めた。被爆者団体と、広島県、広島市などの地元自治体は、オバマ氏と被爆者の面会実現を求めてきた。両政府はこうした要望に応える必要があると判断した。

両首脳は、平和記念公園を訪問する際、原爆死没者慰霊碑に献花し、所感を述べる予定で、被爆者が招かれている。オバマ氏はこの場で被爆者と自然な形で言葉を交わす方向だ。

オバマ氏は25日夜、日米首脳会談後の共同記者会見で、自らの広島訪問について「第2次世界大戦で命を失った方々に敬意を表し、『核兵器のない世界』の実現というビジョンを再確認し、日本との卓越した同盟関係を強化する」と意義を強調した。

日本政府は日本原水爆被害者団体協議会（被団協）に出席を打診し、坪井直《すなお》代表委員(91)、岩佐幹三《みきぞう》代表委員(87)、田中熙巳《てるみ》事務局長(84)が出席する見通しだ。坪井、岩佐両氏は広島、田中氏は長崎でそれぞれ被爆した。

被団協は被爆者でつくる唯一の全国組織。1956年8月10日に結成、今年60周年を迎える。今春から核兵器廃絶条約の締結を各国に求める国際署名運動も開始。オバマ大統領の広島訪問にあたっては「被爆者の話を聞き、被爆の実相、被爆資料などに直接触れることを強く要望する」との書面を米ホワイトハウスと在日米大使館に送っていた。

松井一実・広島市長、湯崎英彦・広島県知事、田上富久・長崎市長、中村法道・長崎県知事も出席を予定している。

〈関連記事8面〉

サミットとは頂上の意味で、1975年のオイルショックによる世界経済に対処するため

 この年の夏は戦後70年の特集記事が多かった。夏休みは戦争と平和について考えるときでもある。

江戸のからく里《り》たんけん新聞

茶運人形徹底調査

平成27年12月18日
発行 梅田新聞社

ちょっと変わった探険のはじまり

①
どんなしくみで動いているんだろう

②
そうだ!! 中に入って調べてみよう!!
あとは小さくなって…

③
準備OK!!

④
レッツ・ゴー
ゴォオオオオ

からくり人形とは、江戸時代時計職人が時計のしくみを用いて動くようにした人形です。今回紹介する茶運《ちゃはこび》人形はからくり人形の代表格で今でも江戸時代のものが残っています。

茶運人形とは

茶運人形は、盆の上に茶わんをおくと動き出して客の前まで行き、客が茶わんを取ると止まります。飲み終わった茶わんを盆に返すと、半回転してもどってくる人形です。

お辞儀

回転板についているピンが、首に直結するレバーに当たって…
首
バネ
ピン
レバー

お辞儀をする!!
どうぞ

歩行と調速

スイッチが入るとゼンマイがほどけて動き出す!
ゼンマイ
テンプ

ゼンマイの速さは、ギヤとテンプで調節する。テンプは歯車についたピンに押されて回る。
テンプ
ピン

スイッチ

茶わんを盆に乗せるとストッパーが外れて…
テンプ

ゼンマイの動きを制御するテンプが左右に回転して歩き出す!

方向転換

胴の中央にある回転板前のカムが前輪軸に当たると…
前輪軸
前輪

前輪が30度回転して方向転換する!

すり足

動輪についたカムが前後に回り…
カム

レバーが引かれる事で、足が動く!!
足
レバー

テイクオフ!!

探険中のハプニング

その1
えーとここの仕組みは…
ギギギギ
イテッ

その2
この状態で調べよう
助けて~ これじゃチャップリンだよ!!
ピタ

探険終了

ゼンマイはクジラのひげでできていたぞ!! ほとんどが木製だったぞ!!

今でも玉屋庄兵衛さんや東野進さんといった職人さんが江戸時代の製法で作っているよ。

編集後記

この新聞は、「一度作った大人の科学」の茶運人形を分解して書きました。一度組み立てたものをまた分解してしくみを調べた事で、初めて組み立てた時には気付かなかった所に新しい発見がありました。コンピューターもモーターもない江戸時代にこんなに複雑な動きをするものを作った江戸の職人はすごいなと思いました。

すり足は茶道で茶をこぼさないように考えられた歩き方だけど、茶運人形もやっているよ!

探険を終えて

①
はぁ~結構大変だった~

②
茶運人形は動輪につながる回転板ひとつで、全ての動きが制御されている。ゼンマイの速さはギヤとテンプで調整する。
でも楽しい探険だったなぁ~。分かった事をまとめよう!

③
次はこれを作り上げるぞ!!
弓曳童子《ゆみひきどうじ》
矢を次々と射るからくり

僕の時計好きは幼稚園《ようちえん》時代にまでさかのぼる。（→136ページ）

い映像が沢山ありました。画期的な宣伝方法で、「モーターは安川電機て買おうと思った人が沢山でました。映画で宣伝しようと考えた人がすごいと思いました。

旧本社の一部を再利用するプロジェクトも面白かったです。実は歴史館の建物は旧本社の一部で、歴史館用にリフォームしたそうです。周囲の樹木や初代社長の胸像も残されていて、建物全てを壊した方が後が楽だろうけど、それをあえて残すのが安川電気のかっこいい所だなと思いました。

我々の想いを理解してくれてありがとう。（岡林）

僕が次の武士道プロジェクトでMOTOMANにやってもらいたいことは、「式包丁」です。式包丁とは舞を舞うように魚や鳥を美しい形に切りさばいていく武士の礼法です。日本の素晴らしい伝統文化の1つなので、ロボットに受けついでもらいたいです。

Good idea! 今の日本は伝統文化を引き継ぐ人がいない事です。それができるようなロボットをもっともっと進化していかなければ。。。。（岡林）

（5mm方眼）

新しくできた歴史館は、安川電機の年表や創業者の言葉、旧本社の歴史など読む展示が多かったです。みらい館ではショーケースに入れられていたMOTOMANI号が歴史館ではそのまま展示されていました。特に面白かった展示は映画「モートルはこのように」。昭和27年のモーター製造の様子が描かれています。まだ安全面を重視していない時代だから、溶かした鉄を流している所で作業をしている人や、大型の機械が動いている近くで作業している人など危なっかし

館長さんは「わあ、すごいなあと言って見てくださいました。館長さんに「理科が好きかね」と聞かれて、はいと答えました。それから、「安川電機に入らんかね」と聞かれて、僕は色々な事を考えてしまい答えられませんでした。前回見たときから半年しか経っていないのに、展示が沢山変わっていました。歴史館が出来てMOTOMAN第一号がそちらに引っ越し、今度は歩行サポーターが展示されていました。バランスボールはもぐらたたきに変わっていて、面白かったので人が少ないのをいいことに何回もやりました。館長さんに「今日は『やすかわ君』が動いてるよ」と言われて遂に僕は念願の「やすかわ君」が作ったソフトクリームを食べられました。資料館でものを食べるというのが特別な感じで面白かったです。

2016年中に、もうひとつ展示内容を変えます。ご期待ください。（岡林）

この年は「自学ノート」を続けていてよかったと思う出来事が連発した一年だった。

受付でレポートを持ってきましたと言うと、「館長が喜びますので直接渡して下さい」と言われて館長さんを呼んでくれました。
館長さんはニコニコしながら、ノートを渡す前から「ありがとう」とおみやげをくださいました。

僕（13歳）

20年近く海外で活躍した館長さん

おみやげの中身　超豪華
- MOTOMAN模型
- ロボットが作ったミニカー
- 安川電機の学習マンガ
- コイルモーターキット → 作ってみたかな？（[illegible]）

4/16 安川みらい館進化中!

♫
やすかわ君が
やってくる〜
工場から

この歌声は
アメリカンファミリー生命
「まねきねこダック」
歌っている子です。
(岡林)

やってくる〜
世界が認めた
関節技術
ひっさげて〜え

去年の10月の黒崎城まつりで一般公開された安川電機みらい館のレポートを見てもらいたくて、春休みにみらい館へ手紙を書きました。するとみらい館から電話がかかってきて「6日に1日だけ開けるので、よかったら遊びにきてください」と言われたので、飛び上がって行きました。

安川電機みらい館の岡林千夫館長は、ノートの書きこみだけでなく手紙もたくさんくださった。

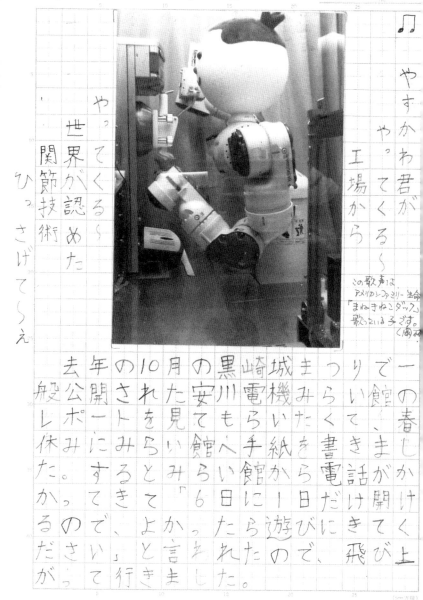

八幡大空襲 犠牲者悼む

70年「悲惨な歴史 後世に」

太平洋戦争末期、約2500人が死傷した「八幡大空襲」から70年となった8日、北九州市八幡東区では犠牲者を悼む慰霊祭や空襲の体験を語り継ぐ行事が行われ、参加者は平和への誓いを新たにした。

防空壕《ごう》に避難した約300人が犠牲となった小伊藤《こいとう》山公園では、遺族や住民ら約100人が参列して慰霊祭が行われた。千羽鶴を供えた慰霊塔の前で、全員が黙とうして冥福を祈った。慰霊祭の発起人で、空襲を体験した池浦正勝さん(81)は「母親と子どもが逃げ惑い、燃えていった壮絶な光景が今も忘れられない。戦争は絶対にしてはいけない」と訴えた。同区内の市民センター4か所と図書館では、体験者による講演や空襲をテーマにした紙芝居の披露などがあり、親子連れらが聞き入った。

八幡は1901年創業の官営八幡製鉄所とともに栄え、戦時中は鉄鋼生産の拠点として米軍の攻撃目標にされた。大空襲に先立つ44年6月にも、米爆撃機B29による本土初の空襲を受けた。その製鉄所は今年7月、関連施設が「明治日本の産業革命遺産」として世界文化遺産に登録された。

創業期から製鉄所を支え、「高炉の神様」と呼ばれた田中熊吉氏の孫で、空襲時に国民学校5年生だった藤井敬明さん(80)は「製鉄所なしに八幡の発展はなかった。ただ、その影に戦争の悲惨な歴史があったことも、後世にしっかりと語り継ぎたい」と話した。

〈関連記事11面〉

死者1785人

八幡大空襲　1945年8月8日午前10時頃、B29約120機が旧八幡市（北九州市八幡東区、八幡西区）を空襲した。第1復員省（旧日本陸軍省）の資料によると、死者は1785人に上り、住宅1万3296戸が全焼、5万3476人が被災した。

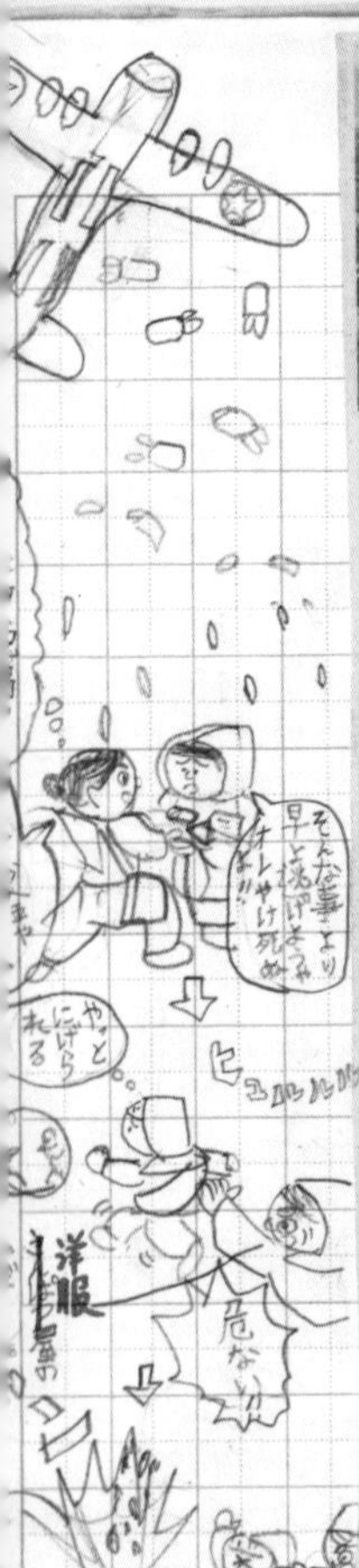

小学五、六年生の時担任だった柴崎先生は、お父さんが子供の頃八幡大空襲にあい、小伊藤山の防空壕に入ろうとして、近所のおじさんに止められた時に熱線弾が落ちた事を教えてくれました。　8月8日夕刊1面

北九州市の小中学生は八幡大空襲《だいくうしゅう》のことを平和学習で学ぶ。
そのとき柴崎《しばさき》先生から聞いた話を、上の漫画にした。

殉職者慰霊祭の準備がされていました。起業祭で楽しむ事もいいけれど、あの危険な現場で亡くなった人達の事も考えなければいけないと思います。その通りですね。

この八幡にもB-29が空襲をしました。日本軍はB-29の1/3にも満たない双発戦闘機「屠龍」で応戦していました。攻撃目標にされないため旧本事務所は黒くぬられたそうです。この事務所の姿を見た人は「ここに落ちたら自分はどうなるのだろう」と思ったに違いありません。ついに8月8日に八幡大空襲で八幡は焦土と化しました。しかしこの時の煙のせいで米軍は原爆投下目標地「勝山兵器工場」を目そこない、第2目標の長崎へ原爆が落とされました。幸運とは言えません。この悲劇を忘れてはいけないと思います。

煙　見

屠龍 B-29 対比図

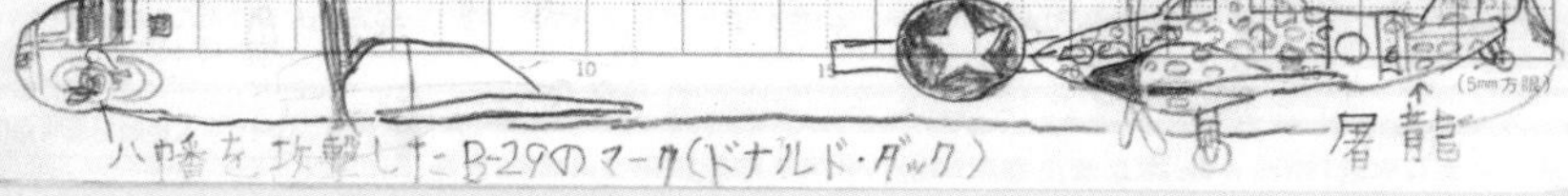

八幡を攻撃したB-29のマーク(ドナルド・ダック)

たそうです。

　大正時代の製鉄所の作業風景のビデオもありました。この展示は「東田ものがたり」ではありませんでした。映像は音がなく、図で表しながら作業の様子が写っていました。見ていて恐ろしかったのは、火花の飛ぶ作業をしているのに防護面も何もしていない人、動いている重機に顔をぶつける人等が映っていた事です。去年、※起業祭のステージに出た時に、近くの体育館で準備をしました。その体育館で

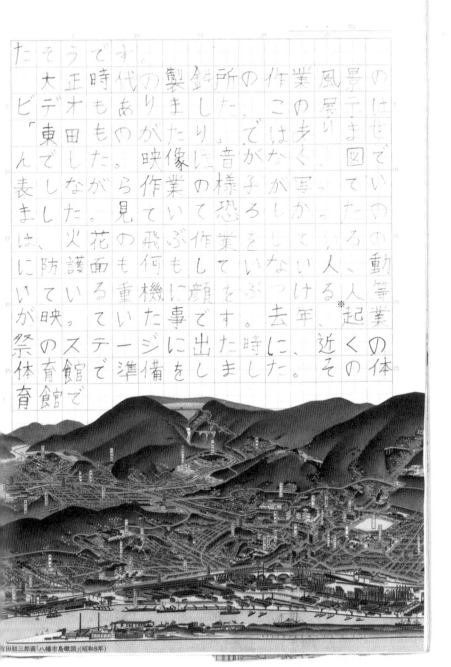

吉田初三郎画「八幡市鳥瞰図」(昭和8年)

※起業祭　1901年の官営八幡製鉄所の操業開始にちなんで、毎年11月に開催《かいさい》されるお祭り。催《もよお》し物《もの》や出店《でみせ》でにぎわう。

イノベーションギャラリーに行きました。

祝・世界文化遺産登録記念展

八幡《やはた》鐵ものがたり

Steel Works Birth Story

2015.7.4(土)→12.20(日)

■会　場　北九州イノベーションギャラリー［企画展示ギャラリー］
福岡県北九州市八幡東区東田2-2-11　tel. 093-663-5411　http://www.kigs.jp/

■観覧料　一般：300円/ 大学生・高校生：100円　中学生以下無料※団体30名以上は2割引、障害者割引有り

■開館時間　9:00〜19:00　土・日・祝日は17:00まで（入場は閉館の30分前まで）

■休館日　毎週月曜日（7月18日〜8月31日までは無休。9月以降、月曜日が祝日の場合は翌日）

※本展示は、当館にて今春開催した、世界文化遺産登録応援展「東田ものがたり」の一部（約3割）展示を入れ替え、この度の正式登録を記念して継続公開するものです。

【主催】北九州市、北九州イノベーションギャラリー
【後援】福岡県教育委員会、北九州市教育委員会、北九州市PTA協議会、北九州商工会議所、JR九州、西鉄バス北九州㈱
【協力】新日鐵住金㈱八幡製鐵所、㈱スピナ、北九州市立文書館、北九州市立中央図書館、北九州市立八幡図書館、北九州市立自然史・歴史博物館（いのちのたび博物館）、八幡東区役所
【監修】北九州市の文化財を守る会
＜画像提供：新日鐵住金㈱八幡製鐵所＞
元の白黒写真に色彩を施しております

8月8日に八幡製鐵所の世界遺産登録記念展を見るためにイノベーションギャラリーに行きました。ギャラリー内にはお土産屋が出来ていて、Tシャツや堅パン等を売っていました。パンフレットも作られていたので僕も買いました。たくさん売れて欲しいです。

ありがとう

展示は前回の「東田ものがたり」のバージョンアップした物でした。

国会議事堂の骨組みは八幡製鐵所で作られたそうです。1920年に鉄材の制作が始まり、貴族院側を作る右組、衆議院側を作る左組に分かれて作業が行われました。鉄骨工事は7年後の1927年に完成し

世界遺産へ

軍艦島など8県23資産

造船・製鉄・石炭　ユネスコに登録勧告

政府が国連教育・科学・文化機関（ユネスコ）の世界文化遺産への登録を目指す「明治日本の産業革命遺産　九州・山口と関連地域」（福岡県など8県）について、ユネスコの諮問機関「国際記念物遺跡会議（イコモス）」が、登録をユネスコに勧告した。内閣官房が4日、発表した。6月28日から7月8日までドイツのボンで開かれる世界遺産委員会で、正式決定される可能性が高い。〈関連記事2・22・23面〉

に続いて15件目。九州・山口・沖縄関連では「琉球王国のグスク及び関連遺産群」（沖縄県）に次いで2件目となり、ほかに世界自然遺産に屋久島（鹿児島県）がある。

「産業革命遺産」は、日

炉や造船所跡、ドック跡から、明治時代後期の官営八幡製鉄所や三池炭鉱、三菱長崎造船所に至る8エリアの23件が構成資産（要素）。同造船所の大型クレーンなど、これまで日本の世界遺産にはなかった稼働中の施

No.

最初、八幡製鐵所が世界遺産を目指していると聞いた時、「登録してもらえるかなあ」と思っていたけど、ぼくの応援のおかげで登録してもらえそうなので、うれしかったです。

よかったね、

九州・山口の産業革命遺産の歴史

江戸	1840～42年	アヘン戦争
	1851年	集成館（鹿児島市）事業開始
	1853年	ペリー来航
	1857年	長崎造船所（長崎市）前身の溶鉄所建設着手
		松下村塾（山口県萩市）で吉田松陰が教べんを執る
明治	1873年	三池炭鉱（福岡県大牟田市、熊本県荒尾市）官営化
	1890年	三菱が端島炭坑（長崎市）で操業開始
	1894～95年	日清戦争
	1901年	官営八幡製鉄所（北九州市）創業
	1904～05年	日露戦争
	1909年	長崎造船所ジャイアント・カンチレバークレーン完成

5月6日朝刊31面

（5㎜方眼）

明治の産業革命

「明治日本の産業革命遺産」8エリアと23構成資産

エリア(所在地)・構成資産名
❶萩(山口県萩市)
◆萩反射炉
◆恵美須ヶ鼻造船所跡
◆大板山たたら製鉄遺跡
◆萩城下町
◆松下村塾
❷鹿児島(鹿児島市)
◆旧集成館
◆寺山炭窯跡
◆関吉の疎水溝
❸韮山《にらやま》(静岡県伊豆の国市)
◆韮山反射炉
❹釜石(岩手県釜石市)
◆橋野鉄鉱山・高炉跡
❺佐賀(佐賀市)
◆三重津海軍所跡
❻長崎(長崎市)
◆小菅修船場跡
◆三菱長崎造船所第三船渠《せんきょ》
◆同ジャイアント・カンチレバークレーン
◆同旧木型場
◆同占勝閣
◆高島炭坑
◆端島《はしま》炭坑
◆旧グラバー住宅
❼三池(福岡県大牟田市、熊本県荒尾市、宇城市)
◆三池炭鉱・三池港
◆三角西(旧)港
❽八幡(北九州市、福岡県中間市)
◆官営八幡製鉄所
◆遠賀川水源地ポンプ室

(上)世界文化遺産への登録勧告を受けた軍艦島と呼ばれる端島炭坑(4月17日、長崎市沖で、本社ヘリから)＝坂口祐治撮影
(下)官営八幡製鉄所の旧本事務所(北九州市八幡東区で)

014年に国がユネスコに推薦。造船、製鉄・製鋼、石炭の三つの産業を柱に、西洋から学んだ技術を日本の伝統文化と融合させ、試行錯誤の末に急速な産業化を成し遂げた価値を訴えた。

イコモスは勧告で、「一連の産業遺産群は、西洋から非西洋国家に初めて産業化の伝播《でんぱ》が成功したことを示す」と評価した。一方で、名称のうち、「九州・山口と関連地域」を「製鉄・鉄鋼、造船、石炭産業」に変更することを求めた。

5月5日朝刊1面

官営八幡製鉄所の世界遺産登録は、2015年の北九州市最大のニュースだ。

展示の感想を書くために関連図書を読むと、異なる分野の知識がつながっていった。

ぼくが一番気に入ったのが、「絵本八幡製鐵所今昔」です。作者の富増万左男さんは、八幡製鐵所で働きながら、この本を書いたそうです。絵の表現が、②とても面白くて八幡製鐵所の歴史を笑いながら知ることができます。図書館で予約したらコピーにした物が来ました。

最後のコーナーに、「八幡製鐵所の世界遺産登録を応援しよう!!」と書かれたボードがありました。そのボードに色々なメッセージをふせんで貼っているし、職員さんが、いろんな事を話してくれました。ぼくの事を覚えてくれていたのでうれしかったです。

絵本八幡製鐵所今昔

富増万左男氏
大正15年1月　八幡市尾倉生まれ
昭和15年4月　日本製鐵㈱八幡製鐵所入社
昭和56年3月　新日本製鐵㈱八幡製鐵所退職
平成4年9月　逝去

②そうですね。おもしろいですよね。昔の人々の服にも、注目したいですね。

今では、ボードに、たくさんの花が咲きました。世界遺産に決定するまで、まだまだ応援してくださいね。

しさ元照寺で竹槍騒動を起こしたそうです。芳賀村長は、八幡百年の大計を唱えて村人を説得した話も知りました。

最初、日本の技師は、ドイツ人の技師に技術を教わりながら作業をしていたそうです。ドイツ人技師は、技術を間違いなく教えようと努力しましたが、①中には酒を飲んだ状態で指導したり、ミスをした技師をぶんなぐる人もいて、「ドイツ人は八幡の殿様か」と言って辞める人もいました。それでも、ドイツ人のひどい仕打ちに耐えながら技術を学んだ技師がいたおかげで、操業から10年後、製鉄作業は完全に日本の技師だけで出来るようになりました。

◀伊藤博文来所記念
(ガラス原版)　*レプリカ
明治33(1900)年、初代内閣総理大臣伊藤博文が製鉄所建設激励のために八幡を訪問した際、第二高炉の台座にて撮影された記念写真。

①ドイツ人の中には、日本人からも信望が厚く、大変、感謝された人も、いるそうです。やはり、文化や気候の違いが大きな原因みたいですよ。

5/9（土）

世界文化遺産
登録応援展
東田ものがたり
World cultural heritage cheer exhibition Steel Works Birth Story

2015.4.11（土）→6.21（日）

■会　場　北九州イノベーションギャラリー［企画展示ギャラリー］
福岡県北九州市八幡東区東田2-2-11　tel. 093-663-5411　http://www.kigs.jp/
■観覧料　一般：300円／大学生・高校生：100円　中学生以下無料※団体30名以上は2割引、障害者割引有り
■開館時間　9:00〜19:00　土・日・祝日は17:00まで（入場は閉館の30分前まで）
■休館日　毎週月曜日（5月第2週は5月7日）

【主催】北九州市、北九州イノベーションギャラリー
【後援】福岡県教育委員会、北九州市教育委員会、北九州市PTA協議会、北九州商工会議所、JR九州、西鉄バス北九州㈱
【協力】新日鐵住金㈱八幡製鐵所、北九州市立文書館、北九州市立中央図書館、北九州市立八幡図書館
【監修】北九州市の文化財を守る会
＜画像提供：新日鐵住金㈱八幡製鐵所＞
元の白黒写真に色彩を施しております

4月11日に、イノベーションギャラリーで、企画展「東田ものがたり」を見ました。

八幡製鉄所が建てられた当時、八幡の地名はなく、ただの「製鉄所」でした。なぜかというと、当時、日本で唯一の製鉄……八幡の地名がいら……す。

〈当時、製鐵所は、官庁のうちの一部門であったため、地名が必要なかったという理由もあります。工場の名前というよりは、部署の名前です。ちょっとむずかしくて、スミマセン〉

製鉄所の建設候補地は、全国に16ヶ所あった中、多くの人々の知恵と努力により、小さい八幡村に決まりました。しかし、最初にあった建設の告示に書かれていなかった30万坪もの土地の提供を知った村人たちは、芳賀種義村長に対

赤ペンでも、付箋《ふせん》でも、手紙でも、コメントは最高にうれしかった。

読ませていただきます。」と言ってくれました。ぼくの家は読売新聞をとっていて、「読売新聞の人生相談を見ています。最相さんの答えが楽しみです。」と言うと、「ありがとう。」と言ってくれました。

　ぼくは3回出して、3回入賞したのでいい思い出になりました。うれしかったです。


　文をつづるということは、自分の思いを表に出すということです。とてもよいことですから、どんな形にしろ、続けていって下さいね。

　自学は、中3まで続けられるといいですよ
（高校、もっと先までも）

たのしいことやおもしろいことは、わくわく続けましょう！

卒業おめでとう!!

しばさき

どもがどんな状態なのかを話していました。「最近は、子どもの殺人事件が多くなったように見えますが、むしろ減っている方なんです。昔は、そんな事件があっても地方誌ぐらいにしかのらなかったのですが、今はマスコミが発達してどっかの県の事件も分かるようになったから、多くなったように見えるんです。」と言っていました。
　これから那須先生から手紙がくるので楽しみです。

「セラピスト」等を書いたノンフィクション作家です。

最相《さいしょう》　葉月《はづき》

＊メッセージ＊

インターネットを検索して安易に答えを得るのではなく、人に取材したり、自分自身で体験したり、文献を発掘したりと、五感すべてを使って一編の作品をまとめあげることは、何にも代えがたい有意義な体験となるでしょう。ときには信じられない話があるかもしれません。自分の見方に自信がもてなくなることもあるでしょう。そんなときは立ち止まることを恐れずに。暗闇をくぐり抜けて初めてつかめる「何か」があると私は信じています。

　ぼくが最相さんにサインをお願いすると、「これで3回目かね。」と言ってくれたのでうれしかったです。手紙をわたすと、「ありがとう、自学のコピーをプレゼントすると、「今から20年くらい前ねえ、日本にデング熱がやってきてね。その時に『ズッコケ病院大事件』を書いたんよ。」と教えてくれました。そして、手紙をプレゼントすると、「ねえこれ住所書いてるんかねえ。」とおっしゃったので、「書いてません」と言うと「手紙書くけえ住所書いて。」とボールペンをわたされたので、あわてて住所を書きました。そうしているうちに審査講評の時間が来ていて、みんながぼくの用事を待っているカッコウになっていました。あわててもどろうとすると、「写真はええんかね？」と言われて市長さんがさっきまですわっていたイスに思いっきりすわって写真を撮りました。子どもノンフィクション文学賞6周年記念講演で、那須さんが、「ズッコケ3人組」の紹介と、今の親や子そして、ぼくの作品については、「この子は書くのが好きなんやなあと思いました。イボの事だけで、これだけ書けるのがすごい。」と言ったら、会場のみんなが笑いました。次に「しかも、イボとパイナップル、全然関係ないし。」と言うと、もっと大爆笑になりました。さらに、「こりゃぼくが選んでやらんと、だれも選ばんな。」と思ったと話しました。リリーさんは、ぼくにとって英雄です。ぼくがリリーさんに手紙をわたすとちょっとてれくさそうになってうけとってくれました。サインももらいました。

ズッコケ三人組の作者です。

那須《なす》　正幹《まさもと》

＊メッセージ＊

目と耳と足を使って

あなたが最近耳にしたことや目にふれたことや体験したことの中で、驚いたこと、疑問に思ったこと、感動したこと、興味をもったことはありませんか。これを目と耳と足を使って、詳しく調べてみましょう。意外な発見があるに違いありません。それをもとに「本当にあったお話」を完成させてください。これは苦心して調べたあなたにしか書けない物語です。しかも、それが多くの人に感動を与えるのです。そんな作品を待っています。

ぼくが那須さんに、デング熱の

小3の「おもしろいけいちゃん」で那須正幹賞、小4の「ぼくんちは寺小屋です」で小学生の部大賞、小6の「イボとパイナップル」でリリー・フランキー賞の各賞を受賞した。

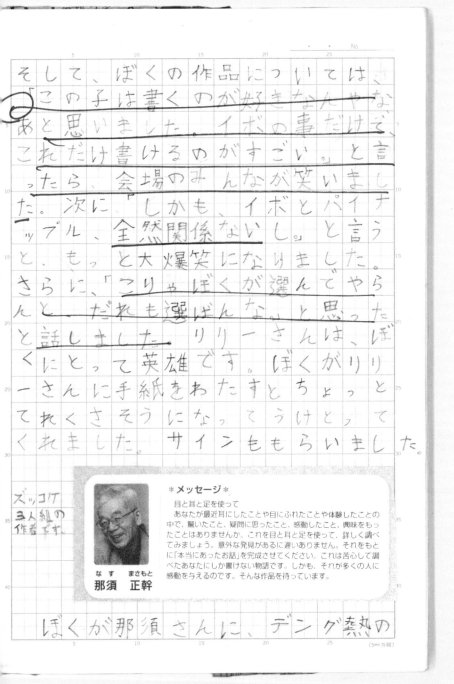

3/23 子どもノンフィクション文学賞
ふり返り

おでんくんの作者でーす

C HIROSHI NOMURA

＊メッセージ＊

自分が子供の頃のことを思い出してみると、案外、子供というのは自由に物事を考えていないような気がしています。宿題は宿題らしく、作文は作文らしく、どこか、大人の眼を意識していたように思います。誰に気に入られなくてもいいのです。自分の言葉と、今、頭や心の中にあるもの。それを、知っているだけの言葉だけで充分です、文章にしてみて下さい。下手くそでもいいのです。そこに確実に自分自身がいる文章を書いて下さい。そんな言葉を楽しみにしています。

リリー・フランキー

ぼくは、3月22日に北九州市子どもノンフィクション文学賞の表彰式に参加しました。ぼくは、「イボとパイナップル」でリリー・フランキー賞を受賞しました。リリーさんは、すごく活躍して、面白い事ばかり言うオシサンに見えますが、文学の事について一生懸命考える人です。リリーさんは、「もっと自分の調べたり体験した事を書いてきてほしいです。ぼくは子どものころ鼻クソをコレクションするのが趣味だったのですが、そんな事でもいいのでノンフィクションの作品を出してほしい。」と審査講評で話していました。

(5mm方眼)

小学生時代に3回応募した「子どもノンフィクション文学賞」の、選考委員の先生方との思い出をまとめた。

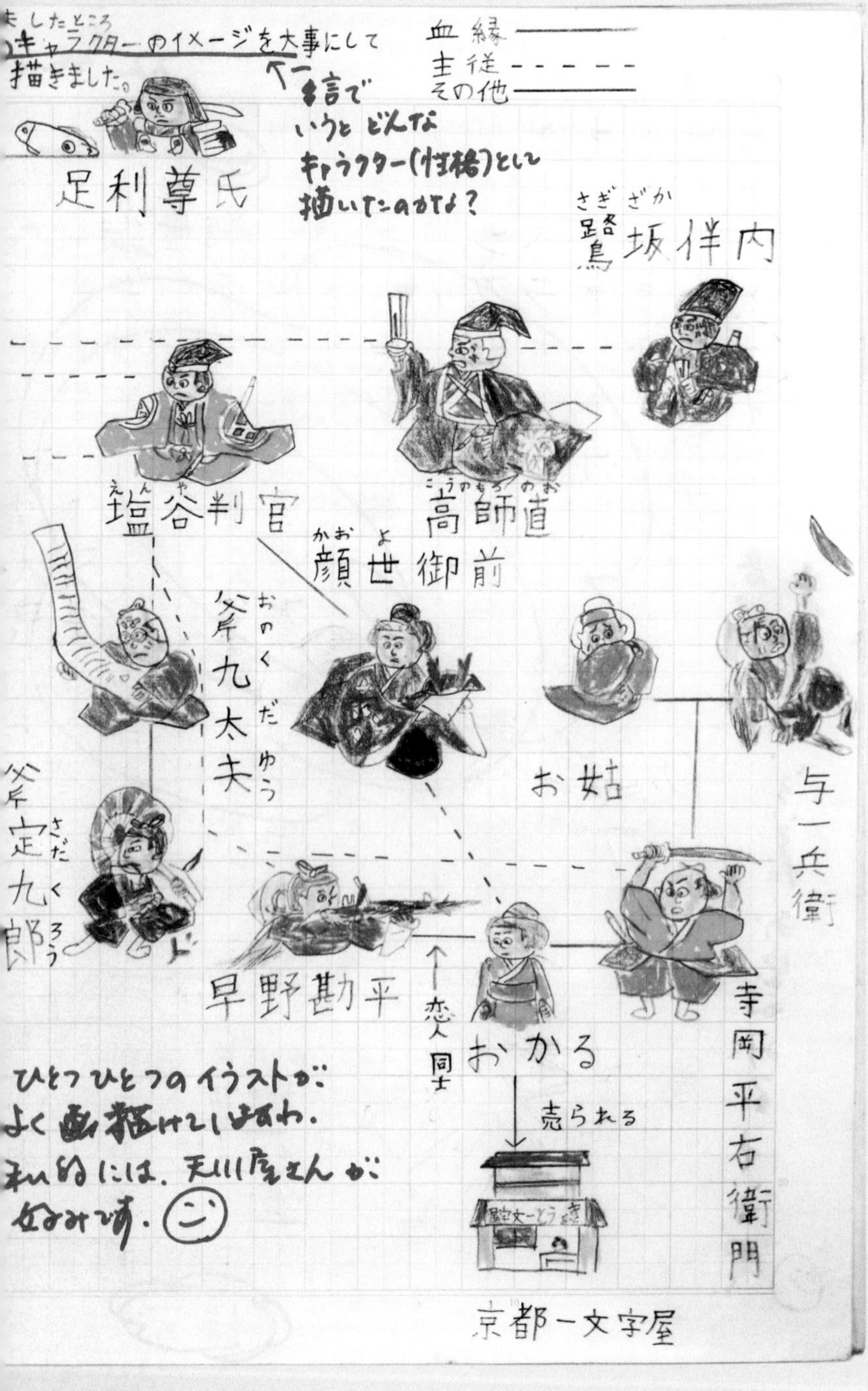

もしたところ
キャラクターのイメージを大事にして
描きました。
一言でいうとどんなキャラクター(性格)として描いたのかな？
血縁
主従
その他
足利尊氏
鷺《さぎ》坂《ざか》伴内
塩《えん》谷《や》判官
高《こうの》師《もろ》直《のお》
顔《かお》世《よ》御前
斧《おの》九《く》太《だ》夫《ゆう》
斧定《さだ》九《く》郎《ろう》
早野勘平
お姑
与一兵衛
寺岡平右衛門
おかる
恋人同士
売られる
京都一文字屋
ひとつひとつのイラストがよく描けていますね。
私的には、天川屋さんが好みです。

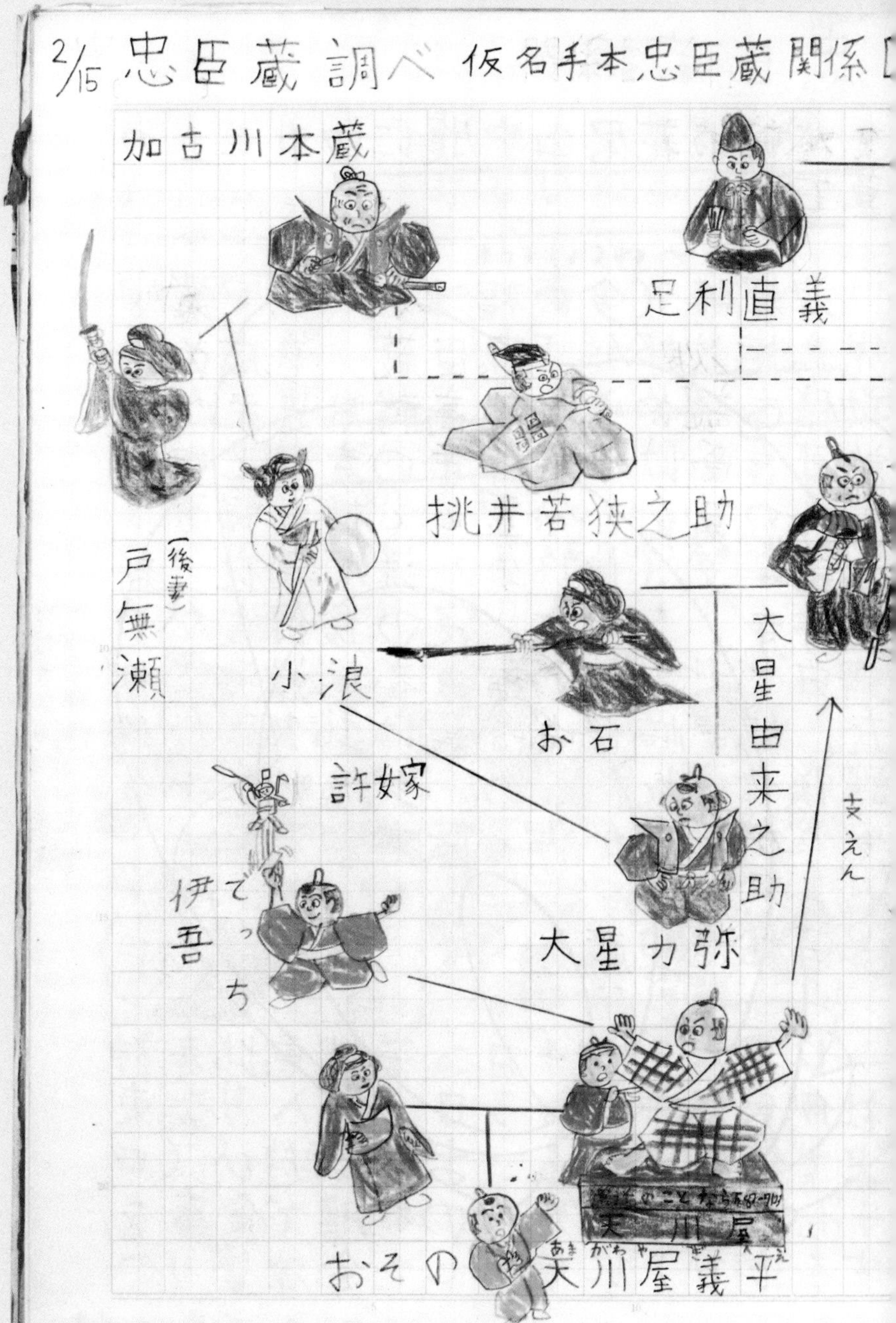
2/15 忠臣蔵調べ 仮名手本忠臣蔵関係
加古川本蔵
足利直義
挑井若狭之助
戸無瀬
(後妻)
小浪
お石
許嫁
大星由来之助
大星力弥
伊吾
でっち
おその
天川屋義平
天川屋
よし松

この年は「仮名手本忠臣蔵《かなでほんちゅうしんぐら》」がマイブーム。大石内蔵助《おおいしくらのすけ》は歌舞伎《かぶき》の中では大星由良之助《おおぼしゆらのすけ》。フィクションを装《よそお》っているが、正体バレバレのところがおもしろい。

日明小学校は、ぼくが一年の時に補強工事をし

公立小中 耐震化92%

全国の公立小中学校の耐震化率と未対策の建物数

※文部科学省の統計より。2011年は岩手、宮城、福島各県、12年以降は福島県の一部をのぞく。いずれも4月1日現在
(万棟)
(%)
92.5%
耐震化率(右目盛り)
耐震性がない建物の残棟数(左目盛り)
8956棟
2002年 03 04 05 06 07 08 09 10 11 12 13 14

阪神大震災では建物の倒壊による圧死や窒息死が犠牲者の8割を占めた。特に1981年の新耐震基準導入前の建物で被害が目立ち、耐震化の重要性が浮かび上がった。

国や自治体が特に力を入れてきたのが学校施設での対策だ。全国の公立小中学校の耐震化率は2014年4月現在で92・5%と、10年前から43ポイント改善。国は15年度に100%達成を目指す。

一方で住宅の耐震化率は08年で79%と、それまでの10年間で約10ポイントの伸びにとどまる。耐震改修への公的補助はあるが、一定の自己負担が必要なため、なかなか進まない。

国は、古い住宅を耐震改修すれば所得税などが減税される特別控除制度などをアピール。20年度に住宅耐震化率95%の目標達成を目指す。

住民の防災意識も変わった。当時、倒壊家屋などから救助された経緯を調査したところ、「自力で」「家族に」「隣人らに」が各3割を占めたのに対し、救助隊に救出されたのはわずか1・7%。この教訓を受けて進むのが、住民による「自主防災組織」の結成だ。

自主防災組織 全国に15万

震災後に改正された災害対策基本法が、組織育成を「市町村の責務」と位置づけたこともあり、多くの自治体が補助制度などを設けた。バールやスコップといった救助用具や備蓄食料を地域内の倉庫に保管し、防災訓練などに取り組むのが典型的な活動例だ。総務省消防庁によると、13年4月現在、全国に約15万3600団体あり、人口の8割をカバーしているとされる。

南海トラフ巨大地震に関する国の最終報告書では、被害規模が大きいため、行政の支援が行き届かない可能性も指摘されている。地域コミュニティー作りも含めた住民レベルでの備えの充実が必要だ。

1月17日朝刊18面

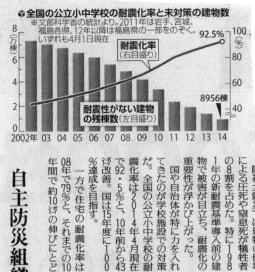

た。

ぼくんちの

1週間分の食べ物を考える

朝　ごはん　みそ汁
昼　カップめん　ごはん
夜　ごはん　みそ汁又はスープ
おかず

と考えると、

ごはん63食分
みそ汁スープ類63食分
カップめん類21食分
レトルト21食分
缶詰21個
他に
水63L
米、もち、パン、おかし
ジュース、お茶（ペットボトル）
調味料

すごいね。そろえられるね？

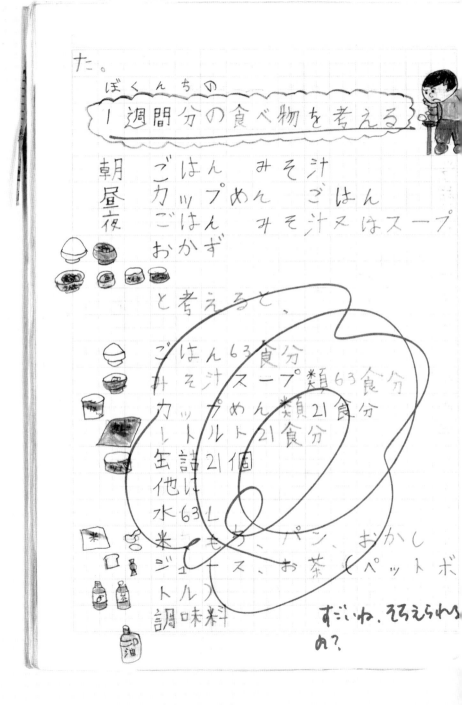

東日本大震災後に見直し

死者6434人に上った阪神大震災を契機に、1995年7月、地震防災対策の特別措置法が施行された。国の地震研究や都道府県の防災対策が強化された。

震度観測施設の数は、阪神大震災前の約160から約4400に増えた。気象庁は、大きな揺れが伝わる数秒～数十秒前に、住民に地震の発生を知らせる「緊急地震速報」の運用を始めた。国内110活断層と海溝周辺で起きる地震について、発生確率や規模の公表も始まった。

しかし2011年、東北沖の地震としては想定外の規模となる、マグニチュード9・0の東日本大震災が発生した。

国の中央防災会議は12～13年、南海トラフ巨大地震や首都直下地震で想定する震源などを見直した。死者数などの被害予測が大きくなり、防災対策の強化が必要な自治体は、のべ1017市区町村に上った。高知県などで津波の高さ予測が30メートルを超える自治体もあり、ハザードマップの作成や避難場所整備などの対応を迫られている。国は14年、日本海の地震で発生する津波の試算も公表した。

阪神大震災後、地震に備える家庭が増えた。家具を固定し、非常袋を備えるなどだ。国は東日本大震災後、家庭で備蓄すべき水や食料の量を、3日分から1週間分以上に増やした。

東日本大震災では、都内だけで約352万人が帰宅できなくなった。国は首都直下地震が起きると、640万～800万人が帰宅困難になると想定しており、職場などで宿泊や待機ができる態勢を整えるよう、民間に求めている。

食料備蓄「1週間分」

大人2人、1週間分の非常食の例。水は1週間で42リットル必要。日常的に使う食材をそろえ、使いつつ更新していくとよい（ベターホーム協会提供）

ていたみたいです。この震災で神戸の経済は落ちこんだままだそうです。まだサラ地のある地域や、人口が戻らない所もあるそうです。震災のおそろしさは、人の命を奪うだけではなく、人々の生活もくずすんだなぁと思いまし

それもずっと長い間ですよ

月17日朝刊 16面

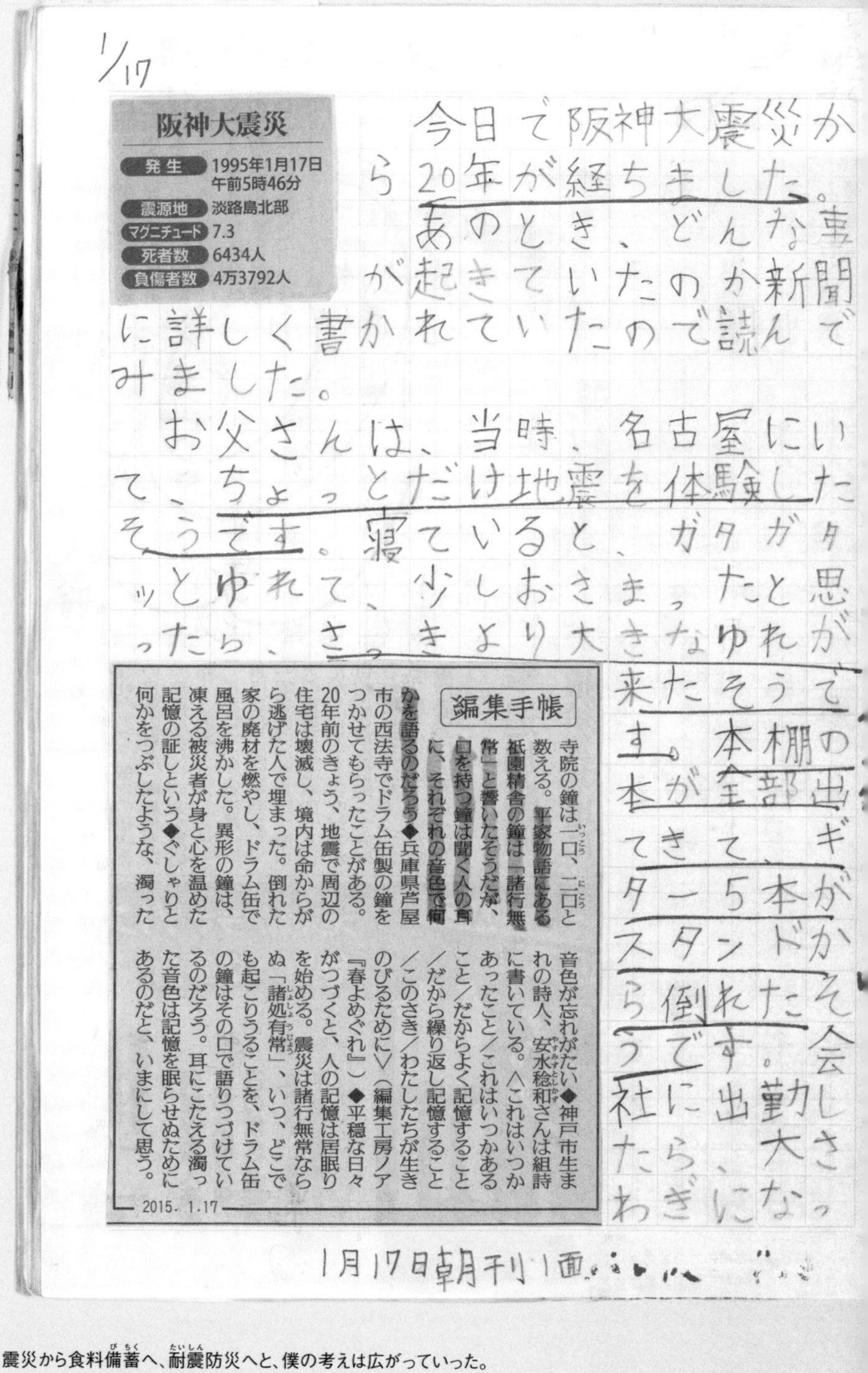

1/17

阪神大震災
発生 1995年1月17日 午前5時46分
震源地 淡路島北部
マグニチュード 7.3
死者数 6434人
負傷者数 4万3792人

今日で阪神大震災から20年が経ちました。あのとき、どんな事が起きていたのか新聞に詳しく書かれていたので読んでみました。

お父さんは、当時、名古屋にいて、ちょっとだけ地震を体験したそうです。寝ていると、ガタガタッとゆれて、少しおさまったと思ったら、さっきより大きなゆれが来たそうです。本棚の本が全部出てきて、ギター5本がスタンドから倒れたそうです。会社に出勤したら、大さわぎになっ

編集手帳

寺院の鐘は一口《いっこう》、二口《にこう》と数える。平家物語にある祇園精舎の鐘は「諸行無常」と響いたそうだが、口を持つ鐘は聞く人の耳に、それぞれの音色で何かを語るのだろう◆兵庫県芦屋市の西法寺でドラム缶製の鐘をつかせてもらったことがある。20年前のきょう、地震で周辺の住宅は壊滅し、境内は命からがら逃げた人で埋まった。倒れた家の廃材を燃やし、ドラム缶で風呂を沸かした。異形の鐘は、凍える被災者が身と心を温めた記憶の証しという◆ぐしゃりと何かをつぶしたような、濁った音色が忘れがたい◆神戸市生まれの詩人、安水稔和《やすみずとしかず》さんは組詩に書いている。〈これはいつかあったこと／これはいつかあること／だからよく記憶すること／だから繰り返し記憶すること／このさき／わたしたちが生きのびるために〉（『春よめぐれ』）◆平穏な日々がつづくと、人の記憶は居眠りを始める。震災は諸行無常ならぬ「諸処有常《しょしょうじょう》」、いつ、どこでも起こりうることを、ドラム缶の鐘はその口で語りつづけているのだろう。耳にこたえる濁った音色は記憶を眠らせぬためにあるのだと、いまにして思う。

2015. 1.17

1月17日朝刊1面

震災から食料備蓄《びちく》へ、耐震《たいしん》防災へと、僕の考えは広がっていった。

くドラえもんが紹介されていない。全土が戦場となったフィリピンでは、なんら政治的な意味を持たないアニメですら、受け入れられなかった。

ベトナム

　藤本先生の「一人でも多くの子供達が教育を受ける機会を」との願いから印税を利用して、「ドラえもん教育支援基金」がつくられた。

　テレビの平均視聴率が40%の超人気番組になった。

イタリア

　ハイジやガンダムほどは、人気は出なかったが、子供の間ではよく知られている。ドラえもんの協力で、難問を解決しているという生き方が受け入れられなかった。

（文・梅田明日佳）

調べた本…横山泰行「ドラえもん学」

が出てきて、そのために、父兄から、テレビ局や日本の教員委員会に相当するセクションなどに抗議が殺到し、しばらくドラえもんアニメの視聴が禁止になった。

台湾
　ドラえもんという名前は、「小叮《シャオディン》噹」とほん訳されています。自分達で勝手に話を作る「海賊版」を取りしまる法律がなく、たくさん作られました。日本発のマンガだということが分からないくらい定着しています。

タイ・シンガポール
「ドレーモン」と発音されます。
全盛期で7種類の海賊版が出ていたそうです。

フィリピン
　東南アジアではめずらしく、全

（5mm 10mm方眼）

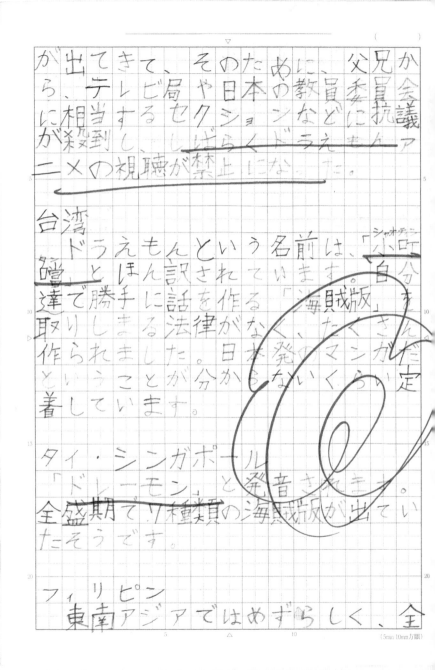

歴史を知ることは今を知ること。社会の授業、楽しかったなあ。

6/14 ドラえもんアメリカデビュー

「DORAEMON」全米で放映

焼き芋はポップコーン、箸はフォークに
習慣に合わせ映像変更

人気アニメ「ドラえもん」(テレビ朝日系)がこの夏、"全米デビュー"する。単に日本語を英語に吹き替えるだけでなく、アメリカの生活習慣に合わせて映像を一部変更する。ちょっと違った「DORAEMON」になりそうだ。

(増田真郷)

「ドラえもん」はテレビ朝日で1979年4月に放送が始まり、これまでにアジアや欧州を中心とする35の国と地域で放送された。

テレビ朝日によると、南北アメリカ大陸ではあまり放送されてこなかったが、このほど同社と米国のウォルト・ディズニー・カンパニーが、全米7800万世帯で視聴可能なチャンネル「ディズニーXD」で放映することで合意した。

アメリカで放映されるのは、2005年春からのシリーズ26話分。約20人のスタッフが、米カリフォルニアのスタジオで"アメリカ仕様"に変更する作業を行っている。

ドラえもんの呼称はDoraemonのままだが、のび太はNoby(ノビー)、ジャイアンはBig G(ビッグ・ジー)、しずかちゃんはSue(スー)。スネ夫はあざ笑うという意味を込めたSneech(スニーチ)、出木杉くんはAce(エース)ー。主な登場人物は米国風に"改名"されている。

ひみつ道具も翻訳される。ほんやくコンニャクはTranslation Gummy(トランスレーション・ガミー)、どこでもドアはAnywhere Door(エニウェア・ドア)、アンキパンはMemory Bread(メモリー・ブレッド)…、こちらは直訳が多い。ジャイアンの"名言"である「俺のものは俺のもの、お前のものも俺のもの」も、そのまま翻訳されるという。

内容の一部に変更もある。アメリカでは子ども向け番組で「健康的な食生活を推進」することが求められていることから、ドラえもんがどら焼きを大量に食べるシーンを短縮する。また、アメリカではなじみのない石焼き芋の屋台をポップコーンの移動販売車に変えたり、食卓を囲む場面では箸をフォークに持ち替えたりするなどする。

英語版プロデューサーのエリック・P・シャーマンは、「日本の宝と言っても過言ではないドラえもんを預けてくださって、感謝している。最大限、魅力を伝えられるよう、一つの言葉の選択に何週間もの時間を費やすこともある」と気合十分。ディレクターのクリスティ・リードも、「ドラえもんの思いやりあふれる心が大好き。日米の文化に橋を架けたい」と、意欲を見せる。

一方、テレビ朝日の早河洋社長は、「ディズニー側が興味を持ち、アメリカでも通用すると判断してもらった。英語になるので、将来的には広く世界に展開できるのではないか」と期待している。

のび太の家で食卓を囲むシーン。日本版㊤の箸が、アメリカ版㊦ではフォークに持ち替えられている
©藤子プロ・小学館・テレビ朝日・シンエイ・ADK

自分の作品が、国境をこえてアメリカでテレビ放映されることになって、藤子・F・不二雄さんは天国でとても喜んでいると思います。ぼくは、しずかちゃんの大好きな石焼き芋の屋台をポップコーンの移動販売車に変えたり、箸をフォークに変えたりしているアメリカ版を見てみたいです。

六月十一日夕刊五面

ドラえもんの人気 他の国では…

中国 青島《チンタオ》

小学生の間で爆発的な人気になったけど、長時間ドラえもんを視聴したり、ドラえもんに出てくる遊びをまねする子ども

おもしろそうですね

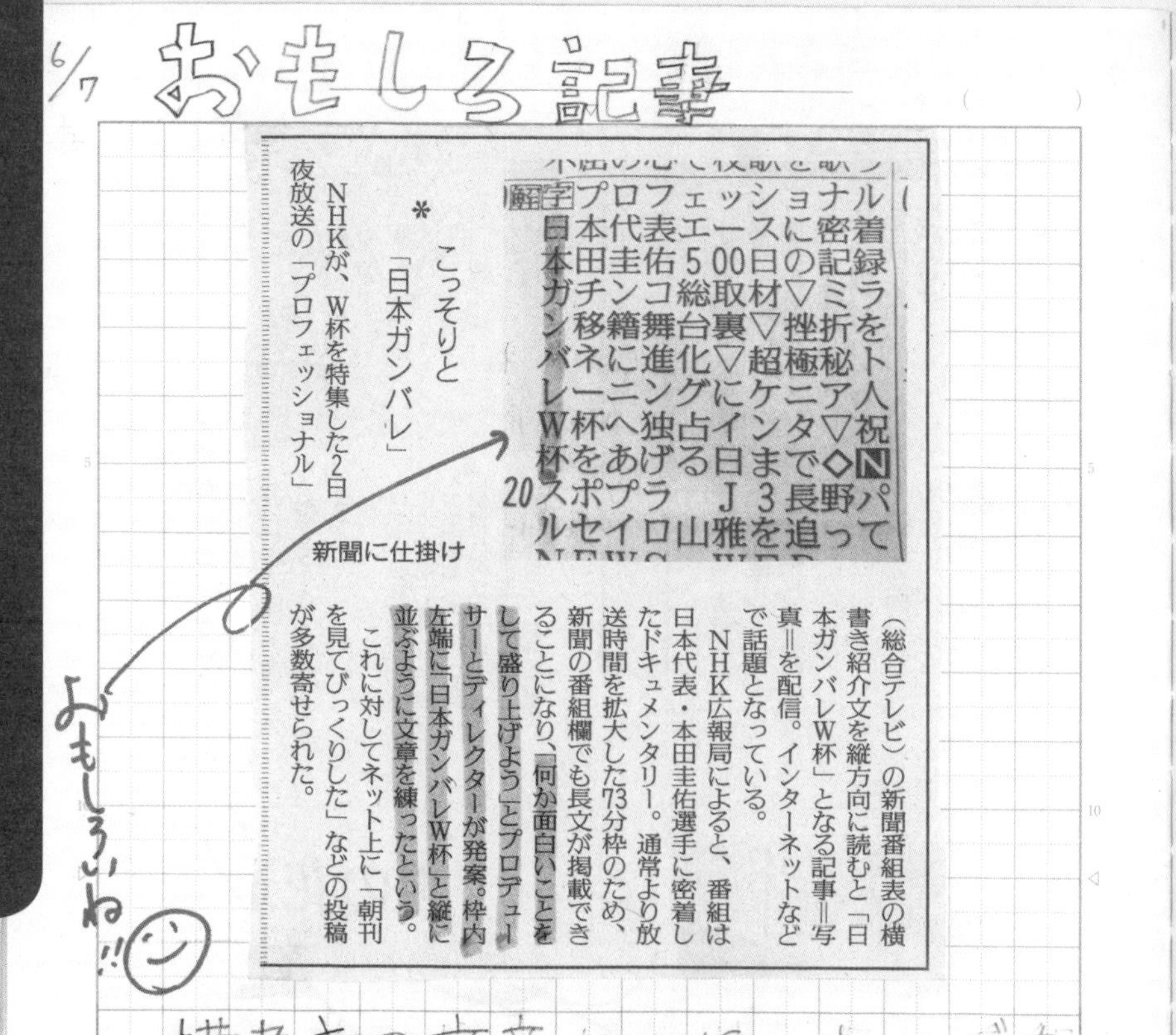

6/7 おもしろ記事

解字プロフェッショナル
日本代表エースに密着
本田圭佑５00日の記録
ガチンコ総取材▽ミラン移籍舞台裏▽挫折をバネに進化▽超極秘トレーニングにケニア人
W杯へ独占インタ▽祝杯をあげる日まで◇N
20スポプラ　Ｊ３長野パルセイロ山雅を追って

新聞に仕掛け

＊こっそりと「日本ガンバレ」

NHKが、W杯を特集した2日夜放送の「プロフェッショナル」（総合テレビ）の新聞番組表の横書き紹介文を縦方向に読むと「日本ガンバレW杯」となる記事＝写真＝を配信。インターネットなどで話題となっている。

NHK広報局によると、番組は日本代表・本田圭佑選手に密着したドキュメンタリー。通常より放送時間を拡大した73分枠のため、新聞の番組欄でも長文が掲載できることになり、「何か面白いことをして盛り上げよう」とプロデューサーとディレクターが発案。枠内左端に「日本ガンバレW杯」と縦に並ぶように文章を練ったという。

これに対してネット上に「朝刊を見てびっくりした」などの投稿が多数寄せられた。

おもしろいね!!

横書きの文章なのに、たてでも読めるように考えた人は、とってもかしこいと思いました。作り方のコツがあるなら、ぼくも知りたいです。　6月3日夕刊5面

語呂合わせなのかな?!

不屈の心で校歌を歌う
00解字プロフェッショナル
10 日本代表エースに密着
本田圭佑５00日の記録
ガチンコ総取材▽ミラン移籍舞台裏▽挫折をバネに進化▽超極秘トレーニングにケニア人
11 W杯へ独占インタ▽祝杯をあげる日まで◇N
11.20スポプラ　Ｊ３長野パルセイロ山雅を追って

実物 6/2 朝刊 32面

（5mm/10mm方眼）

おもしろい記事を見つけたら、「ヤッター!!」という気分になる。

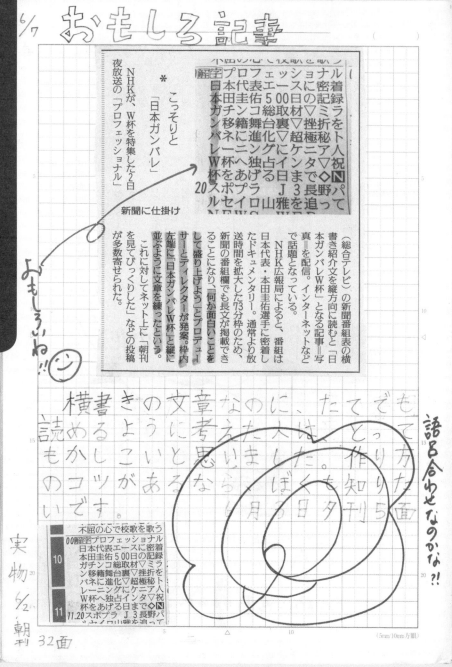

手のひらサイズ

土偶 イスに座る

青森の遺跡 儀礼の様子？

イスに腰かけたような姿をした類例のない縄文時代の土偶が、青森県西目屋村の「水上(2)遺跡」で出土したことがわかった。

同遺跡は、津軽ダム建設に伴い、同県埋蔵文化財調査センターが発掘調査している。縄文時代前期末から後期初頭（約5000～4000年前）にかけての大規模な集落跡で、川沿いの斜面には、多数の土器や石器を捨てた「捨て場」が形成されており、土偶もその中から出土した。

◀イスに座ったような姿の土偶

土偶は、高さ7・6センチ。人物の腰から上の部分と、大きく反った楕円《だえん》形の「台」が組み合わさった形。「台」には脚が1本残っており、痕跡から、もとは4本あってイスのような作りだったことがわかる。

縄文時代に詳しい小林達雄・国学院大名誉教授（考古学）は「縄文人の木工技術は高く、4本脚のイスがあっても不思議はない。イスに座って行う儀礼の一コマを表現しているのでは」と話している。

ぼくは、この土偶が、儀式の時に使われて、その後に「捨て場」に捨てられた物だと思、います。それなのに、この土偶は、捨てられて5000年たって、大発見の土偶として、ずっと大事にされる事になったので、運のいい土偶だと思います

2月26日夕刊10面

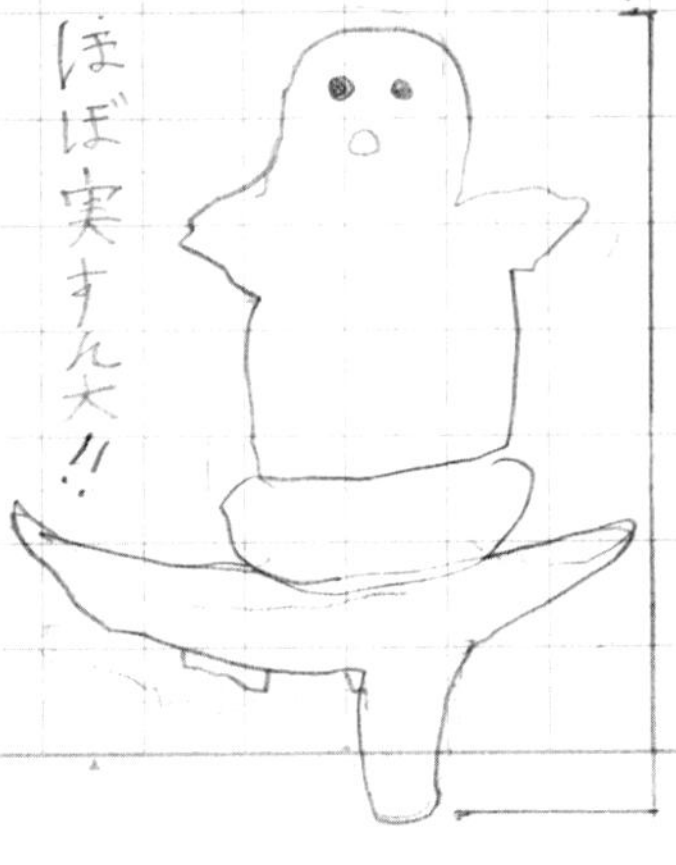

その時代の「捨てられたもの」が世紀の大発見なんてびっくりですね

タイトルを工夫《くふう》し、イラストを描き、使えそうな模様を探して貼り……。
小さい記事にも時間をたっぷりかけていた。

第21回「みんなのバス・電車絵画コンクール」
福岡県教育委員会賞
日明小学校　5年　梅田　明日佳
無題
学用3号/30枚　179mm×252mm　MADE IN JAPAN
中紙は白色度70%程度の中性再生紙を使用しています。
株式会社サクラクレパス
〒540-8508 大阪市中央区森ノ宮中央1-6-20
http://www.craypas.com
TEL (06)6910-8818
4 901881 150524
N106

入賞作の絵は「自学ノート」の裏表紙に貼りつけた。
全国初のアーケード商店街・魚町《うおまち》銀天街《ぎんてんがい》の風景には、
松本清張（バスの運転手）、火野葦平（河童《かっぱ》と横断歩道）をはじめ
北九州市ゆかりの人やものが数多く登場している。

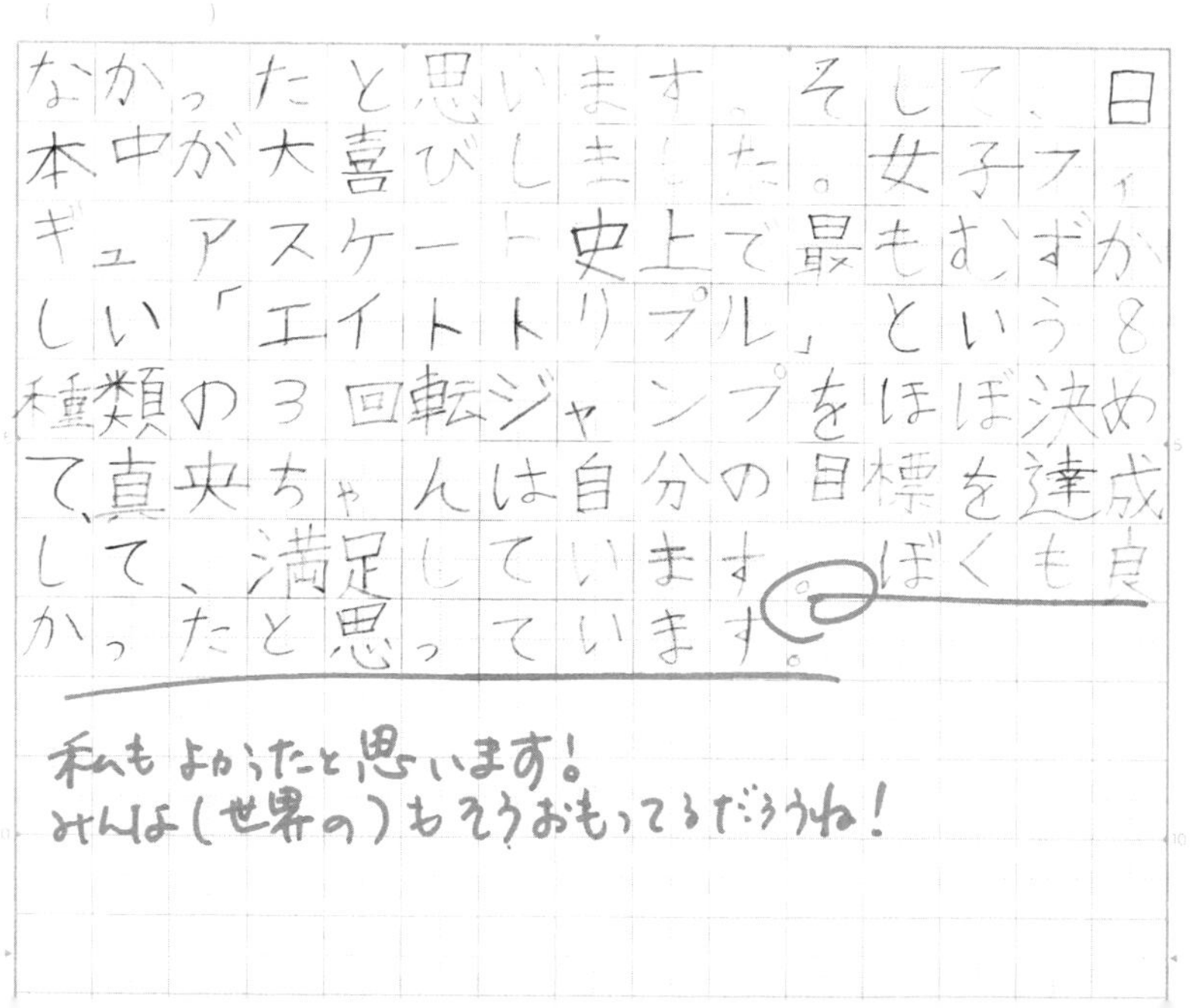
なかったと思います。そして、日本中が大喜びしました。女子フィギュアスケート史上で最もむずかしい「エイトトリプル」という8種類の3回転ジャンプをほぼ決めて、真央ちゃんは自分の目標を達成して、満足しています。ぼくも良かったと思っています。

私もよかったと思います！
みんな（世界の）もそうおもってるだろうね！

（　　　　）

2月21日夕刊3面

すごいね!

← こうやってみる

編集手帳

「心が凋《しぼ》む」の凋。「凜《りん》として」の凜。意味するところは正反対だが、部首は同じである。漢和辞典によれば〝にすい〟は氷を透かして見える筋目のことだという◆凋んだ心のまま、おざなりに流すのか。それとも、凜として舞うのか。さあどっちだと、氷の神様もなかなか意地が悪い。その意地悪な問いに、完全燃焼することで答えた。ソチ冬季五輪のフィギュアスケート女子フリー、浅田真央選手(23)である◆前日のショートプログラムに失敗し、メダルの望みが絶たれたなかで、ほぼ完璧な演技を見せて観衆を魅了した。フリーでの自己最高得点を更新している◆勝つために全力を尽くすのは、じつはやさしい。負けと決まったあとに、全身全霊を込めるのは誰にでもできることではない。その強い心にテレビの前で、にすいの言葉をもう一つ、「凄《すご》い」とうなった方も多かろう◆思い出す五行歌がある。〈いっそ／大きく凹《へこ》もう／いつか／多くを満たす／器になるのだ〉（伊東柚月）。一夜にして、器をうれし涙で満たした人がいる。ときに金メダルよりも美しいものに出会うから、五輪観戦はやめられない。

2014. 2.22

← ほんとうに!!

で6位だった
と知って「さ
すが真央ちゃ
ん」と思いま
した。日本中
が「真央ちゃ
んガンバレ!!」
と思って、な
かなかねられ

2/22 トリプルアクセル大成功!!

冒頭のトリプルアクセルを決める浅田＝杉本昌大撮影（合成・室岡守）

おめでとう

木曜日の朝、「真央ちゃんは1位かな、それとも2位かな」と思ってテレビを見ると真央ちゃんは16位という信じられない順位でした。学校に行っても、やっぱり気分は晴れなかったです。その夜「真央ちゃんが満足できる演技ができたらそれでいいや」と思って電気を切りました。そして昨日、テレビ

ソチ五輪の浅田真央《あさだまお》選手はおしくもメダルを逃《のが》したけれど、感動は金メダル級だった。

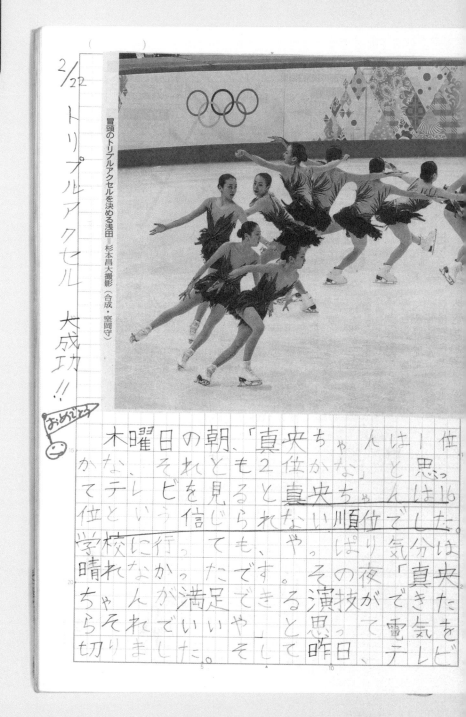

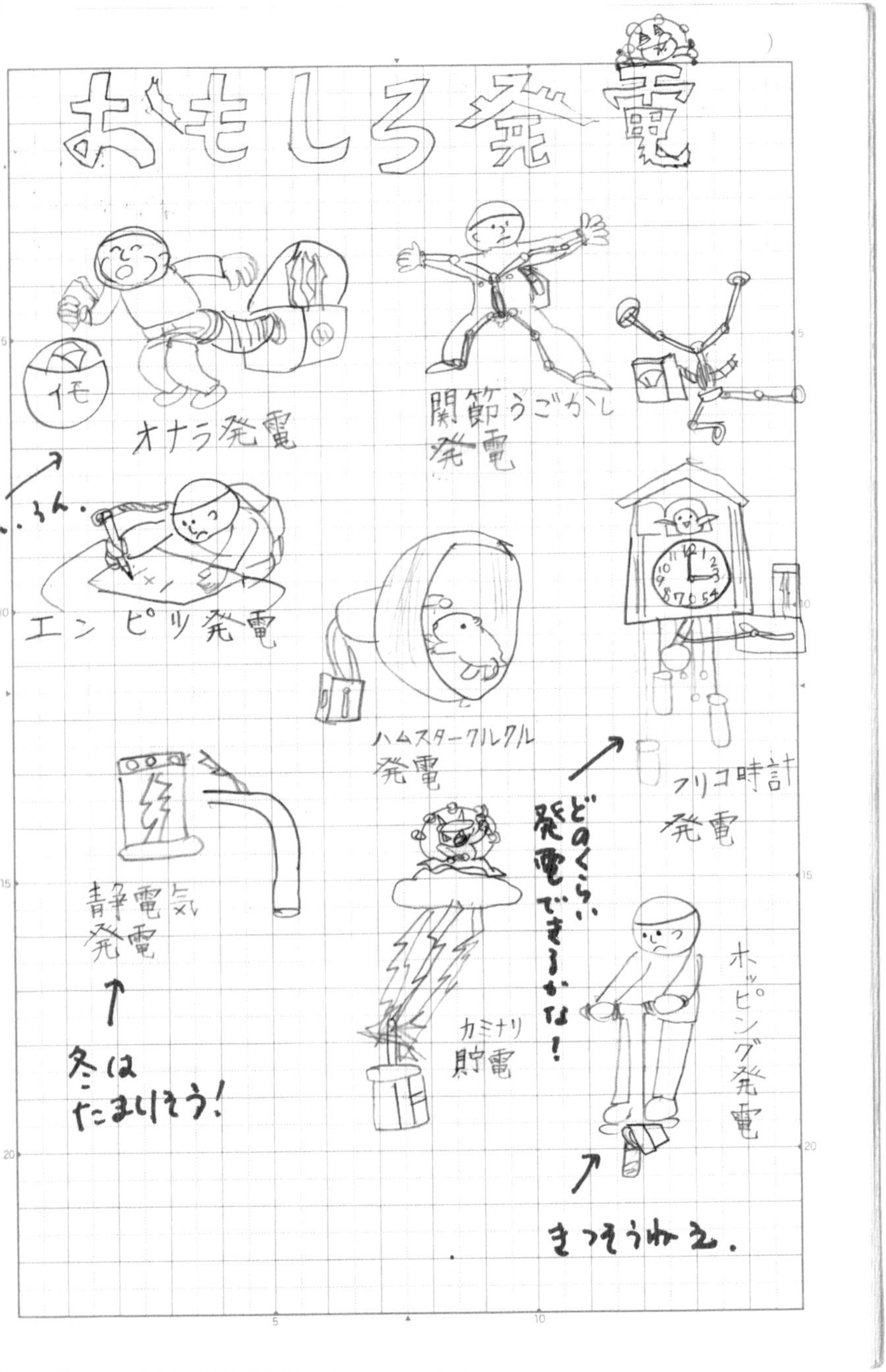
おもしろ発電
イモ
オナラ発電
…うん.
エンピツ発電
関節うごかし発電
ハムスタークルクル発電
フリコ時計発電
静電気発電
冬はたまりそう!
どのくらい発電できるかな!
カミナリ貯電
ホッピング発電
きつそうねえ.

2/19

太陽光発電市営バス 導入へ

北九州市が全国初

2台 民間企業と共同 市長会見

北九州市は10日、太陽光で発電した電力で走らせる電気バス2台を民間企業と共同で、市営バスに導入すると発表した。太陽光発電を使った路線バスの運行は全国で初めて。3月下旬から電気バスを路線で運行し、太陽光による発電設備は10月までに完成させる。来春には、悪天候時も充電できる蓄電池を整備し、排ガスや二酸化炭素を全く出さない交通システムを確立させる計画だ。（中村明博）

記者会見する北橋市長（右）ら

市などによると、導入する電気バス（72人乗り）は東レ（東京）の炭素繊維（カーボンファイバー）を車体に採用し、従来のスチール製より1割程度軽い。その分、高性能リチウムイオン電池を多く搭載することで、1回の充電による走行距離は、従来の20キロ程度から、約80キロまで延ばすことが可能になるという。

三菱重工業（東京）がバスを供給し、技術面でサポート。韓国企業が車体を組み立てる。東レエンジニアリング（同）が太陽光発電や充電、蓄電設備の整備や運営を行う。同社と市の第3セクター・ひびき灘開発が、新会社を設立して電気バス事業を運営し、市交通局に運行を委託する。

計画では、3月から市内の2路線で順次運行を開始。エコタウンセンター（若松区）とJR戸畑駅（戸畑区）を結ぶ約9キロと、若松区役所（若松区）とJR小倉駅（小倉北区）を結ぶ約10キロを想定している。電気バスを導入することで、1台当たり年間15～25トンの二酸化炭素削減効果があるという。

10月には、若松区響灘地区に出力7・5メガ・ワットの太陽光パネルを設置し、電力供給を受ける急速充電器を新たに設ける。来年4月には、太陽光で発電した電力

始。天候不順の際も蓄電池から充電し、バス運行に必要な電力を全て太陽光発電で賄えるようにする。

治市長は「エコビジネスが今後の日本経済にとっては重要。北九州で成功させたい」と話した。

太陽光発電を使ったバスは、ふつうのバスよりも静かなので、そう音が減ると思います。あと、石油などの燃料を使いすぎないでいいと思います。

いいことずくめですね。バス自体の価格がもんだいかもね〜。

2月11日朝刊29面

この年の「みんなのバス・電車絵画コンクール」に応募《おうぼ》した作品は、福岡県教育委員会賞を受賞した。（→93ページ）

( )

⑥位  長嶋茂雄氏と松井秀喜氏に国民栄誉賞!!

⑦位  「イプシロン」の打ち上げ成功!! 1回目失敗。

⑧位  「サザエさん」ギネスにんてい

⑨位  リチャード三世の遺骨駐車場でみつかる。

⑩位 歌舞伎座が新しくなった!

❶猛烈な台風がフィリピン直撃、死者・行方不明者約8000人 5,127(96.10)
❷英王子の妻キャサリン妃が男児出産 3,600(67.48)
❸露に隕石落下、1200人以上負傷 3,555(66.64)
❹中国共産党の習近平総書記を国家主席に選出 3,225(60.45)
❺中国で大気汚染による濃霧が過去50年で最多と判明 2,591(48.57)
❻ローマ法王に初の中南米出身枢機卿 2,300(43.11)
❼サッチャー元英首相が死去 2,195(41.14)
❽米英紙報道で米当局の通信監視が発覚 2,131(39.94)
❾オバマ米大統領の2期目スタート 2,092(39.21)
❿米ボストンマラソンのテロで3人死亡 2,021(37.88)
⑪北朝鮮が3回目の核実験 1,772(33.21)
⑫中国の習近平国家主席が就任後初訪米で首脳会談 1,667(31.25)
⑬連邦予算巡る与野党対立で米政府機能が一部停止 1,476(27.67)
⑭中国四川省のM7.0地震で死者・行方不明者200人以上 1,450(27.18)
⑮北京の天安門前で車が歩道に突っ込み、炎上 1,067(20.00)
⑯ノーベル平和賞に化学兵器禁止機関 1,026(19.23)
⑰米オクラホマ州の竜巻で死傷者多数 995(18.65)
⑱エジプトでモルシ大統領解任 994(18.63)
⑲米がシリア軍事攻撃を見送り 946(17.73)
⑳スペインの列車脱線で70人以上死亡 927(17.38)
㉑ブラジルのナイトクラブ火災で230人以上死亡 911(17.08)
㉒米女優アンジェリーナ・ジョリーさん、がんリスク減少で両乳房切除を公表 696(13.05)
㉓エジプト暫定政府がモルシ前大統領派のデモ隊を強制排除 692(12.97)
㉔ミサイル発射巡り国連安保理が北朝鮮への制裁強化を決議 661(12.39)
㉕独総選挙で与党が勝利 641(12.01)
㉖米デトロイト市が財政破綻 615(11.53)
㉗ローマ法王ベネディクト16世が退位 601(11.27)
㉘中国で鳥インフル感染者が死亡。Ｈ７Ｎ９型が初の人感染 598(11.21)
㉙初の4年連続でＦＩＦＡ世界最優秀選手にメッシ 514(9.63)
㉚イラン核計画の縮小で合意 493(9.24)

(数字は得票数。カッコ内は有効投票に占める割合で単位は%。表や文中の日付は現地時間、肩書は当時)

4位のへ
にのっています。

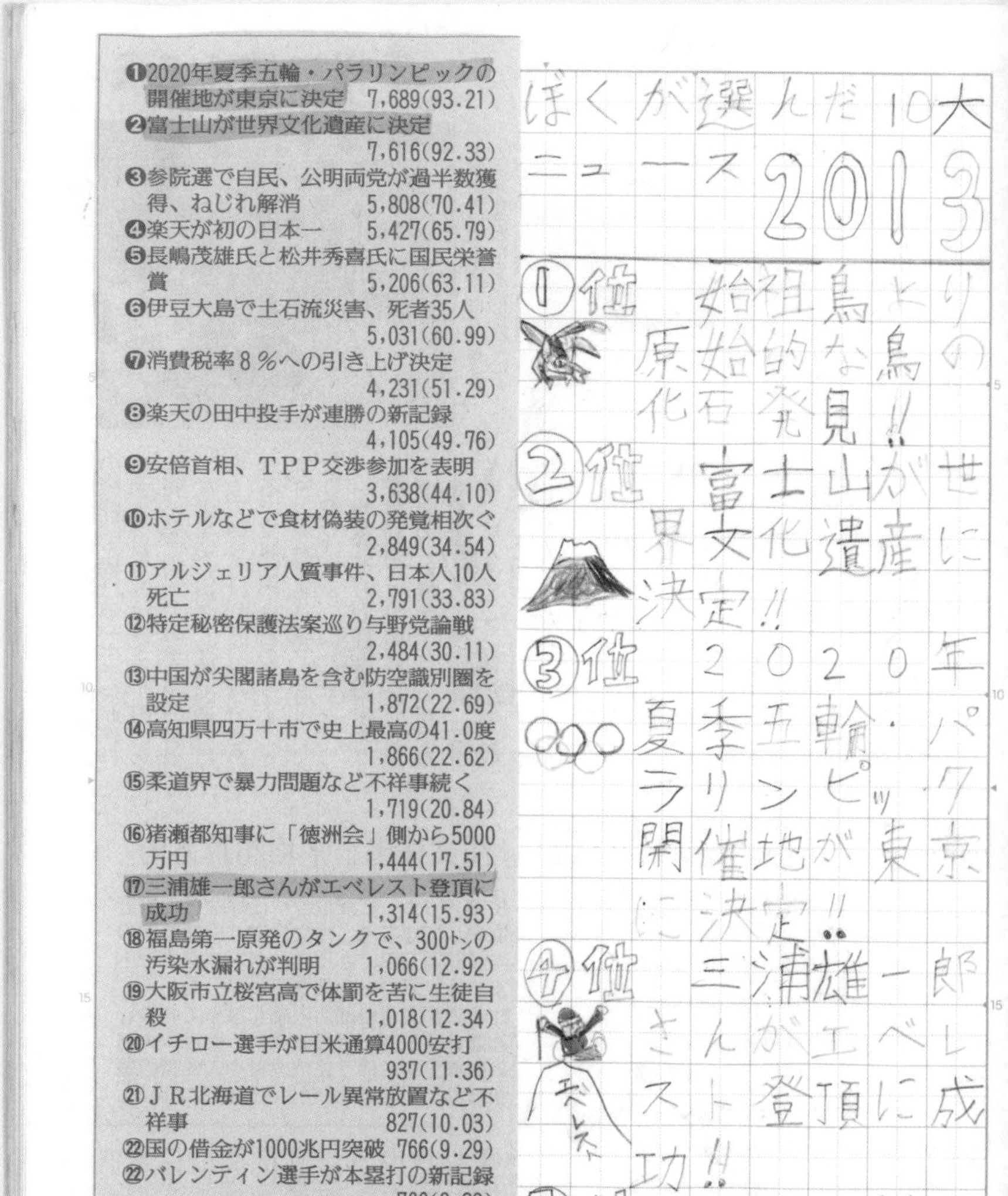

❶2020年夏季五輪・パラリンピックの開催地が東京に決定　7,689(93.21)
❷富士山が世界文化遺産に決定　7,616(92.33)
❸参院選で自民、公明両党が過半数獲得、ねじれ解消　5,808(70.41)
❹楽天が初の日本一　5,427(65.79)
❺長嶋茂雄氏と松井秀喜氏に国民栄誉賞　5,206(63.11)
❻伊豆大島で土石流災害、死者35人　5,031(60.99)
❼消費税率８％への引き上げ決定　4,231(51.29)
❽楽天の田中投手が連勝の新記録　4,105(49.76)
❾安倍首相、ＴＰＰ交渉参加を表明　3,638(44.10)
❿ホテルなどで食材偽装の発覚相次ぐ　2,849(34.54)
⑪アルジェリア人質事件、日本人10人死亡　2,791(33.83)
⑫特定秘密保護法案巡り与野党論戦　2,484(30.11)
⑬中国が尖閣諸島を含む防空識別圏を設定　1,872(22.69)
⑭高知県四万十市で史上最高の41.0度　1,866(22.62)
⑮柔道界で暴力問題など不祥事続く　1,719(20.84)
⑯猪瀬都知事に「徳洲会」側から5000万円　1,444(17.51)
⑰三浦雄一郎さんがエベレスト登頂に成功　1,314(15.93)
⑱福島第一原発のタンクで、300トンの汚染水漏れが判明　1,066(12.92)
⑲大阪市立桜宮高で体罰を苦に生徒自殺　1,018(12.34)
⑳イチロー選手が日米通算4000安打　937(11.36)
㉑ＪＲ北海道でレール異常放置など不祥事　827(10.03)
㉒国の借金が1000兆円突破　766(9.29)
㉒バレンティン選手が本塁打の新記録　766(9.29)
㉔日経平均株価が1万5600円台を回復　677(8.21)
㉕元横綱大鵬・納谷幸喜さん死去　615(7.46)
㉖ＪＲ横浜線踏切で男性救助の女性が死亡　603(7.31)
㉗「イプシロン」の打ち上げ成功　496(6.01)
㉘日銀が異次元の量的・質的緩和を決定　489(5.93)
㉙歌舞伎座が新開場　467(5.66)
㉚「徳洲会」による選挙違反事件　449(5.44)

ぼくが選んだ10大ニュース2013
①位 始祖鳥より原始的な鳥の化石発見!!
②位 富士山が世界文化遺産に決定!!
③位 2020年夏季五輪・パラリンピック開催地が東京に決定!!
④位 三浦雄一郎さんがエベレスト登頂に成功!!
エベレスト
⑤位 ローマ法王に初の中南米出身枢機卿(フランシスコ1世)
こうやってみるといろいろあったん

この年から始めた〈ぼくが選んだ10大ニュース〉は、「自学ノート」の年末恒例《こうれい》企画《きかく》となった。

ようこそ!! 久重 発明品館へ!

その1
茶酌娘
その2
弓ひき童子
その3
無尽灯

3このちゃわんを運びます。おじぎをします。

十本の矢をいます。1回はわざとはずれます。

長時間、一定の明るさを生みだす。空気の力を使う。

すごい発明ですね。

11月30日朝刊34面

東芝のおかげでサザエさんがタダで見られます。久重さんありがとう!!

ほんとうですね。
あっ、サザエさん展も福岡であるらしいですよ。

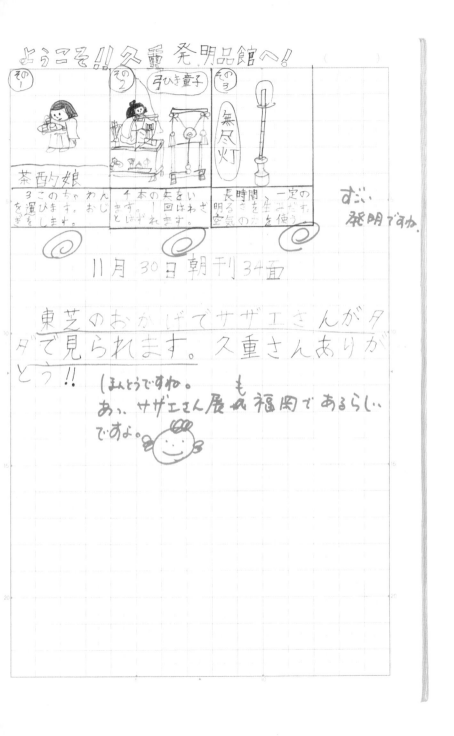

田中久重(1799〜1881)
　幕末・明治初期の技術者。久留米の人。からくり人形を製作してからくり儀右衛門とよばれた。万年時計や日本最初の機関車模型を製作。明治8年(1875)日本最初の民間機械工場を作り、今日の東芝の基礎を作った。
　久重は、新しい発明をしようと、努力を重ねた人です。その努力が実って今の東芝があると思います。

次のページは久重発明品コーナーです!!

田中久重の発明品展示

からくり人形実演も

…からくり久留米で

…れる久留米市出身の発明家、田中久重（1799〜1881年）を顕彰する「からくり儀右衛門《ぎえもん》展」が30日、同市野中町の石橋美術館で始まる。来年1月16日までの期間中、久重が作ったからくり人形の実演も行われる。

　久重はべっ甲職人の長男として同市通町に生まれ、幼い頃から発明の才を発揮し、からくり人形師として京都や江戸などで活躍。「からくり儀右衛門」の異名で呼ばれた。50歳を超え、佐賀藩に招かれてからは、蒸気機関を据え付けた汽船や電信機、アームストロング砲などを製作。1875年（明治8年）に東京で東芝の前身、田中製造所を設立した。

　同展は、市や久留米商工会議所などでつくる実行委員会が東芝と連携して企画。久…

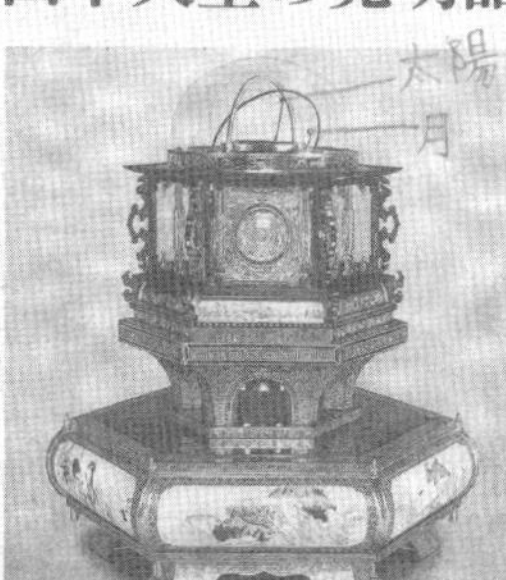

「万年時計」（東芝科学館提供）

…ながら、ゼンマイ仕掛けで弓矢を放つ「弓曳き童子」や茶わんを盆に載せて運ぶ「茶酌《しゃく》娘《むすめ》」、和時計の最高傑作とされる「万年時計」（複製品）といった発明品を展示する。

　午前10時〜午後5時。一般500円、中学生以下200円。12月2、9、16、28〜31日、来年1月1日は休館。問い合わせは事務局（0942・30・9225）へ。

「からくり儀右衛門」こと田中久重は憧《あこが》れの発明家だ。（→28、35ページ）

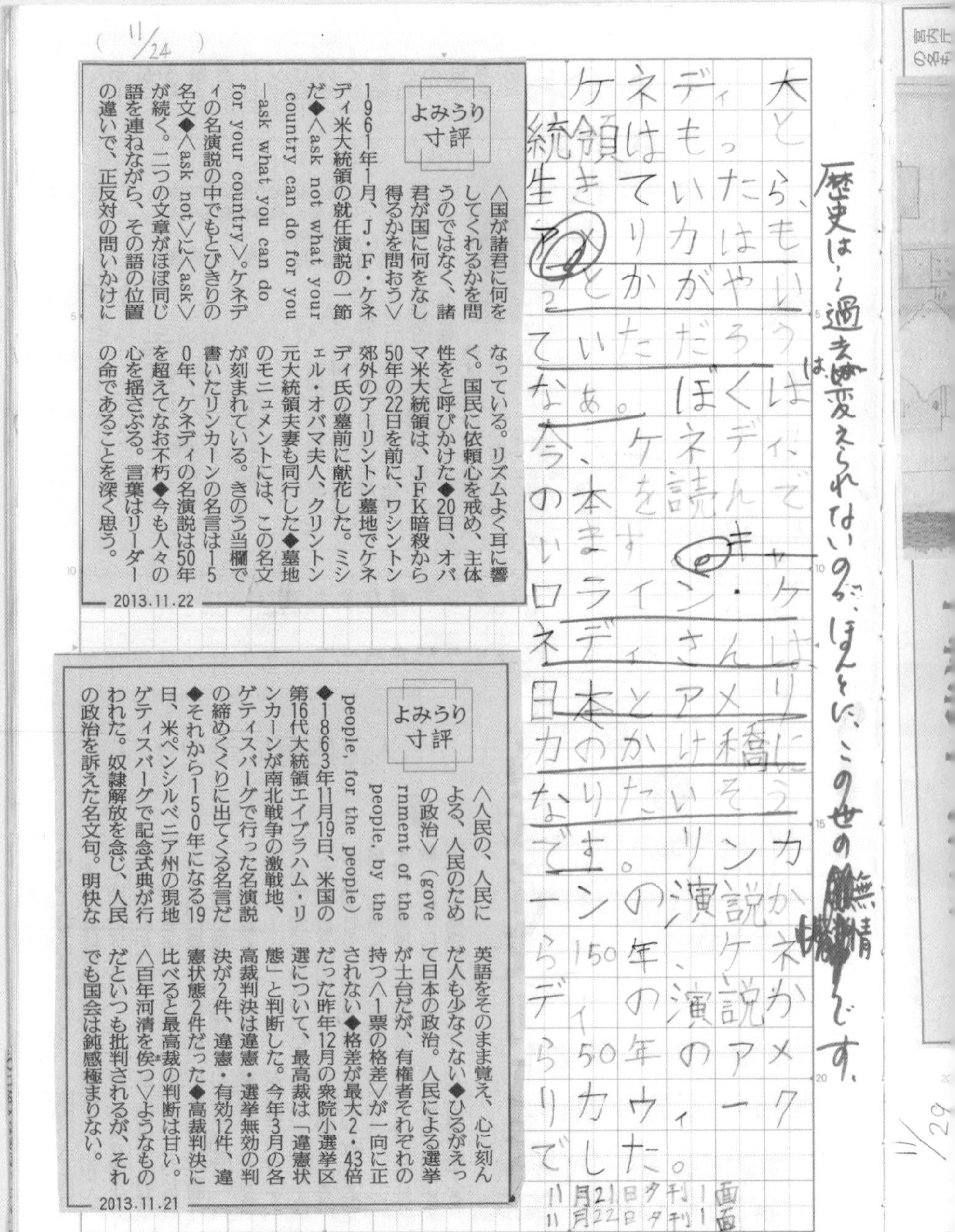
(11/24)
よみうり寸評
〈国が諸君に何をしてくれるかを問うのではなく、諸君が国に何をなし得るかを問おう〉1961年1月、J・F・ケネディ米大統領の就任演説の一節だ◆〈ask not what your country can do for you—ask what you can do for your country〉。ケネディの名演説の中でもとびきりの名文◆〈ask not〉に〈ask〉が続く。二つの文章がほぼ同じ語を連ねながら、その語の位置の違いで、正反対の問いかけになっている。リズムよく耳に響く。国民に依頼心を戒め、主体性をと呼びかけた◆20日、オバマ米大統領は、JFK暗殺から50年の22日を前に、ワシントン郊外のアーリントン墓地でケネディ氏の墓前に献花した。ミシェル・オバマ夫人、クリントン元大統領夫妻も同行した◆墓地のモニュメントには、この名文が刻まれている。きのう当欄で書いたリンカーンの名言は150年、ケネディの名演説は50年を超えてなお不朽◆今も人々の心を揺さぶる。言葉はリーダーの命であることを深く思う。
2013.11.22
よみうり寸評
〈人民の、人民による、人民のための政治〉(government of the people, by the people, for the people)◆1863年11月19日、米国の第16代大統領エイブラハム・リンカーンが南北戦争の激戦地、ゲティスバーグで行った名演説の締めくくりに出てくる名言だ◆それから150年になる19日、米ペンシルベニア州の現地ゲティスバーグで記念式典が行われた。奴隷解放を念じ、人民の政治を訴えた名文句。明快な英語をそのまま覚え、心に刻んだ人も少なくない◆ひるがえって日本の政治。人民による選挙が土台だが、有権者それぞれの持つ〈1票の格差〉が一向に正されない◆格差が最大2・43倍だった昨年12月の衆院小選挙区選について、最高裁は「違憲状態」と判断した。今年3月の各高裁判決は違憲・選挙無効の判決が2件、違憲・有効12件、違憲状態2件だった◆高裁判決に比べると最高裁の判断は甘い。だといつも批判されるが、〈百年河清を俟つ〉ようなものでも国会は鈍感極まりない。
2013.11.21
歴史は~過去は変えられないのだ、ほんとに、この世の無情です。
11/29
11月21日夕刊1面
11月22日夕刊1面

5年生の2学期、僕は『ジョン・F・ケネディ　君らしく生きてみよう』(大原敬子《おおはらけいこ》、PHP研究所)や、『リンカーン大統領のせいじつなことば』(ドリーン・ラパポート、国土社)を読んだ。

をうまく合わせると、世の中がとっても良くなると思いました。

　江戸時代の終わりに、西洋の物がいいと思われ、もともとある日本の文化を大事にしない考え方ができました。お寺や神社をこわしたりしたのもその一つです。（廃仏きしゃく）えらい人が言ったことや、文化の流れによって、人々の気持ちをガラッと変えることや少しずつ変えていく事があると思うと、こわくなりました。

イルミネーション
きれいだけど…
石油が切れたら
どうするの？

　6年生で歴史を学習すると、また大きな流れがつかめてあらたな発見があるかもしれないですね！

それぞれの時代の特ちょうや、いつでもかわらない人の気もちなどを調べるのもおもしろいかもしれませんね。

11/24（　）

江戸時代の方がいいこと編

その1 今 子どものほとんどがゲームを持っている。

昔 子どもたちは自分でおもちゃを作って遊んでいた。

その2 今 いらない物をポイポイすてる。

昔 灰やウンチをひ料にしたり、物を大事にしていた。

その3 今 資源をどんどん使う。

昔 資源を大事にしていた。

その4 今 自然のことを考えずに動物の住み家をうばう。

昔 必要な分だけ、木を切ったり、自然に合わせた生き方をしていた。

その5 今 近所づき合いが少ない。

昔 近所の人の手つだいをしたり、みんなで協力していた。

感想 ぼくは、一池妙運の自学をきっかけに、江戸時代と今の良かったこと、悪かった事を比べました。

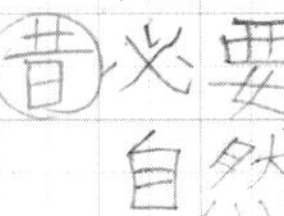

今の良い所と昔の良い所

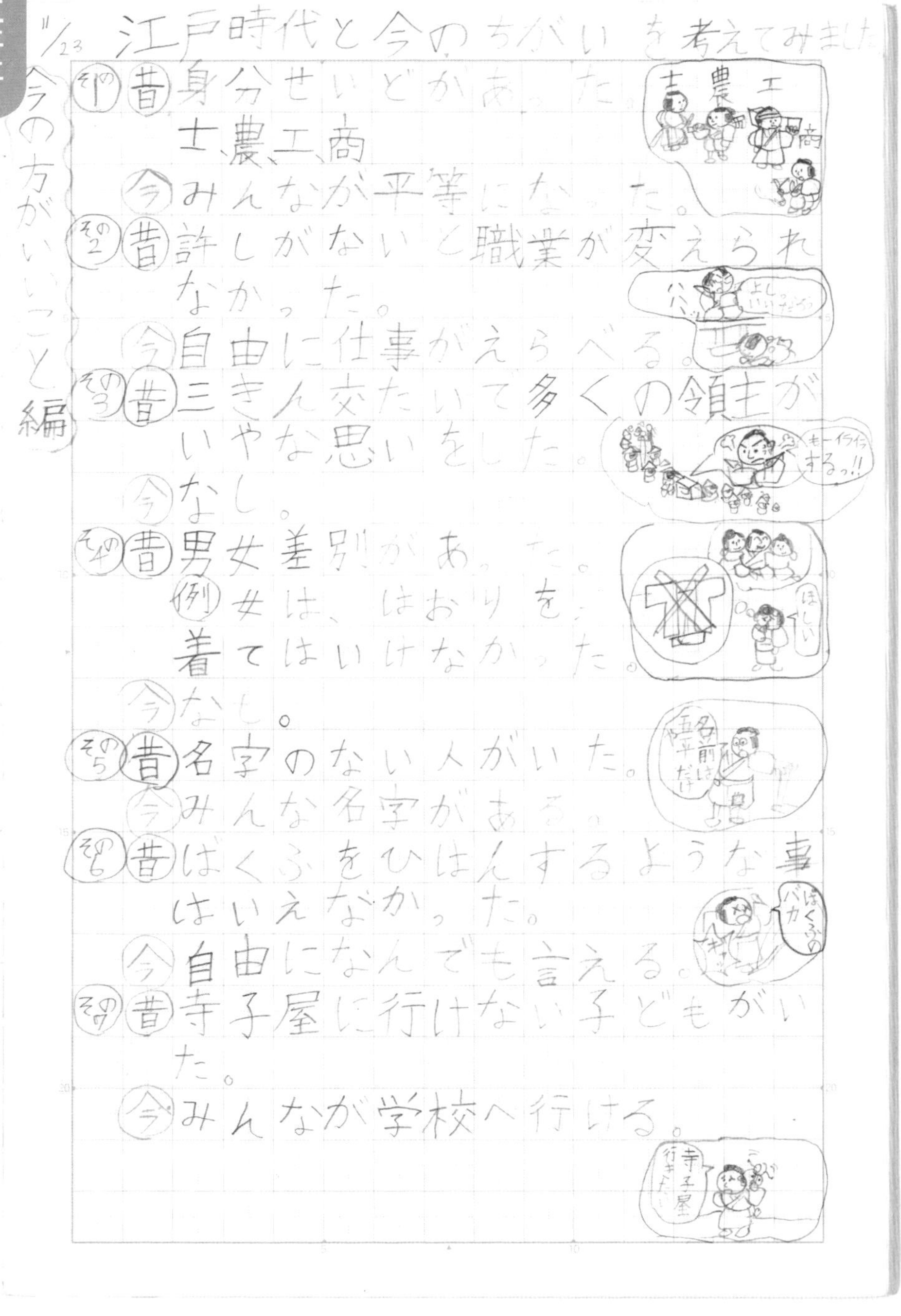

11/23 江戸時代と今のちがいを考えてみました。

今の方がいいこと編

その1 昔 身分せいどがあった。士、農、工、商

今 みんなが平等になった。

その2 昔 許しがないと職業が変えられなかった。

今 自由に仕事がえらべる。

その3 昔 三きん交たいで多くの領主がいやな思いをした。

今 なし。

その4 昔 男女差別があった。例 女は、はおりを着てはいけなかった。

今 なし。

その5 昔 名字のない人がいた。

今 みんな名字がある。

その6 昔 ばくふをひはんするような事はいえなかった。

今 自由になんでも言える。

その7 昔 寺子屋に行けない子どもがいた。

今 みんなが学校へ行ける。

「江戸のくらしから学ぶ『もったいない』シリーズ」3冊（秋山浩子《あきやまひろこ》、汐文社）を読んだことが、現代と江戸時代の違《ちが》いを考えるきっかけになった。

異常気象」

IPCCが予測する温暖化の影響（★）と最近の異常気象（◎）
写真はロイター、AP、他
☆欧州 熱波が増加
◎上海で洪水（9月）
☆シベリア 永久凍土が減少
☆北極海 夏に海氷減少
東京海洋大学の島田浩二准教授提供
☆北米 大雨がより強く
☆地中海沿岸 干ばつの増加
☆グリーンランド 氷床が縮小
◎米カリフォルニア州で山火事（8月）
◎マリで洪水（8月）
☆アジア 熱波が増加
◎パキスタンなどで洪水（8月）
☆北大西洋 熱帯低気圧が活発化
☆西アフリカ 干ばつの増加
日本
◎高知県四万十市で国内最高の41.0度（8月）
◎関東で竜巻相次ぐ（9月）
◎京都、滋賀、福井3府県で台風18号による初の「大雨特別警報」（9月）
日本一暑い江川崎
☆豪州 熱波が増加
世界の平均気温 今世紀末、最大4.8度上昇
世界の海面水位 今世紀末、最大82センチ上昇
☆南極 氷床が縮小

このままだと、①人間が住む所がなくなって、新しい土地を作らないといけなくなります。それを防ぐには、しげんを大切にして、①CO_2を出さないようにしないといけません。

9月28日朝刊13面

人間…といっても、発展途上国の人々でなく、日本もふくむ一部の国の人ですから…。できるところからやっていきたい問だいです。

地球あやうし!!
なんとかせねば!!
10/2

「温暖化で 干ばつや洪水 既《すで》に日常的」

人間活動が温暖化をもたらした可能性は「95%以上」だそうです。 ほんとうに、そうですね！

報告書の公表を受け、環境省などが東京で開いた記者会見。報告書の執筆者の一人でもある東京大大気海洋研究所の木本昌秀副所長は、異常気象の増加と温暖化の関連について、「個別の極端現象を温暖化と直接結びつけるのは難しいが、温暖化という背景がないと説明しにくい」と語った。

この夏、日本では高知県四万十市で8月に国内最高の41度を記録したのをはじめ、各地で最高気温が塗り替えられた。6～8月の平均気温は、西日本で平年より1・2度高く、1946年の統計開始以降、最高となった。東日本でも平年より1・1度高く、過去3番目の暑さだった。

木本副所長は日本の記録的猛暑を振り返り、「めったにないことが続けて起こっている。気候が変わると、こういった現象が増える可能性があり、災害対策を講じてほしい」と話した。

解説スペシャル

IPCCは今回、アジア、欧州、豪州で熱波の頻度や期間が20世紀半ば以降、増加している可能性が高いと指摘、その原因として、人間が石油や石炭を使うことで起きる温暖化を挙げた。

今世紀末には世界中のほとんどの地域で、熱波や豪雨が増える可能性が非常に高いとも指摘している。

は大型の竜巻が発生。8月には中国、欧州、カナダで、日本と同じように、高温が続いた。中国やパキスタンでは大規模洪水も起きた。

記者会見で世界気象機関のミシェル・ジャロー事務局長は「（報告書で検証した）多くの証拠が、気象パターンの変化や、熱波、干ばつ、洪水といった極端な気象現象の増加を示してい

は過去にはみられない。報告は、すでに日常的に起きている極端な気象現象が将来どう増えていくか予測を示した」と語った。

気象庁の定義によると、異常気象とは、30年に1回程度しか起きない非常に暑い日や寒い日のこと。温暖化がなくても、異常気象は一定頻度で起こる。

ある日の気温は、その月の平均気温に近い確率が高いが、平均より暑い日も寒い日もある。ところが、温暖化で全体の気温分布が暑い方に移動すると、より暑い日が増え、記録的に暑い日も増えるようになる。IPCCが指摘するのは異常気象の強さや頻度が大きくなる長期的な傾向のことで、今年の夏の猛暑といった個別の現象を示しているわけではない。

◆温暖化で異常気象が増える仕組み

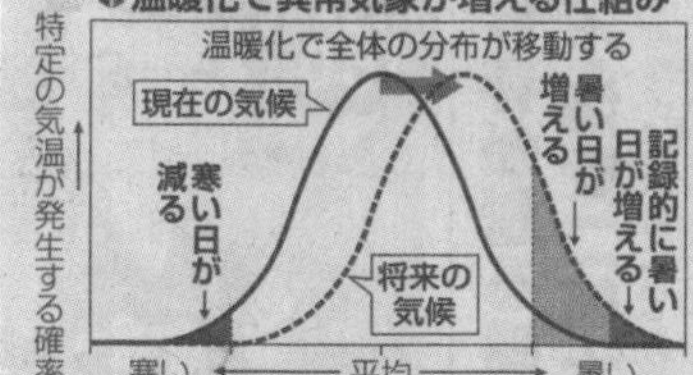
温暖化で全体の分布が移動する
現在の気候
将来の気候
寒い日が減る
暑い日が増える
記録的に暑い日が増える
特定の気温が発生する確率
寒い
平均
暑い

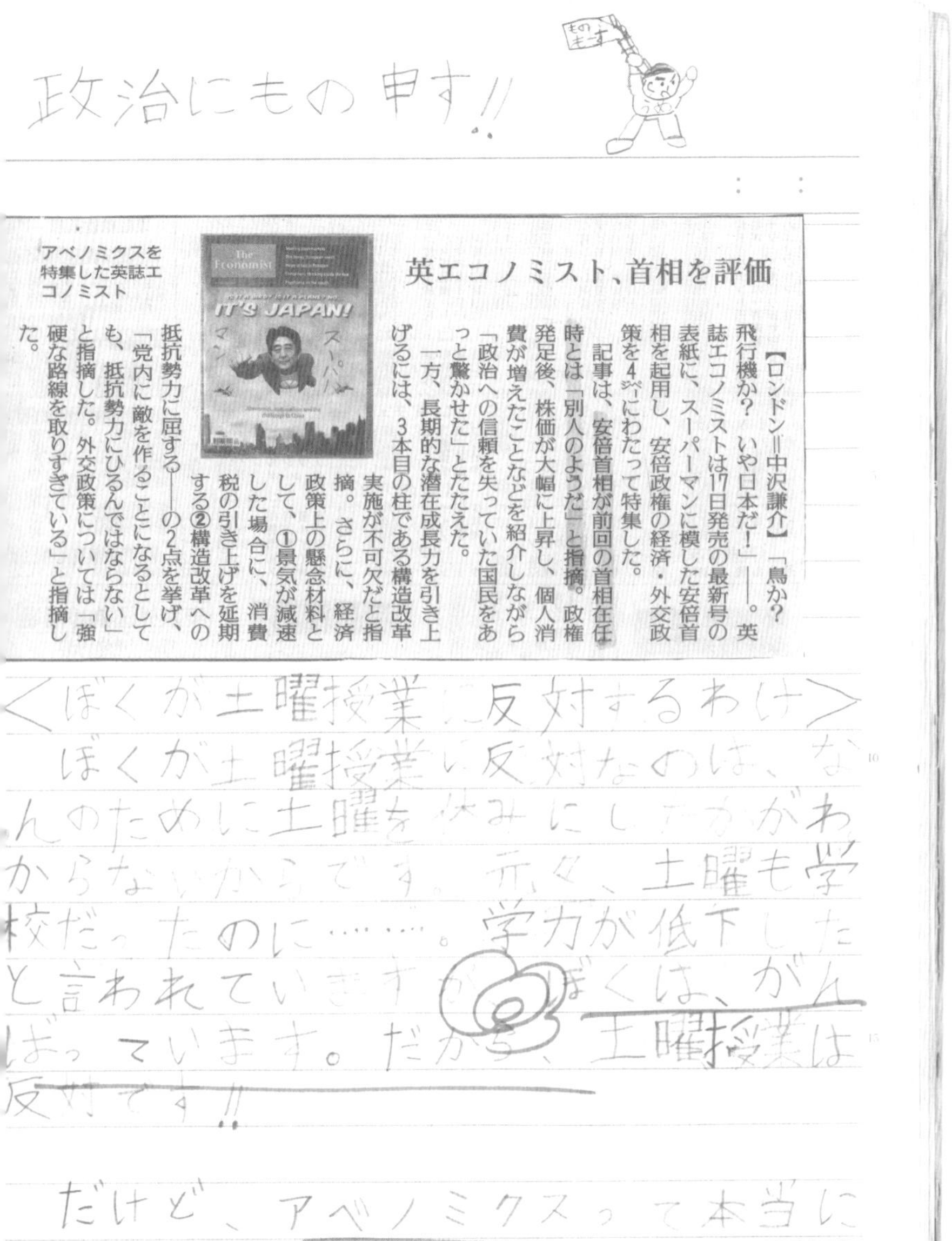

政治にもの申す!!

英エコノミスト、首相を評価

【ロンドン＝中沢謙介】「鳥か？飛行機か？いや日本だ！」――。英誌エコノミストは17日発売の最新号の表紙に、スーパーマンに模した安倍首相を起用し、安倍政権の経済・外交政策を4㌻にわたって特集した。

記事は、安倍首相が前回の首相在任時とは「別人のようだ」と指摘。政権発足後、株価が大幅に上昇し、個人消費が増えたことなどを紹介しながら「政治への信頼を失っていた国民をあっと驚かせた」とたたえた。

一方、長期的な潜在成長力を引き上げるには、3本目の柱である構造改革実施が不可欠だと指摘。さらに、経済政策上の懸念材料として、①景気が減速した場合に、消費税の引き上げを延期する②構造改革への抵抗勢力に屈する――の2点を挙げ、「党内に敵を作ることになるとしても、抵抗勢力にひるんではならない」と指摘した。外交政策については「強硬な路線を取りすぎている」と指摘した。

アベノミクスを特集した英誌エコノミスト

＜ぼくが土曜授業に反対するわけ＞

ぼくが土曜授業に反対なのは、なんのために土曜を休みにしたかがわからないからです。元々、土曜も学校だったのに……。学力が低下したと言われていますが、ぼくは、がんばっています。だから、土曜授業は反対です!!

だけど、アベノミクスって本当にうまくいくのかなぁ？

5月18日朝刊9面

漁師のうちでは、アベノミクス導入で、大変困っています。ガソリン代の急上昇は、アベノミクス効果のひとつらしい…

新聞は地域面だけでなく全体に目を通し、一面のコラム「編集手帳」なども読むようになった。

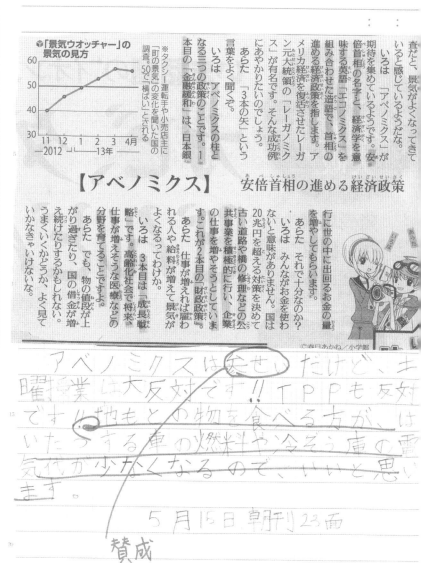

7/4 梅ちゃん 今の

【アベノミクス】 安倍《あべ》首相《しゅしょう》の進める経済政策《けいざいせいさく》

査だと、景気がよくなってきていると感じているようだな。

いろは 「アベノミクス」が期待を集めているようです。安倍《あべ》首相《しゅしょう》の名字と、経済学《けいざいがく》を意味する英語「エコノミクス」を組み合わせた造語《ぞうご》で、首相《しゅしょう》の進める経済政策《けいざいせいさく》を指します。アメリカ経済《けいざい》を復活《ふっかつ》させたレーガン元大統領《もとだいとうりょう》の「レーガノミクス」が有名です。そんな成功例《せいこうれい》にあやかりたいのでしょう。

あらた 「3本の矢」という言葉をよく聞くぞ。

いろは アベノミクスの柱となる三つの政策《せいさく》のことです。1本目の「金融緩和《きんゆうかんわ》」は、日本銀行に世の中に出回るお金の量《りょう》を増《ふ》やしてもらいます。

あらた それで十分なのか？

いろは みんながお金を使わないと意味がありません。国は20兆《ちょう》円を超《こ》える対策《たいさく》を決めて古い道路や橋の修理《しゅうり》などの公共事業《こうきょうじぎょう》を積極的《せっきょくてき》に行い、企業《きぎょう》の仕事を増《ふ》やそうとしています。これが2本目の「財政政策《ざいせいせいさく》」。

あらた 仕事が増《ふ》えれば雇《やと》われる人や給料《きゅうりょう》が増えて景気《けいき》がよくなるってわけか。

いろは 3本目は「成長戦略《せいちょうせんりゃく》」です。高齢化《こうれいか》社会で将来《しょうらい》、仕事が増《ふ》えそうな医療《いりょう》などの分野を育てることですよ。

あらた でも、物の値段《ねだん》が上がり過ぎたり、国の借金《しゃっきん》が増《ふ》え続《つづ》けたりするかもしれない。うまくいくかどうか、よく見ていかなきゃいけないな。

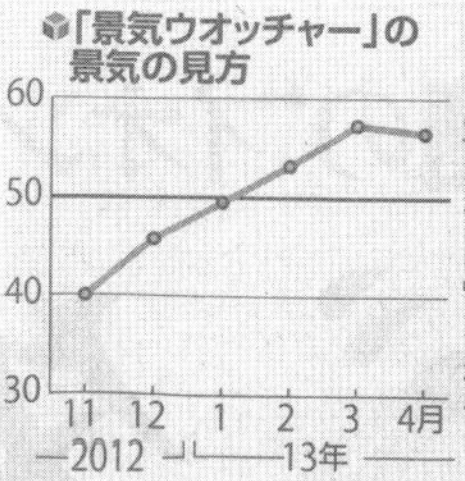
「景気ウオッチャー」の景気の見方
60
50
40
30
11 12 1 2 3 4月
2012
13年

※タクシー運転手や小売店主に「町の景気」の変化を聞いた国の調査。50で「横ばい」とされる

あらた
いろは

©春日あかね／小学館

アベノミクスは賛せいだけど、土曜授業は大反対です!! TPPも反対です!! 地もとの物を食べる方が、はいたつする車の燃料や冷ぞう庫の電気代が少なくなるので、いいと思います。

5月15日朝刊23面

賛成

3/15

この記事をついせきして、世界中からすうききょうが集まって法王が決まるのを知って、

段から手を振るフランシスコ1世（左、
マリア像の前で祈りをささげたという

欧州で信徒激減 改革圧力

【ローマ＝林路郎、末続哲也】新ローマ法王に13日、初めて中南米出身のホルヘ・マリオ・ベルゴリオ枢機卿が選出され、フランシスコ1世となったことは、欧州でのカトリック教会の地盤沈下に対するバチカンの危機感と「それに対する枢機卿団の結束」（伊紙コリエーレ・デラ・セラ）を象徴するものだ。12億もの信徒を抱えるカトリック教会に、社会の価値観多様化への適応を迫る声は内外に広く出ている。

注目度が低かったベルゴリオ枢機卿は、投票前の準備協議での演説で一気に浮上した模様だ。外交筋や地元報道によると、人格者として知られる同枢機卿の演説は「内容が深くて簡潔。感銘を受けた」と絶賛された。

5回にわたった投票の序盤は、多くの候補に票が分散したが、有力候補のイタ

機卿を推す方向でまとまっていったという。

新法王が危機に対処しようとする姿勢は、自ら選んだ法王名「フランシスコ」にも表れている。聖フランシスコは、12〜13世紀にイタリア中部アッシジで清貧を貫いて病人を助け、教会改革を果たした大聖人。新法王に「ヨハネ23世

徒数の4割を擁する中南米でも、猛烈な勢いで信徒を増やすプロテスタント教会との競争にさらされている。足元の欧州では1970年代に信徒が激減し、回復しない。聖職者も減り、熱心な信徒が国民の1割ほどになったフランスの田舎では神父不在の教会も多い。

その現実をにらみ、「司祭協会」は、①聖職者による少年への性的虐待事件の一因とされる聖職者独身制の廃止②女性司祭の受け入れ③少数意見を異端として排除する強権手法の転換――などを要求。同様の目標を掲げる組織的な動きは、

法王名 自分で準備

新ローマ法王は、法王名を「フランシスコ1世」としたが、法王として何と呼ばれたいかは、自分で決めることになっている。

本名とは異なる法王名を最初に用いたのはヨハネ2世（在位533〜35年）だった。本名が、古代ローマの神と同じメルクリオで異教の名はふさわしくないと考えたからだった。本名がキリストの一番弟子で初代法王の「ペテロ」と同じで、これを使用するのはもったいないと改名した人もいた。それでも本名をそのまま使うのが一般的な時代が続き、法王名に改めるのが慣例化したのは11世紀頃からだ。

法王になって約1か月で急逝したヨハネ・パウロ1世（同1978年）は、初めて二つの名前を組み合わせた。ヨハネ23世の進歩性とパウロ6世の伝統主義を併せ持ちたいという意思表示だった。

法王受諾直後には、法王名を明らかにしなくてはならない仕組みの中、「万一選ばれた場合」を想定して名を準備して臨んだ枢機卿は今回、どれほどいたのだろう。（調査研究本部 秦野るり子）

で統一すると発表した。

◇

ローマ法王の呼称をイタリア語表記の「フランチェスコ1世」としましたが、「フランシスコ1世」とします。ラテン語の原音により近いためです。

99

↙びっくりしました。

三月十五日朝かん七面

プロフィル

「枢機卿たちは新しい法王を探すために世界のほとんど果て（の南米）まで行ったようだね」――。バチカンのサンピエトロ広場で新法王を待ちわびた群衆に

新ローマ法王

フランシスコ1世 76

Francis I

貧困層に気遣い 移動はバス

向け、大聖堂のバルコニーから冗談を飛ばして笑いを誘った。

「すばらしく素朴な人」が米ニューヨークのティモシー・ドーラン枢機卿の評。父はイタリアからアルゼンチンへ渡った鉄道職員だった。幼いころに病気で肺を一つ摘出。大学では化学工学を専攻し、学費を稼ぐためクラブの用心棒として働いた。

大学卒業後に神学校入り。哲学を修める一方でイエズス会で修練を重ね、1969年に司祭に。神学教授や補佐司教を経て司教、ブエノスアイレス大司教を歴任し、2001年にヨハネ・パウロ2世によって枢機卿に選ばれた。

貧困層への厚い気遣いで知られる。大司教を務めるブエノスアイレスでは専用車を拒否してバスなど公共交通機関で動く。内気で恥ずかしがり屋との評も。05年の前回コンクラーベでベネディクト16世に次ぐ有力候補だったが、重圧を嫌って支持者たちに「投票しないで」と懇願したとの逸話も残る。（ローマ 林路郎）

14日、ローマ
ロイター）。

は「バチカン中枢に近すぎる」などの疑問符が付いた。投票の間の食事時に意見交換する中で、ベルゴリオ枢

祭協会」）と期待する向きもある。

カトリック信徒は世界全体では増えているが、全信

人が教会を離脱した。

日本のカトリック中央協議会は、新法王の呼称について、「フランシスコ1世」

ローマ法王庁立グレゴリアン大学教会法学部教授、イエズス会司祭菅原裕二さん(55)の話

選出されたフランシスコ1世は、有力候補の数人に入っておらず、わずか2日、5回の投票で結論が出て驚いている。

この人選はカトリック教会が継続性と刷新の両方を世界に印象づけようとしていることの表れではない

「初のイエズス会出身」などという初物尽くしの人である点は「刷新」をイメージさせる。その経歴も法王庁のアカにまみれていない。

「フランシスコ」を名乗る初の法王になるが、この聖人はイタリアを代表し、世界で最もその名が知られている。偉大な聖人の名を選んだこと自体が彼の世界へのメッセージなのではないか。

（聞き手 ローマ 林路郎）

8　3/15

まだまだ決まらないコンクラーベ：：

13日、バチカンのシスティナ礼拝堂の煙突から上がる黒い煙（ロイター）

3回目も
黒い煙

3月14日
朝かん
1面

5回目で！ついに決まった！コンクラーベ　あすか

13日、システィナ礼拝堂の煙突から上がる新法王選出を伝える白い煙（ロイター）

3月14日夕かん
1面

97　3/14

これおもしろい!

コンクラーベ＝根比べ

法王選び 初回「黒煙」

【ローマ＝末続哲也】ベネディクト16世の後継ローマ法王を選ぶ会議「コンクラーベ」が12日に始まり、バチカンのシスティナ礼拝堂で1回目の投票が行われた。同日午後7時40分（日本時間13日午前3時40分）頃、礼拝堂の屋根の煙突から黒い煙が上がり、新法王は決まっていないことが外部に知らされた。

投票結果は「決定」なら白い煙、「未決」なら黒い煙を出して伝える。詳細は公表されない。現地では雨天の中、信徒ら数千人が8年ぶりの煙を見守った。13日午前（日本時間同日夕）は2回、午後（同14日未明）に2回投票が行われる。

法王に選ばれるには、投票権を持つ枢機卿115人の3分の2の得票が必要。過去100年の法王選出では、最も早い場合でも3回の投票を要している。

上12日、バチカンで、システィナ礼拝堂の煙突から上がる黒い煙（テレビ映像より）＝ロイター　下コンクラーベでの投票に関する「秘密厳守」宣誓を順番に行う枢機卿ら（バチカン紙オッセルバトーレ・ロマーノ提供、AFP時事）

コンクラーベとは、ローマ法王を選ぶ会議です。何べんも選挙をするので根比べみたいでおもしろいです。

3月13日夕かん1面

7年後に来日することになるローマ教皇フランシスコは、こんなふうにして選ばれたのだ。

2012年7月2日朝かん19面

裁判で見える人間の正体

作家・佐木隆三さんが新著

膨大な量の裁判傍聴メモを前に取材を振り返る佐木隆三さん（北九州市門司区の自宅で）＝久保敏郎撮影

約40年にわたって刑事裁判の傍聴をもとに犯罪小説を執筆してきた作家、佐木隆三さん(75)が新著『わたしが出会った殺人者たち』（新潮社）を出した。取材した殺人犯たちの素の人間像を描いた回顧録だ。

1976年の直木賞受賞作『復讐《ふくしゅう》するは我にあり』のモデル西口彰元死刑囚をはじめ、和歌山市・毒物カレー事件の林真須美死刑囚、そしてオウム真理教の麻原彰晃こと松本智津夫死刑囚ら18人を取り上げている。

「凶悪事件を起こした連中ばかりですが、私を作家として育ててくれたのもこの連中なんです。だから今作は、私の『自分史』と言えるかもしれません」

18人のうち最も印象深いのが、86年に死刑執行された木村繁治元死刑囚だという。74年、とび職仲間に誘われて一緒に東京・上野で消火器商の一家5人を殺害した。木村元死刑囚にとって何の関係もない一家だった。拘置所で面会後、文通が始まり、木村元死刑囚から6通の手紙を受け取った。

〈私は調書を取られて居るとき、なにか動機が有るだろうと言われたし、そのことで自分がみじめな気持ちがしたことも事実です。動機無くして、あれだけの大変を起こす事は考えられないわけです。（略）処が私には、動機らしきものが無かった〉

「これだけ冷静に自己分析できる人間が、なぜあんなことをしたのか。不思議で不思議でしょうがない」と佐木さんは振り返る。

自らを「裁判傍聴業」と称してきた。「初公判から判決まで聞いて、一人の人間が罪を犯すまでに至った道筋を追っていると、人間の愚かさとかわいさのようなものが見えてくる。人間の正体とは何か、裁判ほど見えてくるものはない」と、確信に満ちた笑みを浮かべた。（右田和孝）

1/17

北九州にも、直木賞を受賞した、作家がいます!!
殺人者たちのことを約40年にわたって取材して書いたなんてすごい。

ぼくもかりてよみました。……むずかしかったけどおもしろかった!!

犯罪小説をかくことで、「人間の正体とは何か、さいばんほど見えてくるものはない」と確信にみちた笑みをうかべる佐木さんがおそるべしです。

ぼくは殺人者とあうなんてコワくてできません。

第148回あくた川賞、直木賞が決まりました。

あくた川賞　黒田夏子さん　75才

直木賞　朝井リョウさん　23才
安部龍太郎さん　57才

昭和39年9月24日第3種郵便物認可　（日刊）©読売新聞社2013年

■ローン減税 年50万　2
■4大関 総崩れ　22
■読売学生書展　26 27
■阪神大震災から18年　34
◀黒田さん芥川賞最高齢受賞　34

生きているうちに見つけて下さり、ありがとう。

1月17日朝かん1面

ゴッホは死んでから有名になったもんなぁ…

そうですね….。

「三びきのおっさん」おもしろい!!

直木賞《なおきしょう》

今回直木賞候補《こんかいなおきしょうこうほ》となっている6作品《さくひん》

もとは新人作家《しんじんさっか》のための賞《しょう》

アトム　きょう16日に選考会《せんこうかい》が開かれる直木賞《なおきしょう》ってどんな賞《しょう》なの？

——正式には「直木三十五賞《なおきさんじゅうごしょう》」と言って、時代小説《じだいしょうせつ》や映《えい》画《が》脚本《きゃくほん》などを書いた明治時代生まれの作家、直木三十五にちなんで、友人だった作家の菊池寛《きくちかん》が1935年に作ったんだ。もともとは新人作家のための賞《しょう》だったけれど、最近は、ある程度活躍《ていどかつやく》している作家が受賞《じゅしょう》することが多いかな。毎年1月と7月の2回、選考会《せんこうかい》が開かれているよ。

ウラン　同じ日に決まる芥川賞《あくたがわしょう》とはどう違《ちが》うの？

——どちらも菊池寛《きくちかん》が同じ年に作ったんだけれど、作家の芥川龍之介《あくたがわりゅうのすけ》にちなんだ芥川賞《あくたがわしょう》は、だいたい400字詰《じづ》め原稿《げんこう》用紙《ようし》で100枚《まい》から200枚《まい》ぐらいの、芸術性《げいじゅつせい》を重んじた「純文学《じゅんぶんがく》」とよばれる短編作品《たんぺんさくひん》から選《えら》ばれるんだ。直木賞《なおきしょう》は、「読み物」として面白《おもしろ》いことも重要《じゅうよう》で、今回候補《こうほ》になった安部《あべ》龍太郎《りゅうたろう》さんの作品のように、分厚《ぶあつ》い上下巻《じょうげかん》の物語も対象《たいしょう》になる。

アトム　これまでどんな人がもらっているの？

——映画になった「鉄道員《ぽっぽや》」でも知られる浅田次郎《あさだじろう》さんや、「ソロモンの偽証《ぎしょう》」で話題の宮部《みやべ》みゆきさん、ベストセラー作家の東野圭吾《ひがしのけいご》さんなど、人気作家がたくさんいるんだ。今回の候補《こうほ》の一人、朝井《あさい》リョウさんはまだ23歳《さい》。受賞《じゅしょう》すれば男性《だんせい》作家《さっか》の最年少記録《さいねんしょうきろく》になるよ。

アトムとウランの 時事《じじ》わーど百科《ひゃっか》

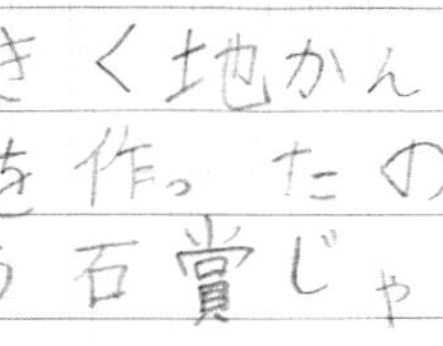

©手塚プロダクション

どうしてきく地かんは、直木賞やあくた川賞を作ったのかなぁ。どうして夏目そう石賞じゃないのかなぁ。

夏目さんは偉大すぎるからとか….

1月16日朝かん2面

作家の生き方や言葉に興味を持つようになった。

先生は、今年になって美術館に足を運んでいないので、夏休みはぜひ行こうと思ってます。でも京都の広隆寺(こうりゅうじ)の弥ろくぼさつには感動しました。

※安保の新聞が1番おもしろかったです。美術館でわらってしまいました。

この絵ではありませんが、絵ハガキを買いました。本当は面長の美人です。

相当有名な絵だよね。ちょっとグロテスクにみえるけど自分のむすめさんをいっぱいかいたんだよね。

※安保《あんぽ》の新聞　『櫻《さくら》画報・激動の千二百五十日』(赤瀬川原平《あかせがわげんぺい》、青林堂)のこと。

36
7月20日
1学期 ぼくの足跡
伝える電話・ケータイ展
2012
3月24日 SAT 〉6月17日 SUN
北九州イノベーションギャラリー
北九州市八幡東区東田2-2-11 TEL.093-663-5411
一般500円／小中学生250円
9:00〜19:00（土日祝は17:00まで）
毎週月曜日
http://www.kigs.jp/
けいたい電話第1号は重くてびっくりしました。
二位中納言　平資盛　赤間神宮蔵
源平合戦と赤間神宮
赤間神宮宝物展
2012年4月25日（水）→5月13日（日）
※ただし5月7日（月）は休館
■開館時間 午前9時30分〜午後5時（入館は午後4時30分まで）
■主催　下関市立美術館　赤間神宮
下関市立美術館
〒752-0986 山口県下関市長府黒門東町1-1
Tel 083(245)4131 Fax083(245)6768
http://www.city.shimonoseki.yamaguchi.jp/bijutsu/
一般 500円（団体 400円）
赤間神宮の宝物が1度に全部見れました。

僕《ぼく》が住んでいる北九州市は美術館や博物館がたくさんあるいい町だ。
関門海峡《かいきょう》の対岸にある山口県下関市にもよく出かける。

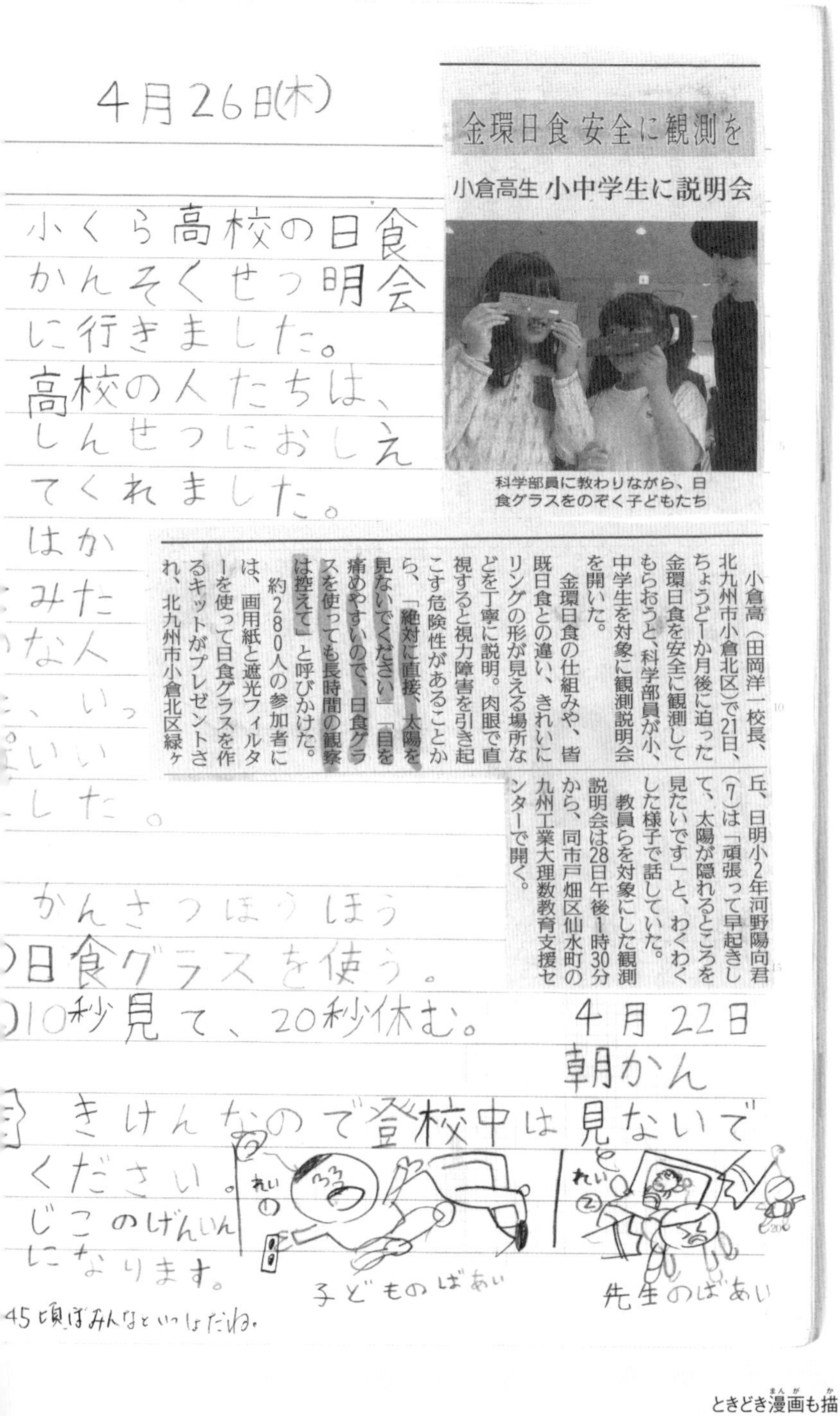

4月26日(木)
小くら高校の日食かんそくせつ明会に行きました。
高校の人たちは、しんせつにおしえてくれました。
金環日食 安全に観測を
小倉高生 小中学生に説明会
科学部員に教わりながら、日食グラスをのぞく子どもたち
小倉高（田岡洋一校長、北九州市小倉北区）で21日、ちょうど1か月後に迫った金環日食を安全に観測してもらおうと、科学部員が小中学生を対象に観測説明会を開いた。
金環日食の仕組みや、皆既日食との違い、きれいにリングの形が見える場所などを丁寧に説明。肉眼で直視すると視力障害を引き起こす危険性があることから、「絶対に直接、太陽を見ないでください」「目を痛めやすいので、日食グラスを使っても長時間の観察は控えて」と呼びかけた。
約280人の参加者には、画用紙と遮光フィルターを使って日食グラスを作るキットがプレゼントされ、北九州市小倉北区緑ヶ丘、日明小2年河野陽向君（7）は「頑張って早起きして、太陽が隠れるところを見たいです」と、わくわくした様子で話していた。
教員らを対象にした観測説明会は28日午後1時30分から、同市戸畑区仙水町の九州工業大理数教育支援センターで開く。
かんさつほうほう
日食グラスを使う。
10秒見て、20秒休む。
4月22日
朝かん
きけんなので登校中は見ないでください。
じこのげんいんになります。
れい①
子どものばあい
れい②
先生のばあい

「先生もみました」「これおもしろい」。赤ペンで感想を書きこんでくれるのがうれしかった。

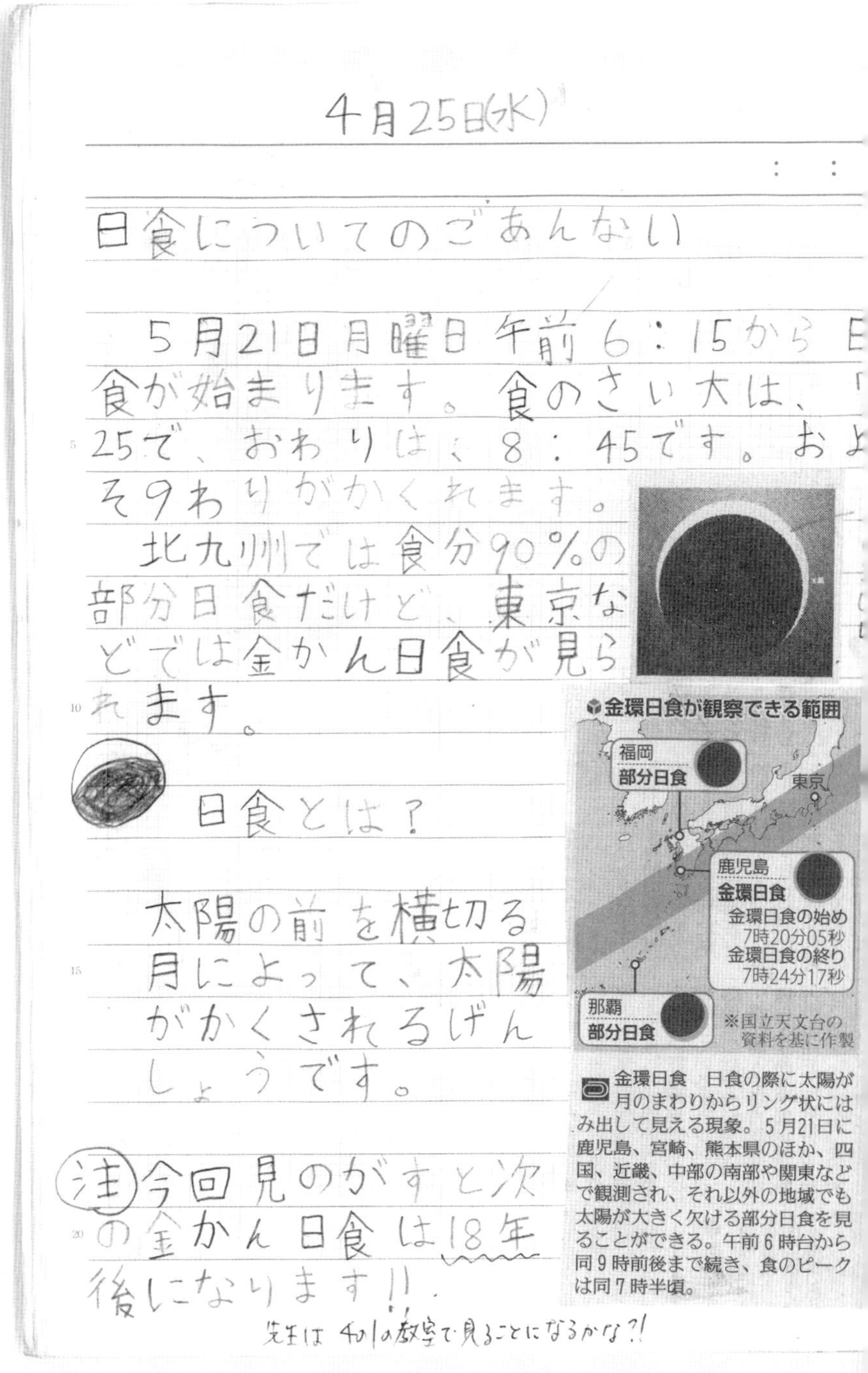

4月25日(水)

日食についてのごあんない

5月21日月曜日午前6：15から日食が始まります。食のさい大は、「25で、おわりは、8：45です。およそ9わりがかくれます。

北九州では食分90％の部分日食だけど、東京などでは金かん日食が見られます。

日食とは？

太陽の前を横切る月によって、太陽がかくされるげんしょうです。

㊟今回見のがすと次の金かん日食は18年後になります!!

先生は4の1の教室で見ることになるかな？！

金環日食が観察できる範囲
福岡
部分日食
東京
鹿児島
金環日食
金環日食の始め
7時20分05秒
金環日食の終り
7時24分17秒
那覇
部分日食
※国立天文台の資料を基に作製

金環日食　日食の際に太陽が月のまわりからリング状にはみ出して見える現象。5月21日に鹿児島、宮崎、熊本県のほか、四国、近畿、中部の南部や関東などで観測され、それ以外の地域でも太陽が大きく欠ける部分日食を見ることができる。午前6時台から同9時前後まで続き、食のピークは同7時半頃。

編集手帳

日本文学研究者のドナルド・キーンさん(89)が三島由紀夫と文通していた頃である。あるとき、三島が「鬼院さま」と戯れに書いてよこした。キーンさんは仕返しに「魅死魔幽鬼夫さま」と返事を書き送ったという◆往時を回想した随筆集、『声の残り』(朝日文庫)に書き留めた挿話にある。漢字を使ってこれほど自在に軽口の応酬ができる人だから、みずから命名した味のある雅号も、別段、驚くにはあたらないことなのだろう◆8日付の官報告示で日本国籍を取得したキーンさんは、記者会見で〈鬼怒鳴門《キーン・ドナルド》〉という雅号を披露した◆鬼怒川の「鬼怒」と四国の「鳴門」を組み合わせたという。日本を愛するがゆえに永住を決めたというキーンさんの気持ちは、この雅号にも表れていよう◆ひねくれた目で読むなら、「鬼が怒鳴《どな》る門」とも読めそうである。温容な紳士のキーンさんに対して礼を欠く読み方ではあるが、どうだろう。生まれ育った国に別れを告げてまで被災地と寄り添おうとする人の生き方は、がれきの処理にさえ協力したがらない人々にとって、鬼に怒鳴られるよりも胸にこたえるかも知れない。

2012. 3. 9

名けらん!!
なつたら
ん、れま
そ前らた

おいが、
なろちら
んしだた
こも友い

おもしろいと思います。

3月9日朝かん

ぼくのおもしろい名前

卯目打《うめだ》 阿寿火《あすか》

おもしろいネ! 先生も、つくってみたくなりました!!

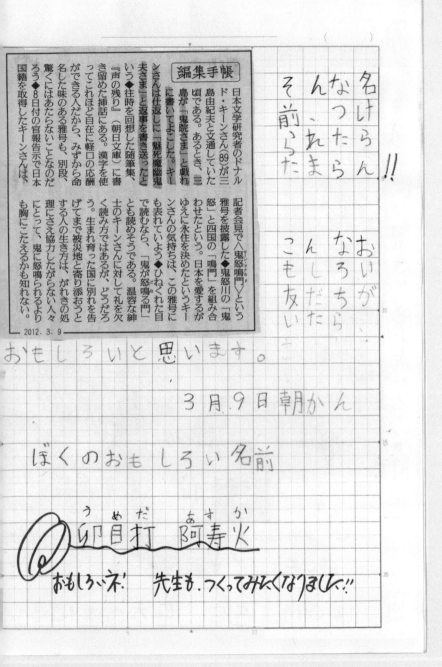

日本人の 鬼怒鳴門《キーン・ドナルド》 です

日本国籍の取得が認められた日本文化研究者のドナルド・キーンさん(89)が8日、居住先の東京都北区の区役所で記者会見し、日本人名の「キーン ドナルド」とともに、鬼怒鳴門《キーン・ドナルド》を雅号とすることを表明した＝写真、池谷美帆撮影＝。鬼怒川の鬼怒と四国の鳴門から漢字をあてたという。

震災後 助け合いで苦言

キーンさんは終始朗らかだったが、震災後の日本の状況については「がっかりしています」「日本人は力を合わせて東北の人を助けると思っていました」とあえて苦言を呈した。「東京は（電気が）明るい。必要のない看板がたくさんある。東京だけではない。まだやるべきことは、いっぱいあると思います」と語った。

キーンさん 日本国籍に

法務省は、日本文化研究者で米コロンビア大学名誉教授のドナルド・キーン氏(89)＝写真＝に日本国籍の取得を認め、8日付の官報で告示した。

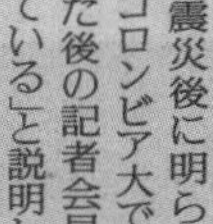

キーン氏は太平洋戦争で米軍の通訳を務めて以来、日本文化研究に取り組んできた。2008年に文化勲章を受章している。日本国籍を取得する意向は東日本大震災後に明らかにした。昨年、コロンビア大で最終講義を行った後の記者会見で「日本を愛している」と説明した。

〈関連記事6面〉

ぼくは、キーン ドナルドという名前がいいなと思いました。

きぬ川……とちぎ県の川。

なると海きょう……とくしま県とひょうご県の間の海。なるとのうずは天然記ねん物。

大作家・三島由紀夫《みしまゆきお》も「魅死魔幽鬼夫（みしまゆきお）」なんて書かれたら形なしだ。

この記事をきっかけに、日本文化研究者のドナルド・キーンさんの記事を追跡《ついせき》するようになった。

書きぞめをがんばりました。

辰
①十二支の五番目。
②昔の時こく名。げんざいの午前8時ごろ。または午前7時から9時の2時間。
③方角のよび名で、東南東。
調べた本、おう文社学げい百科事てん

書きぞめはわが家のお正月の年中行事だ。

「がんばろう日本」日の丸ティラミス

東日本大震災を忘れまいと、北九州市戸畑区の洋菓子店「洋菓子のミロ」が、日の丸を模した表面に「がんばろう　日本」という応援メッセージを書いたケーキ「ティラミス・ジャパン」を売り出した＝写真、大野博昭撮影＝。

ティラミスはイタリア語で「私を元気にして」という意味。スポンジの上にイチゴジャムやチーズクリームを重ね、同店が特許を持つ絵柄転写の方法で文字や日の丸を描いた。震災から8か月を迎えた11日から店頭に並べ、まずまずの評判という。

このケーキは23～27日、同市小倉北区の百貨店コレットで開かれる「第4回北九州スウィーツフェスティバル」にも出品される。380円。問い合わせはミロ（093・881・4658）へ。

ぼくは、今年の大ニュースは、東日本大しんさいだと思います。なん日も東日本大しんさいのニュースばっかりでした。今はあまり新聞でも、見なくなりましたが、こまっている人はまだまだいます。このようがしのミロのお店に行って、ティラミス・ジャパンのケーキをたべたいです。

　記事に書かれている「ティラミス」の意味に注目。

12月6日

古川さん帰還

宇宙滞在167日 日本人最長

【アルカリク近郊（カザフスタン）＝本間雅江】古川聡さん(47)ら日米露の宇宙飛行士3人が、22日午前8時26分（日本時間同11時26分）、国際宇宙ステーション（ISS）での滞在を終え、ロシアの宇宙船ソユーズで、カザフスタン中部にあるアルカリク近郊の草原に帰還した。宇宙での連続滞在期間は167日となり、野口聡一飛行士(46)の163日を抜いて日本人最長となった。

〈関連記事8面〉

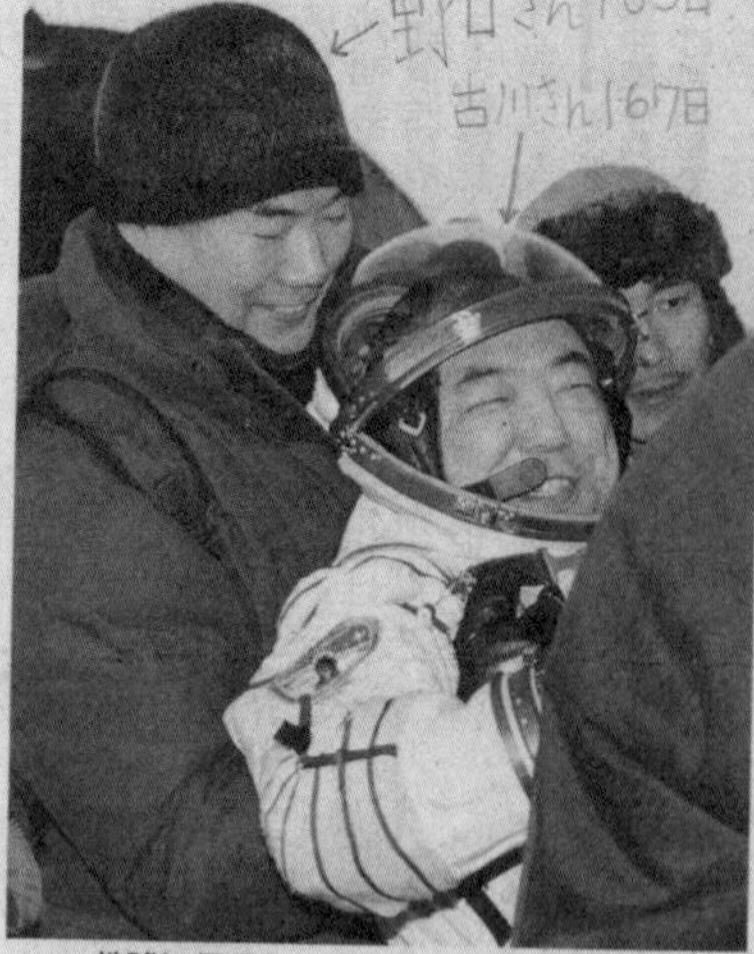

地球に帰還し、野口さん（左）に抱えられ笑顔を見せる宇宙飛行士の古川さん（22日午前8時55分、カザフスタンのアルカリク近郊で）＝高橋美帆撮影

ソユーズは22日午前5時（同8時）、ISSから離脱。軌道上で主エンジンなどを切り離した後、古川さんらが乗る帰還船（直径、高さとも約2㍍）で大気圏へ突入した。その後、パラシュートなどを使って減速し、厳寒の草原に軟着陸した。

古川さんは着地の約30分後、救助隊員によって船外へ運び出された。その場で簡単な診察を受けながら、駆けつけた野口さんらに満面の笑みを見せ、無事の帰還を喜び合った。

古川さんの第一声は「元気です。地球の重力をすごく感じます」。報道陣から、やりたいことを尋ねられると、「たまったお湯につかりたいですね」などと答えた。

ぼくは古川さんの宇宙たい在《ざい》が日本人最長となったのがすごいと思います。

11月22日 夕かん

「自学ノート」の作り方

1. 朝30分朝刊を、学校から帰って10分夕刊を読み、
   気に入った記事はページごととっておく。
2. わからない言葉を調べ、関連する本を図書館で借りて読む。
3. 記事で読んだイベントを取材する。
   チラシは「自学ノート」に貼る用と保存用に2枚もらう。
4. 記事を切り抜き、文章の重要部分に蛍光《けいこう》ペンで線を引く。
   場合によっては自分で撮影《さつえい》した写真などを
   組み合わせてレイアウトを決める。
5. 文章を書く。イラストを入れることもある。
   日付と何面の記事かも忘れずに。

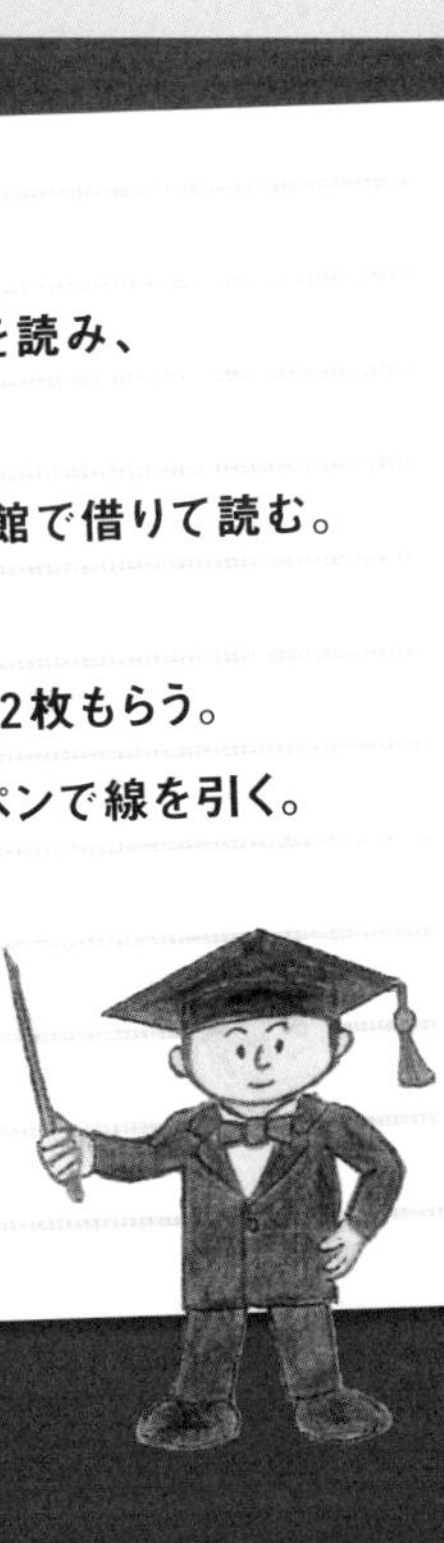

6月25日

6月18日に、もじくのヨシダ時計店に行ってきました。

①紙でできた時計

ゼンマイも紙でできています。あつ紙ではなく、うすい紙を何まいもはってできています。店ちょうさんが3年たのんで、作った人に売ってもらったそうです。この時計は紙でも動きます。

②江戸時代の和時計

いつもはメガネのヨシダにあります。(もじこう) この時計はおもりが下がる力で動きます。

③おもしろ時計

Ⓐ水時計　水がながれてみえる時計　いつもはメガネのヨシダで見れます

Ⓑブランコ時計　ふりこのかわりにブランコをつかっています。

Ⓒサッカー時計　ふりこのサッカーボールとキーパーがいっしょに動きます。

④ハト時計

本体は木でできている。でんぱしきなので、くるわない。

2わのハトがとびらからでてくるのはめずらしいです。

ぼくのうちのハト時計はクオーツ式です。プラスチックでできています。ハトは1わで、羽の青い白いハトです。

⑤ミネラルサウンドクロック

せかいではじめて、人形が※じゅんせいりつ音楽をえんそうする時計です。14本のぼうりんを、本当に人形がたたいて、えんそうします。

⑥スモールワールドカントリー

20台しか作られなかった、きちょうな時計です。当時のねだんで500万円だそうです。人形がベルをたたいて、えんそうします。すごい!! びっくりするお金ですね。

⑦そのほかの時計　かい中しきの日時計もありました。

※じゅんせいりつ＝純正律　和音の美しさを重視し、オーケストラや合唱に使われる音律。

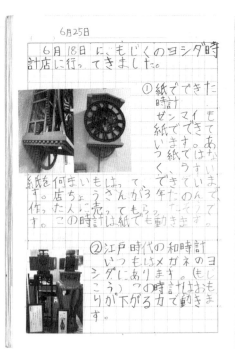

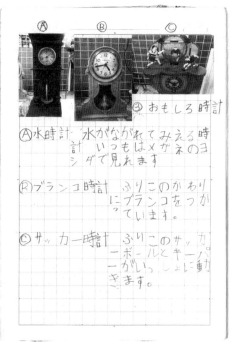

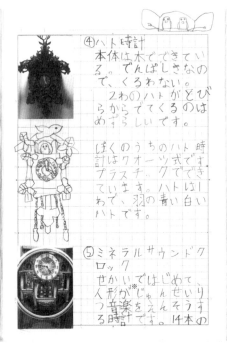

6月9日

珍しい時計126点展示

門司 江戸時代の和時計など

10日の「時の記念日」を前に、国内外や江戸時代の珍しい時計の特別展が7日、門司区中町の吉田時計店で始まった。

同店の吉田清春社長(60)が35年以上にわたって収集した126点を展示。カナダの工学博士が硬い紙だけで作製した掛け時計(高さ約1メートル)や、江戸時代に大名が目覚まし時計として使ったとされる和時計(高さ約80センチ)などが特に注目を集めている。

見学に訪れた近くの日の丸幼稚園(西田光利園長)の園児約30人は、見慣れない形の時計に興味津々。藤本夢叶《ゆめか》ちゃん(5)は「曲が流れるからくり時計が面白かった」と楽しんでいた。

吉田社長は「昔の時計職人の素晴らしい技術を見てほしい」と話している。

特別展は26日までの午前10時～午後7時。水曜は休み。入場無料。問い合わせは吉田時計店(093・371・0106)へ。

江戸時代の和時計に見入る園児たち

天気

筑後 南西の風のち北の風(あす)晴時々曇波0

北九州 南東の風のち北の風(あす)晴時々曇波1

筑豊 南東の風のち北の風(あす)晴時々曇

久留米商高同窓会 義援金150万円寄託

光と愛の事業団に

久留米商業高校同窓会(久留米市)の坂本勝昭会長(66)らが7日、読売新聞久留米支局を訪れ、東日本大震災の義援金150万4530円を寄託した。義援金は読売光と愛の事業団を通じて被災地に届けられる。

同窓会は5月14日、市内で大同窓会総会を開催。出

ぼくは、よしだとけいてんにいったことがあります。ふだんから、めずらしいきかいしきのとけいや水時計もあります。ぜひ、いってみたいとおもいます。

6月9日 朝かん

みてみたくなりました。あすかくんは、いろんなことを知ってて、すてきだな！ 先生も、とけいてんに行ってみます。

吉田時計店の記事に出会わなければ、
担任の先生以外の人に「自学ノート」を見てもらうことはなかった。

2学期も、うめちゃん、楽しみにしています。

35 地域　13S　北九州　2011年(平成23年)7月10日(日曜日)　讀賣

祇園太鼓像のばち修復

小倉駅前 除幕式、市民ら見守る

ばちの部分がなくなっていたJR小倉駅前の小倉祇園太鼓の少年像が修復され、9日、除幕式が行われた。

所有する北九州青年会議所によると、市民からの指摘で5月、右手のばちがなくなっていることがわかった。会議所は6月に業者に修復を発注し、今月5日に作業が行われた。

冒頭、会議所の永田康浩理事長(40)が「銅像は北九州市を代表するシンボル。多くの市民から浄財をいただいた」とあいさつ。市民や会議所関係者らが見守る中、永田理事長と井上勲・小倉北区長が白い布をめくると、ばちが溶接された像がお目見えした。

式後、会議所の会員たちは「わっしょい百万夏まつり」のPRを兼ねた清掃活動を実施し、像を洗ったり、周辺のごみを拾ったりした。通りかかった小倉南区高野、松田雅成さん(73)は「ばちが盗まれたのは残念だが、像には愛着があったので、元に戻って良かった」と話していた。

バチが修復された「祇園太鼓」の少年の銅像

アドベンチャープールに歓声

小倉南・志井公園

九州北部で梅雨が明けた

北九州

【北九州総本部】〒802-8571小倉北区米町2-2-1新小倉ビル4階 ☎093-531-2065 FAX531-2414 メールアドレス s-syaka2@yomiuri.com
【通信部】
行橋 0930-22-1254 FAX22-1381
豊前 0979-82-4747 FAX82-7242
折尾 093-693-1750

バチがもとにもどって本当によかったと思います。きねんしゃしんをぼくもとりました。

7月10日 朝かん

先生も、たしかめました。バチがもどって、ほんとうによかったです。

13S　北九州　2011年(平成23年)6月12日(日曜日)　讀賣

祇園太鼓像修復へ募金

市民ら30人、6万円集める

JR小倉駅前

募金を呼び掛ける市民ら。後ろはすりこぎのばちを手にした少年の像

小倉北区のJR小倉駅前で、ばちがなくなった小倉祇園太鼓の銅像の修復に協力しようと、市民ら約30人が11日、募金活動を行った。

発起人は、門司区大里本町、保険会社社長八木徳雄さん(45)。交流サイト・フェイスブックに投稿された写真でばちがないことを知り、「市民の手で像を復活させよう」とフェイスブックで募金活動の仲間を募った。

銅像前では、市内外から会社員や学生らが集まり、募金箱を手に「修復への協力をお願いします」と通行人に呼びかけ、約6万円を集めた。銅像を所有する北九州青年会議所に寄付し、修復費に充ててもらう。

北九州青年会議所はすでに新しいばちを業者に発注しており、7月上旬にも溶接して修復する予定。

八木さんは、ばちのない少年像を哀れに思い、すりこぎを購入し右手に持たせたといい、「ばちがない銅像は、観光客に悪いイメージを与えかねない。早く元に戻るよう願っている」と話した。

はやめにぎおんだいこぞうのバチがもとにもどるといいなと思います。

※ほんとうに、そう思います。はやく、バチをもどして下さい!!

※きっと、もどると思います。

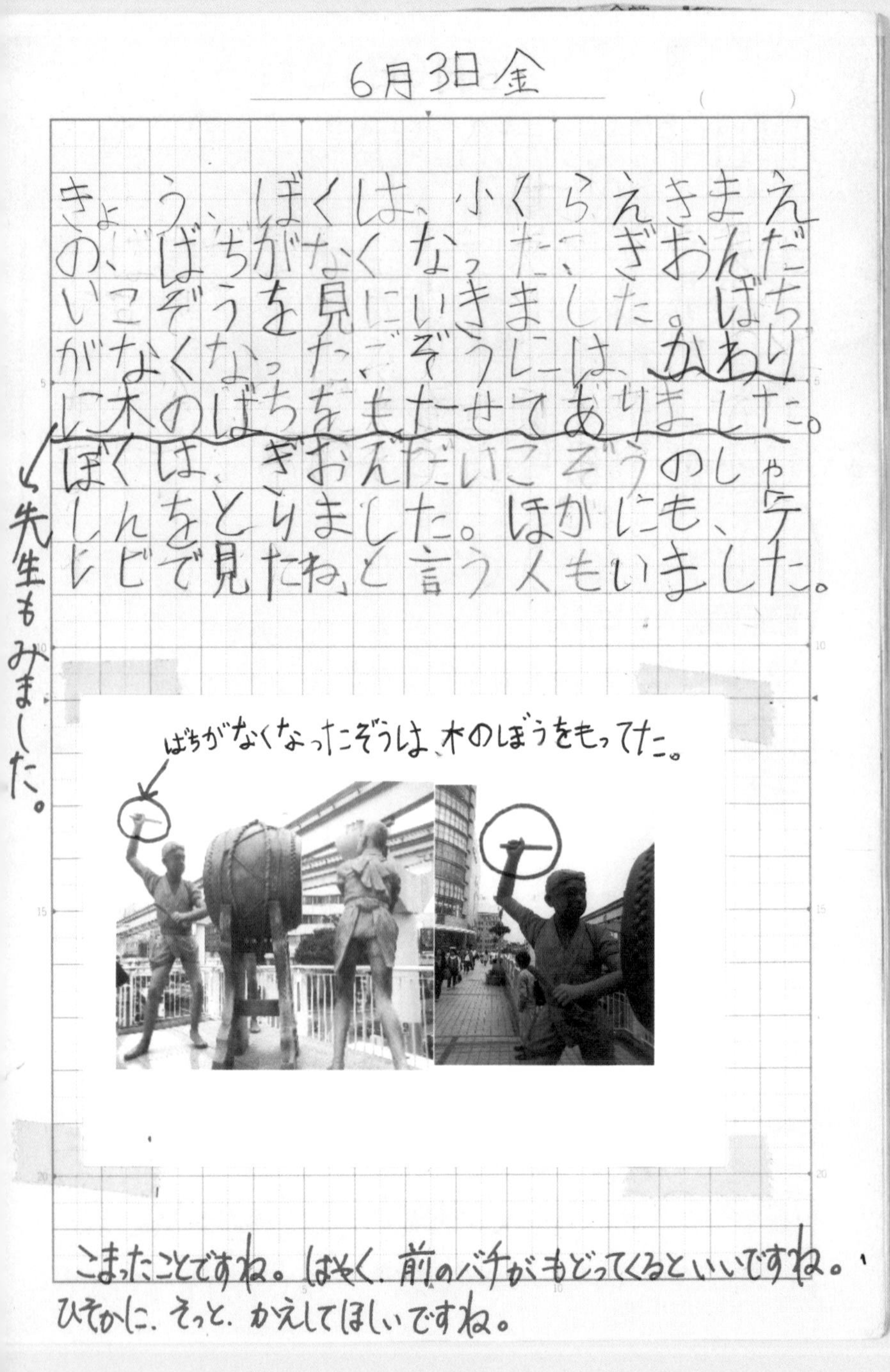
6月3日金

きょう、ぼくは、小くらえきまえの、ばちがなくなった、ぎおんだいこぞうを見にいきました。ばちがなくなったぞうには、かわりに木のばちをもたせてありました。ぼくは、ぎおんだいこぞうのしゃしんをとりました。ほかにも、テレビで見たね、と言う人もいました。

先生もみました。

ばちがなくなったぞうは、木のぼうをもってた。

こまったことですね。はやく、前のバチがもどってくるといいですね。ひそかに、そっと、かえしてほしいですね。

「自学ノート」は東日本大《だい》震《しん》災《さい》直後の六月、何をやってもいい学校の宿題としてスタートした。

小学三年生 二〇一一年四月～二〇一二年三月

自学①
SCHOOL NOTE
方眼罫5mm
(中心リーダー入)
TITLE
ごほうび!
やったね!
よくできたね!
がんばったね!
アメジスト
サファイア
イエローダイヤ
ルビー
法隆寺
ストーンヘンジ
アンコールワット
じゆうべんきょうちょう
方眼罫
(中心リーダー入)
5mm
科目シール付
CLASS 3-1
NAME うめだ あすか
LMC5GY
ベルマーク運動参加商品
KYOKUTO

記念すべき1冊目の
「自学ノート」。
当時から「自学ノート」と
呼んでいたのに、なぜか
「じゆうべんきょうちょう」。
その理由は
永久にナゾである。

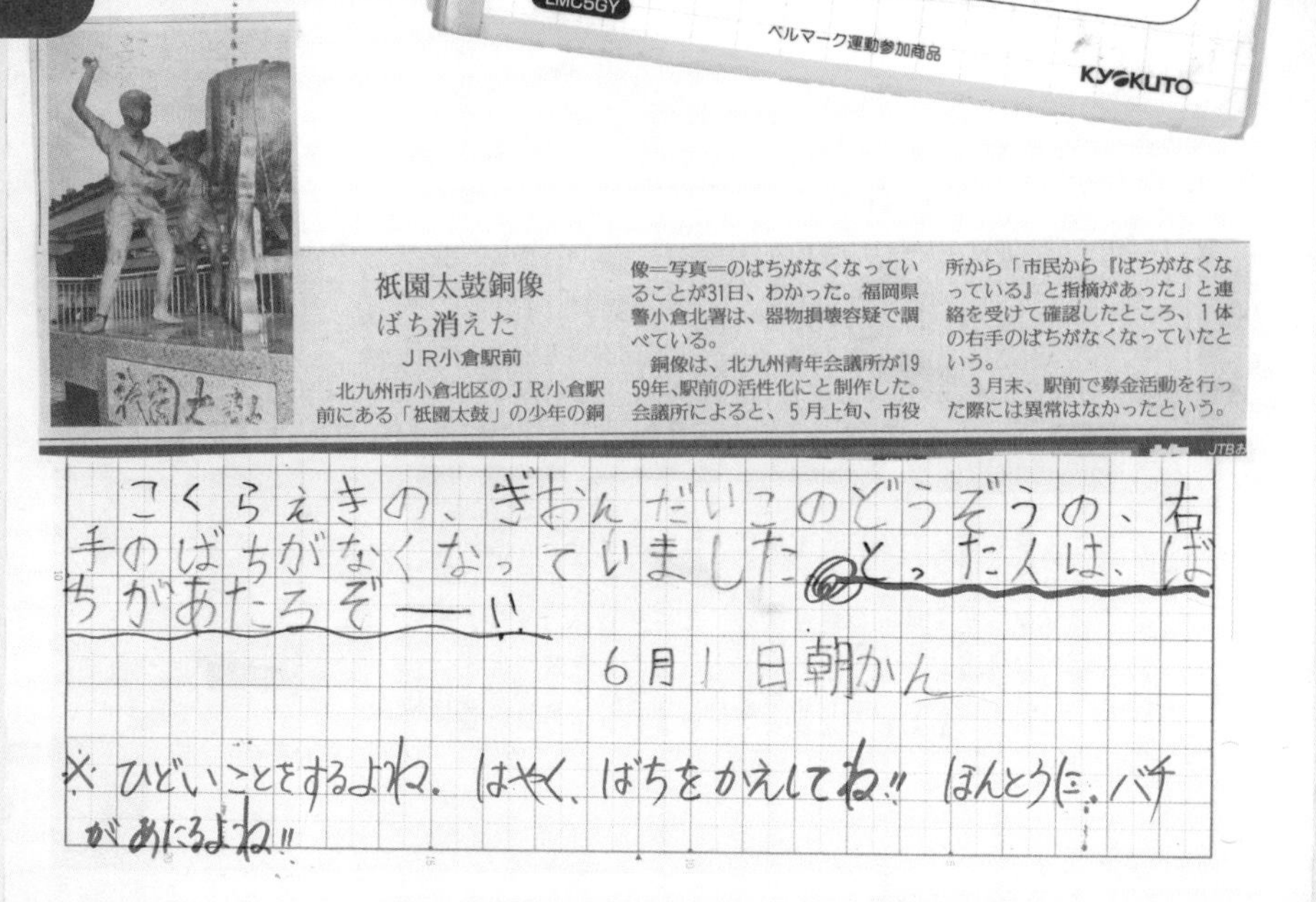
祇園太鼓銅像
ばち消えた
ＪＲ小倉駅前
北九州市小倉北区のＪＲ小倉駅前にある「祇園太鼓」の少年の銅像＝写真＝のばちがなくなっていることが31日、わかった。福岡県警小倉北署は、器物損壊容疑で調べている。
銅像は、北九州青年会議所が1959年、駅前の活性化にと制作した。会議所によると、5月上旬、市役所から「市民から『ばちがなくなっている』と指摘があった」と連絡を受けて確認したところ、1体の右手のばちがなくなっていたという。
3月末、駅前で募金活動を行った際には異常はなかったという。
こくらえきの、ぎおんだいこのどうぞうの、右手のばちがなくなっていました。と、たんは、ばちがあたるぞーー!!
6月1日朝かん
※ひどいことをするよね。はやく、ばちをかえしてね!! ほんとうに、バチがあたるよね!!

わが家で取っている『読売新聞』の200字ほどの小さな記事が、すべての始まりだった。

第2章

ぼくの「自学ノート」

小学3年生のときから
書き始めた
「自学ノート」の紹介は、
このページから始まります。

高校3年の4月、B5判の「自学ノート」はぜんぶで27冊になった。

※「自学ノート」中の誤字は訂正《ていせい》せず、当時のままにしてあります。

この章のページは右から左に開いてください。

第3章

ぼくのあしあと 読書編

僕《ぼく》は決して、放っておいても本を読むような
立派な子どもではありませんでした。図書館で長い時間を
過ごすうちに、知りたいことは、漫画《まんが》のことだって
プラモデルのことだってなんでも本で読めると気づき、
今も「こんな本がある!」という驚《おどろ》きを繰《く》り返《かえ》しています。
この章は、そんな僕の17年分の読書記録です。

ぼくのあしあと読書編　その一

小学二年生まで

たいへんなひるね
さとう わきこ さく・え
ものがたりえほん
36
こどものとも セレクション

作 たじま ゆきひこ

絵本は
さわれる
芸術作品だ

スーホの白い馬
大塚勇三再話　赤羽末吉画

まだ一歳《さい》になるまえに僕がはじめて手にした本は、ブックスタートの王道『**いないいないばあ**』（松谷《まつたに》みよ子《こ》文・瀬川康男《せがわやすお》絵、童心社）だったそうだ。この本についての記憶《きおく》……読まずにかじったとか、クレヨンでぐるぐるやったとか……は当然まったくないが、今も棚《たな》にある本の姿がすべてを語ってくれている。

僕は絵本の絵をじっくりと見ることが好きな子どもだった。どんどん現実とのさかい目がなくなって、自分が絵の中に入りこむような感覚になる。家のたたみに寝《ね》ころがり満足いくまで絵を見たあと、はじめてお話を読む。そういう読みかたは小学生になってからもしばらくは変わらなかった。

さとうわきこさんの『**たいへんなひるね**』（「こどものともセレクション」福音館書店）との出会いは、本にまつわるもっとも古い記憶というだけでなく、雷《かみなり》に打たれたくらいの衝撃《しょうげき》の記憶でもある。

三歳の僕は、のちに入園する幼稚園《ようちえん》を見学した帰りに、『たいへんなひるね』を先生から手渡《てわた》された。この絵本で、僕は息ができなくなるほど笑いころげた。「おなかがよじれるほど笑える絵本が世の中にはある」と知ったことが、僕が本好きになった原点だと思う。

春になると外で昼寝することにしているばばあちゃんは、四月になっても雪が降っていることにはらを立てる。ラッパで森に住む仲間たちに「もう春だよ」と知らせ、かみなりさんをラッパで呼び寄せ（!）、みんなの大声をつめた袋《ふくろ》（!?）をかみなりさんの花火玉に入れて打ち上げ（!?!）、冬を追《お》っ払《ぱら》ったという話だ。

袋ひとつひとつに「はるだよう」「もうはるだよう」と、二十四もの言葉がつめられていくページが大好きだった。あっという間にそれらの言葉すべてを覚えた。打ち上げられた花火が炸裂《さくれつ》すると、花火玉の中の声が今度はページいっぱいに広がる。僕は読むたびに、つめられた声がすべてあるかを確認《かくにん》した。

『たいへんなひるね』は、その後「ばばばあちゃんの絵本シリーズ」の一冊として、単行本になった。このシリーズのほかの絵本は、その後に単行本を買ってもらった。だけど何度も読むうちにすっかり古ぼけてしまった、このホチキス止めの『たいへんなひるね』こそが、僕にとっていちばん大切な「ばばばあちゃんのおはなし」なのだ。

幼稚園に入園したころから、毎週日曜の午後の四時間あまりを、北九州市立中央図書館で過ごすようになった。まず持ってきたお弁当を飲食コーナーで食べ、それから中央図書館とつながっている「勝山こどもと母のとしょかん」へ向かう。壁《かべ》ぞいに置かれた長いソファーのはしっこが、当時の僕の定位置。そこは、目の前にモノづくりに関する本の棚があり、左手の届くところに工作や折り紙の本、その向こうに雑誌『小学一年生』（小学館）が並んでいるという夢のような空間だった。

それらの本を心ゆくまで楽しんだのち、僕はいつも同じ本を借りた。「いつもの本」は二冊あり、一冊は『**時計の大研究　日時計からハイテク時計まで時計のすべてがわかる！**』（織田《おだ》一朗《いちろう》監修、P

HP研究所）、もう一冊は『**身近な道具と機械の図鑑**《ずかん》　**もののしくみと原理がひと目でわかる**』（川《かわ》村《むら》康《やす》文《ふみ》監修、PHP研究所）だった。この二冊をかわるがわる借りる習慣は、四歳の終わりに「おひなさま本ブーム」が来るまでの約一年間続いた。

　絵本は小上がりのようなコーナーをぐるりと囲む棚にぎっしりと収められていて、そのなかから「おなかがよじれるほど笑える絵本」が発掘《はっくつ》された。一人十冊まで借りることができたので、毎週家族三人分のカードを使ってめいっぱい借りた。『**どろぼうがっこう**』（かこさとし、偕成社）、『**おじぞうさん**』（田島《たしま》征三《せいぞう》、福音館書店）、『**ソメコとオニ**』（斎藤《さいとう》隆介《りゅうすけ》作・滝平《たきだいら》二郎《じろう》絵、岩崎書店）……今読み返してもやっぱり笑える。

　年長さんのときのおもしろい記憶がある。幼稚園の図書室で『**かいけつゾロリのドラゴンたいじ**』（原《はら》ゆたか、ポプラ社）を借りて帰ったら母にほめられた、というものだ。いつもより文章の多い本を選んだ僕を、母は「エライ！」と感じたらしい。「ゾロリとか借りたら、お母さんがいい顔しないから」と難しそうな本を借りる友達もいたというのに、のんきな母である。

『**かいけつゾロリのてんごくとじごく**』（原ゆたか、ポプラ社）のカバーを折り返したところには、「きょういくねっしんなおかあさまがた」の声がたくさん書かれている。これがめちゃくちゃおもしろい。「あのげひんなまんがみたいなやつでしょ」「うちの子、ご本でおべんきょうさせたいのよ」「じゃ、ゾロリはだめよ。だって、きょうかしょにのらないんですってよ」……。「おかあさまがた」にさんざんに言われることまで、ネタにして笑わせる原ゆたかさんはすごい！

かつて那須正幹《なすまさもと》さんの「ズッコケ三人組シリーズ」(ポプラ社)も、教育に悪いと言われたそうだ。夏目漱石《なつめそうせき》の作品ですら「漢文を読まなくなる」と非難されたというのだから、これは名作の通らねばならないやっかいな道なのだろう。

小学校に入学してすぐの「学校探検」で、はじめて図書室に入った。先生が「じゃあ、本を三冊借りましょう」と言ったとたん、みんなが「ゾロリ」と「忍《にん》たま乱太郎《らんたろう》」の棚に殺到《さっとう》した。イナゴの大群が去ったあとに残っていたのはそれぞれ一冊ずつ。それを手にとり、もう一冊をどうしようとあたりを見まわし、偶然《ぐうぜん》目にとまった黄色い絵本を棚からひき抜《ぬ》いた。『**そうべえごくらくへゆく**』(たじまゆきひこ、童心社)。これがはじめて学校図書室で見つけた「おなかがよじれる絵本」だった。ちなみにこの本は「じごくのそうべえシリーズ」の二作目で、これまでに六冊刊行されている。

軽業師《かるわざし》のそうべえ、山伏《やまぶし》のふっかい、医者のちくあんの三人は、ふとしたはずみで地獄《じごく》へ落ち、ふんにょう地獄へ入れられてしまう。しかし、ふっかいの機転で極楽《ごくらく》へ。だが、極楽で騒《さわ》いだことであみださんの怒《いか》りを買い、地獄へ送り返されることに。極楽の牢屋《ろうや》の中で、三人は絵描《えか》きのゆきえもんと出会う。ゆきえもんが極楽の花で作った酒を飲むと、みんなが踊《おど》り出《だ》して地獄と極楽がごっちゃになってしまうという話だ。

登場人物が全員ポンコツで憎《にく》めない。ふんにょう地獄が「ちょうどぐあいよう」なったり、えんまさんを入れたままかちかちになったりするところが、めちゃくちゃ笑える。絵描きのゆきえもんは作者のたじまゆきひこさんの分身だが、作中に作者が登場する場合によくあるチョイ役でないところが新鮮《しんせん》だ。お話の中で自分を活躍《かつやく》させるのってなんだかおもしろそう。

ふんにょうの話は大人にも子どもにもウケる。北九州市出身の火野葦平は『**糞尿譚**《ふんにょうたん》』（講談社文芸文庫『糞尿譚　河童曼陀羅《かっぱまんだら》（抄《しょう》）』所収）で芥川賞作家になった。主人公の小森彦太郎《こもりひこたろう》が汲《く》み取《と》りの糞尿をまき散らし、自分も黄金色《こがねいろ》になる強烈《きょうれつ》なラストは、僕だけでなく多くの読者の心をつかんだはずだ。

いしいしんじさんの『**ぶらんこ乗り**』（新潮文庫）の中に、いしいさんが四歳半のときにはじめて書いた「たいふう」というお話が、主人公の弟が書いた作品として出てくる。台風が近づいてきたのに沖《おき》に出たひねくれものの船乗りが、次の日の朝に港に戻《もど》ると、そこには何もなくなっていたという話だ。

いしいさんの天才的な作品とは天と地の差があるが、じつは僕も一年生の冬に人生初の「絵本」を書いている。タイトルは「デパート」。あとがきや奥付《おくづけ》まである本格的な……といえばどんなにすごい本なんだという感じだが、テキトーに折った紙にデタラメなホッチキス止めをした、見た目がすでに笑えるトンデモ本だ。

「ぼくはおとうさんとデパートにいった」――なかなかいい始まり。

「メモにはこんなにしてかいてた」――ん？　方言か？

「にんじん　たまねぎ　じゃがいも　ホワイトベース」――おそらくカレーの材料を買いに行く話だと思った読者のみなさんはとまどう展開だ。ちなみにこの「ホワイトベース」は、僕が年長のときから地味にマイブーム継続中《けいぞくちゅう》の『機動戦士ガンダム』に出てくる宇宙戦艦《せんかん》の名前である。

そして……「ぜんぶかえた」「おやすみなさい」――あまりに唐突《とうとつ》に物語は終わる。

この「デパート」はもう二度とないというほど、両親を大笑いさせた。

冬休みに「週刊そーなんだ！　歴史編」（デアゴスティーニ・ジャパン）のテレビCMを見た。「日本と世界の歴史を漫画で楽しく」というナレーションをバックに、ピラミッドの石を運ぶ人々や、潜入《せんにゅう》する忍者《にんじゃ》たちの絵が動く。それもおもしろかったけど、いちばん印象に残ったのは、お父さん役の人が「そうなんだ」と言いながら読んでいる場面だった。それを見て「おもしろいだけでなく勉強にもなるんじゃないかな」と思った。

両親は、「ちょっと難しいんじゃないかね」と言いながらも、このシリーズを注文してくれた。この本のおかげで、二年生のときには六年生の教室で歴史好きのにいちゃんたちと話せるようになり、三年生の春に百冊が揃《そろ》ったころには、クラスで「うめちゃんはもの知りハカセやね」と言われるようになった。知ることは、おもしろくてたまらなかった。僕は図書館で歴史の本や漫画を、次々と借りるようになった。

『**スーホの白い馬**』とは二年生の国語の教科書（光村図書出版『こくご二下《の》』）で出会った。モンゴルの伝統楽器、馬頭琴《ばとうきん》の伝説をもとに書かれた物語で、日本では教科書に載るほど有名なのに、モンゴルではあまり知られていないらしい。

　モンゴルの貧しい少年スーホは、ある日生まれたばかりの白い子馬を連れて帰ってくる。ときは流れ、スーホは町で開かれる競馬の大会に出ることになった。優勝すれば殿様《とのさま》の娘《むすめ》と結婚《けっこん》できるという話だった。ところが、スーホは優勝したのに身分が低いという理由で約束を破られ、暴行を受けたうえに白馬《しろうま》を奪《うば》われる。白馬は弓で射られながらも、殿様から逃《に》げ出《だ》しスーホのもとへ帰ってくるが、息絶えてしまう。悲しみにくれるスーホの夢に白馬が出てきて、自分の体で楽器を作ってほしいと告げる。

　怒りの持っていき場がなかった。先生は「白馬の、スーホに対する忠誠心がこの話のすばらしいところ」と説明したが、僕はそれより、身分が低いことで受ける理不尽《りふじん》な仕打ちと、それを受け入れてしまっている人々にものすごくいらいらした。「いつの時代も勝手なリーダーがいるが、どうしてそういう人の出現を止められないんだろう」と考えた。

　その後、赤羽末吉《あかばすえきち》さんの絵本（大塚勇三《おおつかゆうぞう》再話、福音館書店）で読み直した。ページあたりの文章が少ないからか、教科書とは印象が異なった。絵が横に長いことでモンゴルのゆったりとした時間の流れを感じることができた。なかでも最初のページの、大きな虹《にじ》がかかっている絵が気に入った。

　絵本は大きさや形も作品の大事な要素。絵本はさわれる芸術作品だ。『**かわ**』（加古里子《かこさとし》、福音館書店）や、『**夢の江戸歌舞伎《かぶき》**』（服部幸雄《はっとりゆきお》文・一《いち》ノ関圭《せきけい》絵、岩波書店）にも同じ印象を持っている。

最後におすすめの絵本をもう一冊。

『**葉っぱのフレディ──いのちの旅──**』（レオ・バスカーリア作・みらいなな訳、童話屋）はミュージカル「葉っぱのフレディ」を見たときに買ってもらった。上演された二〇〇六年八月二十五日付で、訳者のみらいななさんからサインをいただいたのだが、せっかくのその本に三歳の僕までサインを書いている。台なしである。

春に生まれた葉っぱのフレディは、親友のダニエルから多くのことを教わりながら、変わりゆく季節のなかで成長する。冬がきて、「死ぬのがこわいよ」と言ったフレディに、ダニエルは「きみは春が夏になるときこわかったかい？　緑から紅葉するときこわくなかったろう？（中略）死ぬというのも変わることの一つなのだよ」と話す。やがてフレディは枝を離《はな》れる。

土に溶《と》けこみ木を育てることでフレディは生きている、死とはいのちが変化していく過程だということをこの本は伝えてくれる。『葉っぱのフレディ』は手にとったすべての人が、自分に必要なメッセージを受け取ることができる名作だ。これからも多くの人が、この絵と写真の組み合わせが美しい本に出会えますように。

ぼくのあしあと読書編　その二

小学三〜四年生

2つの図書館で好きなだけ本を読んで過ごした

「学習漫画日本の伝記シリーズ」の『**聖武天皇**《しょうむ》』（永原慶二《ながはらけいじ》監修、集英社）を読んでいて、思わず身ぶるいした。漫画の中の地図に、僕の家から見える板櫃川《いたびつがわ》の「板櫃」の文字を見つけたのだ。板櫃川は「藤原広嗣《ふじわらのひろつぐ》の乱」（七四〇年）の舞台《ぶたい》になった川だ。奈良時代、吉備真備《きびのまきび》と玄昉《げんぼう》の計略で大宰府《だざいふ》に左遷《させん》された藤原広嗣は、二人の解任を求めて反乱を起こす。広嗣の軍と朝廷軍《ちょうていぐん》は、板櫃川を挟《はさ》んで戦い、敗北した広嗣は処刑《しょけい》された。

僕は藤原広嗣の乱のことをもっと知りたくなった。

「この本を見せてください」

中央図書館の検索機《けんさくき》でプリントした、在庫状況《じょうきょう》や請求《せいきゅう》記号が印刷してある紙と図書館の利用カードを、カウンターの司書さんに渡《わた》す。

「十八番の席をおとりします」

ここは二階の参考資料室。一階の一般《いっぱん》図書室より書架《しょか》の本も難しそうで緊張感《きんちょうかん》がただよう。どの司書さんも、いつもカウンターに近い席を僕に割り当ててくれた。

おたがいの様子をうかがえないぐらい大きな二人用の机とひじ掛《か》けのある椅子《いす》が、個室のような独特の空間に並んでいる。この部屋を使う大人たちはみな、そこに住んでいるかのように資料を積みあげ何かを調べている。三年生の僕はあまりに場違《ばちが》いだったが、学習室は中学生にならないと使えない。僕は参考資料室で調べものをしている大人にまじって、禁帯出の郷土資料を読むようになった。
郷土資料を何冊か借りて繰り返し読み、板櫃川の戦いがあった場所に行ってみた。案内板は、よほど興味のある人でなければ素通《すどお》りしてしまうような、狭《せま》くて交通量の多い道路わきにあった。しかし僕は、歴史の舞台に立つ感動を味わった。「自学ノート」に写真と本のコピーを貼《は》り感想を書いたところ、担任の先生に「これは三年生の自学ノートじゃあないね」とほめられ、次は何を書こうかとウキウキした。

検索機の予約システムはとても便利だ。市内どこの図書館の本でも取り寄せられるし、人気があって書架に戻るひまがない本、例えば「ゾロリ」や長谷川義史《はせがわよしふみ》さんの絵本も確保できる。そのようにして借りた『**いろはのかるた奉行《ぶぎょう》**』（長谷川義史、講談社）は、この時期の「ベストオブおなかがよじれる本」だ。手放せないほどおもしろかったので、返却後《へんきゃくご》すぐさま書店へ。たじまゆきひこさんとたしませいぞうさんが兄弟なのでは？　という長年の疑問は、『**ゆきちゃんせいちゃん往復書簡**』（田島征彦《たじまゆきひこ》・田島征三《たしませいぞう》、高知新聞社）を見つけたことで解決した。『**ふたりはふたご**』（田島征彦・田島征三、くもん出版）だった。あ～すっきりした。

予約した本は、勝山こどもと母のとしょかんで受け取れるように手続きをした。この図書館は中央図書館とつながっている。中央図書館はその後、映画『図書館戦争』のロケに使われたが、僕はライブラリー・タスクフォース（図書特殊《とくしゅ》部隊）が爆走《ばくそう》していたスロープを行き来し、二つの図書館で好きなだけ本を読んで過ごした。

三年生の僕が何度も繰り返し読んだ本は、**『オルゴール誕生』**（『たくさんのふしぎ』二〇〇九年七月号、名村義人《なむらよしひと》文・風間憲二《かざまけんじ》写真、福音館書店）だ。

お祈《いの》りの時間を知らせる自動鐘《かね》つき機《き》と、八百年くらい前の塔時計《とうどけい》の技術が、オルゴール、機械式時計、からくりへと進歩したことがよくわかった。オルゴールの技術はエジソンが蓄音機《ちくおんき》を発明するもとになったこと。フランスのナポレオンは史上はじめて戦争に時計を使った将軍だが、部下の時計が正確でなかったために作戦が失敗し、そのことが時計の技術を進歩させたこと。江戸時代後期の日本では、時計用のゼンマイを利用したからくり人形が次々と作られたこと。何度読んでも飽《あ》きることはなかった。こんなにおもしろいのに、単行本になっていないのはどうしてだろう。

夏休みは、「早寝・早起き・朝ごはん・読書カード」の読書冊数で市内一位になりたい一心で、毎日のように図書館に通った。中央図書館のとなりにある北九州市立文学館では、「昭和20年8月9日は〈小倉原爆〉だった」という企画展《きかくてん》が行われていた。広島に原爆が投下された三日後、小倉が二発目の原爆投下をまぬがれ長崎が被害《ひがい》にあったという事実を知り、文学館を出たあとそのまま参考資料室に戻って関連の本を探した。

別の日には、図書館の手前にある北九州市立松本清張記念館が目に留まった。市内の小中学生は夏休み期間「たんけんパスポート」を提示すると、市内の資料館のほとんどに無料で入れる。せっかくだから、くらいの気軽さで入ってみた。

社会派推理小説の巨匠《きょしょう》、松本清張は一九〇九（明治四十二）年生まれ。この年は伊藤博文が暗殺された年でもある。清張さんの年表は、第一次世界大戦をきっかけに大きく発展した日本の資本主義の歴史や、その後の国内外の近現代史の大まかな流れもよくわかり、今でも見るたびに新しい発見がある。

小倉一帯の町の様子を再現したジオラマの上に置かれた『**黒地の絵**』（新潮文庫）の、小さな解説に釘付《くぎづ》けになった。この作品は連合軍占領下《せんりょうか》の時代に、小倉の城野《じょうの》キャンプで起きた黒人米兵《べいへい》集団脱走《だっそう》事件を扱《あつか》った短編だ。新聞の地方面に小さく扱われただけで闇《やみ》に葬《ほうむ》られかけていたこの事件を、清張さんは小説の形で世に知らせた。その勇気と小説の力に僕はしびれ、半年前に『スーホの白い馬』を読んだときと同じような気持ちを味わった。今生きている社会もまた、理不尽なことを含《ふく》んでいると知り、いつか清張さんの本を読めるようになりたいという目標ができた。

勝山こどもと母のとしょかんの入り口には、チラシを並べるラックがあった。おもしろいイベントがないかと見ていたら「子どもノンフィクション文学賞」のチラシが目に入った。手にとると、選考委員の紹介《しょうかい》の欄《らん》に「ズッコケ三人組」の文字を見つけた。

僕がはじめて那須正幹さんの「ズッコケ三人組シリーズ」（ポプラ社）の存在を知ったのは、じつは本ではなくカップ麺《めん》だった。カップに描かれた三人組の絵を思い出しながら、「受賞できたら那須さんに会えるかもしれん」と思った僕はかなり図々《ずうずう》しい。思っただけで夏休みの間は忘れていたが、二年連続で入賞していた福岡県児童文集用に書いた読書感想文が、校内選考を通らなかったシヨックで思い出した。さっそく作文を書いて、文学館に送った。タイトルは『おもしろいけいちゃん』。幼稚園のときに飼いはじめてから五年になるカタツムリのことを綴《つづ》った作品だった。

思う念力岩をも通す。なんとその「会えるかもしれん」は、那須正幹賞の受賞で現実のものとなり、三年生が終わったあとの春休みに開催《かいさい》された表彰式《ひょうしょうしき》に出席した。式が終わったあと、色紙を渡して那須さんにサインをお願いすると、僕の名前を書きながら「明日佳……いい名前だねえ」。僕はいっぺんで那須さんを好きになった。こうして四年生になるちょっと前から、「ズッコケ三人組シリーズ」五十冊を読みはじめたのである。

ズッコケ三人組は、やんちゃ坊主《ぼうず》のハチベエ、頭脳派のハカセ、おっとり系のモーちゃんの凸凹《でこぼこ》トリオだ。小学六年生の三人が、学校、家庭、旅行先でさまざまな体験をする。その内容は、ミステリーであったり、歴史上の人物が登場したり、考えさせられる人間模様であったりと、どの作品も僕の心をつかんで離さなかった。

『**ズッコケ㊙《まるひ》大作戦**』。これが僕の「初ズッコケ」だ。モーちゃんは、転校生のマコに恋《こい》をする。三人は、マコが借金とりに追われる生活を隠《かく》すために嘘《うそ》をついていることを知ってしまう。そんな彼女《かのじょ》を助けるべきか、三人の意見は分かれ、ぶつかり合う。みんなで話し合って決めるのがどれだけ難しいことかよくわかる。

幽霊《ゆうれい》騒ぎ、怪盗《かいとう》Xとの戦い、ハワイ旅行……ズッコケたちがさまざまな体験をするたびに、僕は「実際に起きたらおもしろいけど、こんなことはそうそうないよね」と思っていた。しかし、その

「そうそう」が実際に起こるから「事実は小説よりも奇《き》なり」なのだ。僕にとっての「そうそう」は、この本のまえがきにも書いた、ＮＨＫのドキュメンタリー番組の取材を受けることだった。

『ズッコケ芸能界情報』。モーちゃんのお姉さんのオーディションについてきた三人は、そのオーディションを主催したプロダクションとは別の芸能事務所にスカウトされる。唯一《ゆいいつ》スカウトに応じたハチベエは、上京してドラマのチョイ役でデビューを果たすが、事務所の倒産《とうさん》で地元へ帰っていく。はなやかな芸能界の裏側をかいまみたハチベエだが、やはり八百屋《やおや》の息子《むすこ》である自分のほうが好きだと思った、という話だ。

芸能事務所の社長が家にあいさつに来たとき、ハチベエの家ではあわててじゅうたんを買ったように、僕の家ではＮＨＫの撮影前《さつえいまえ》にふすまを張《は》り替《か》えた。『ズッコケ芸能界情報』の中には「いくら暗くなっても、照明効果で、いかにも夕暮れらしくできるらしい」というくだりがあり、これって本当なのかなと思っていたが、僕の家でも、夜なのにまるで昼間のような明るさが作り出された。番組の中の僕は本物よりも頭がよさそうに見えた。「色の黒いちび少年」ハチベエもさえない僕もそれなりに立派に映るのだから、撮影技術ってすごいと思った。

三人組は、自分たちの考えに従《したが》って自由に行動する。那須さんは、彼《かれ》ら三人を平和と民主主義の申し子として書こうとしていたことを、のちに出版された「ズッコケ中年三人組シリーズ」(ポプラ社)の最終巻**『ズッコケ熟年三人組』**で知った。あとがきには「果たしてこの先、何年『戦後』であり続けられるか、はなはだ心もとない」とあった。このシリーズが十一冊で終わりになるのが残念で、那須さんに「僕はじいさんになった三人組を読んでみたいです」と手紙を送ったら、三人組の絵ハガキに「後期高齢《こうれい》者《しゃ》になった三人組はあまり書きたくないなあ」と書いた返事をくださった。

この『ズッコケ熟年三人組』には、中学校教師になったハカセの、土砂《どしゃ》災害に巻きこまれた教え子を捜《さが》して歩く姿が描《えが》かれているが、この場面を読んで僕はある歌を思い出した。

「死者名簿《めいぼ》　名前のあれば　いまははや　ほっと息づく　哀《かな》しさ忘れ」

これは『**絵で読む広島の原爆**』（那須正幹文・西村繁男《にしむらしげお》絵、福音館書店）で、広島市内で教え子を訪ねまわった教師の歌として紹介されている。さらに、この教師は那須さんのお父上のことだと解説にあった。ハカセの姿に那須さんのお父上が重なった。

この本は、広島に原爆が投下される前後の町の様子を描いた絵本などという、紋切《もんき》り型《がた》の説明ではすませられない作品だ。絵はすべて証言と事実をもとに描かれ、原爆の開発を進めるマンハッタン計画や原爆の人体にもたらした影響《えいきょう》などについての詳細《しょうさい》な解説が加えられ、歴史と科学の両面から原爆とは何かをていねいに伝えてくれている。その本に那須さんは、教え子の安否《あんぴ》を心配するお父上の詠《よ》んだ歌を載せたのだ。

四年生の僕は「ズッコケ三人組」で昭和を、くずし字の本で江戸時代を旅した。

『**江戸のくずし字学習図鑑**』（西田知己《にしだともみ》、東洋書店）は大好きなテキストの一つだった。この本は、江戸時代の子どもも使った『**訓蒙図彙**《きんもうずい》』（中村惕斎《なかむらてきさい》）という絵入り百科事典を使って、くずし字をひらがなのやさしいものから一文字ずつ覚えられるように工夫《くふう》されている。江戸っ子気分を楽しみながら読んだ。

ニワトリのページを開いてみる。江戸時代、ニワトリの鳴き声は「コケコッコー」ではなく「とうてんこう（東天紅）」と表されたそうだ。夜が明けるにつれ東の空が明るくなる様子が、この漢字三文字にこめられていたと知り、江戸の人ってうまいことを考えるなあと思った。

コラムがまたおもしろい。「看板でタイムスリップ」という欄がとくに好きだった。僕の家の近所にも、「あ古《こ》や」とくずし字で書かれた看板の、琴《こと》・三味線《しゃみせん》・小倉祇園太鼓《ぎおんだいこ》などの和楽器専門店があり、その前を通るたびに僕はひそかにタイムスリップしていた。「やぬ゙《ぶ》そば」などおそば屋さんの屋号には、今でもくずし字が使われることが多い。

僕は半年間くずし字を勉強してわかったことや考えたことを『ぼくんちは寺子屋です』という作文にして、この年の「子どもノンフィクション文学賞」に応募《おうぼ》した。すると、なんとそれが小学生の部の大賞に選ばれたのだ。

表彰式は市政五十周年記念ということもあって、できたばかりの黒崎ひびしんホールで行われた。那須さんに再会できたのがうれしくて、スピーチで「また那須正幹さんに会えてよかったです」と話したら、会場が笑いに包まれた。

同じく選考委員のリリー・フランキーさんの「くずし字を研究するとは、どんなインテリが来るかと思っていたら、腹話術の人形みたいなのが来た」というコメントで会場は大ウケ。リリーさんの予想を見事に裏切った僕のいでたちは、短く切った前髪《まえがみ》に蝶《ちょう》ネクタイだった。このひとことで僕はリリーさんも大好きになった。

さて、肝心《かんじん》のくずし字の学習だが、仮名《かな》をなんとか読めるようになったところで超低速《ちょうていそく》モードになってしまった。くずし字は書く人によりくずし具合が異なり、また一音一字でないために解読がとても難しい。憧《あこが》れの歴史学者、磯田道史《いそだみちふみ》さんは『**日本史の内幕　戦国女性の素顔から幕末・近代の謎《なぞ》まで**』（中公新書）によると、「高校時代に古本屋で五百円で買った古文書解読用の事典」で古文書を読めるようになったそうだ。そして、旧家や寺などに眠《ねむ》っている古文書を江戸時代の人と同じように読みこなし、発見を続けている。かっこいいなあ。

大賞の副賞の図書カードで国語辞典『**大辞泉（第二版）**』（松村明《まつむらあきら》監修、小学館）を買った。この辞典は横組みで、外来語などの英語表記が読みやすいところが気に入っている。松本清張が百科事典で「西郷札《さいごうさつ》」を見つけたことをきっかけに『**西郷札**』（新潮文庫）を書き、小説家への第一歩を踏《ふ》み出《だ》したように、辞典や事典にはあらゆる可能性がつまっている。

おしまいに、この年に読んだ二冊の絵本を紹介したい。

『**さがしています**』（アーサー・ビナード作・岡倉禎志《おかくらただし》写真、童心社）は、広島平和記念資料館に保管されている遺品たちが主人公の写真絵本だ。彼ら彼女らが語る持ち主の思い出と、持ち主を探し求める気持ちが、柔《やわ》らかい文章で表現されている。黒焦《くろこ》げになった弁当、米軍捕虜《ほりょ》を閉じこめた牢屋の鍵束《かぎたば》、中学生の帽子《ぼうし》……そんな「カタリベ」たちが探しているのは、「あの日」までであった日常と、「あの日」が繰り返されない未来だ。

二〇一九年四月にリニューアルした広島平和記念資料館は、遺品とその持ち主とのエピソードを紹介する展示の形に変わった。この本を参考にしたかのように感じる。普通《ふつう》の暮らしをしていた人がなぜ死ななくてはいけなかったのかという問いが自然に生まれ、そこから戦争が二度と起きてはいけないものだと理解できる。写真絵本に紹介されている遺品からは、静かだけれど強い反戦のメッセージが伝わってくる。

『「けんぽう」のおはなし』（井上《いのうえ》ひさし原案・武田美穂《たけだみほ》絵、講談社）は、「憲法」について井上ひさしさんが実際に小学校で話したことをもとに作られた絵本だ。

「人間一人ひとりを、かけがえのないそんざいとして、たいせつにする社会。それをいちばんだいじにしていこう、というのが日本の『けんぽう』です」

にわかには信じがたい話だが、かつての日本は、国のために犠牲《ぎせい》になることが正しいと学校で教えていた。一部の軍人の身勝手な、あるいは浅はかな行動から戦争が始まり、人のいのちが道具として消費されていく。軍の中枢部《ちゅうすうぶ》の不手際《ふてぎわ》で人が死ぬ。死ぬとわかっている場所で人を戦わせる。そして、その責任は誰《だれ》も負わないのだ。戦争をしていいことなんて一つもない。井上さんは、同じ間違いが繰り返されないためには今の憲法を守らなければならない、憲法を守ることが自由を守ることだということを、なんとしてでもこれからの時代を生きていく子どもたちに伝えたかったのだ。

この原稿《げんこう》を書いている最中の二〇一九年八月、『読売新聞』朝刊一面の「編集手帳」に井上さんの言葉が引用されているのを発見した。

「むずかしいことをやさしく　やさしいことをふかく　ふかいことをおもしろく」

僕はこの本の感想をうまく書けずに、原稿を何度も書き直した。それは、この本にやさしく書かれていることが、本当はとても深く難しいものだからだ。『「けんぽう」のおはなし』は、井上さんの強い思いがすーっと心のなかに入ってきて、思い出すたびにしみわたってくる、そんな力のある本だ。

ぼくのあしあと読書編　その三

小学五〜六年生

大切なのは、何かひとつ好きなことがあること

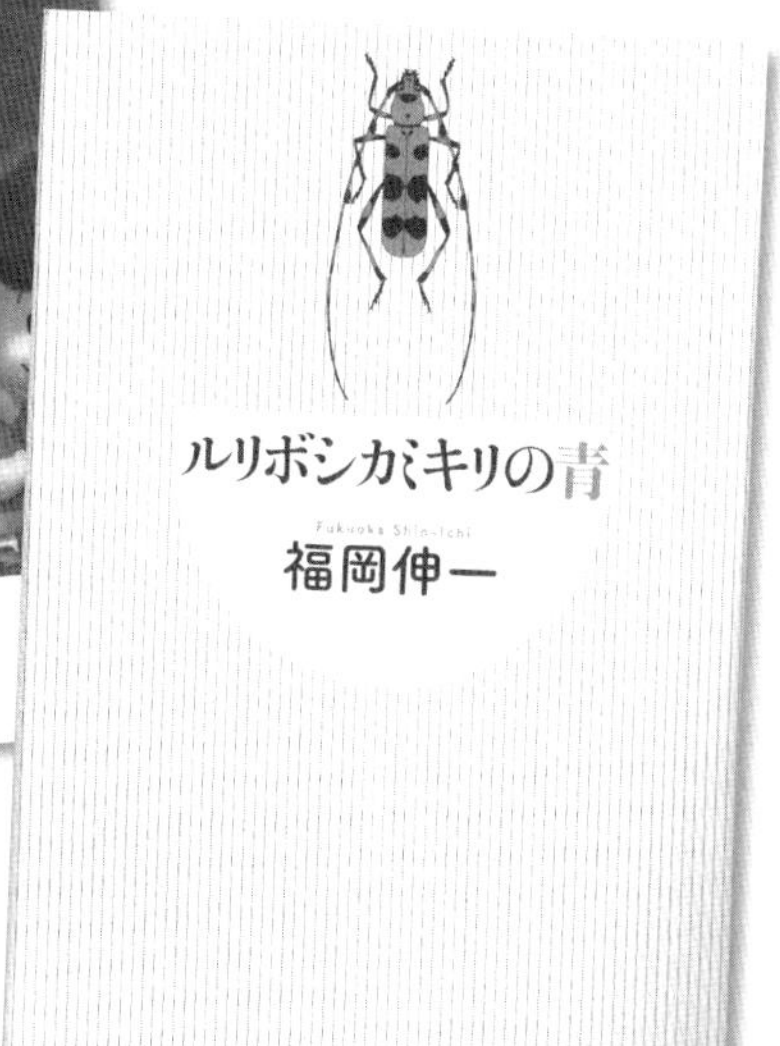

五年生の担任の先生は、授業を始める前に『ぼくのおじさん』を少しずつ読んでくれた。あまりにおもしろいので一冊まるごと自分で読みたくなり、中央図書館の検索機で探した。しかし僕は、著者が北杜夫《きたもりお》さんだという、いちばん大事な情報を知らなかった。『**ぼくのおじさん**』（川渕圭一《かわふちけいいち》、講談社）、『**ぼくの伯父《おじ》さん**』（長谷川四郎《はせがわしろう》、青土社）、『**ぼくのおじさん**』（斉藤洋《さいとうひろし》、偕成社）。タイトルで検索してあてずっぽうで予約したが、届いた三冊はすべて「おじさん違い」であった。しかし僕は、転んでもただでは起きなかった。自学ノートに「『ぼくのおじさん』くらべ」を書いた。

　肝心の北杜夫版は単行本の蔵書はなかったが、全集で読むことができた。『**北杜夫全集**』（新潮社）の九巻に入っている『ぼくのおじさん』は、この時期の「キングオブおなかがよじれる本」である。ちなみにこの「おじさん」は著者の北さんがモデルだそうだ。「ぼく」の家に居候《いそうろう》している、まるで子どものようなおじさんが、おかしな言動でまわりに迷惑《めいわく》をかけまくる。おじさんは向かうところ敵なしなのだ！

　かなり回り道をしてしまったが、この騒動《そうどう》で僕は、新しく斉藤洋さんという作家と出会った。「西遊記シリーズ」十三冊（理論社）は孫悟空《そんごくう》が観音菩薩《かんのんぼさつ》に「やい、観音！」と反抗的《はんこうてき》なのが新鮮で、ほかの登場人物の描写《びょうしゃ》も生き生きしている。旅を続けるうちに変化する仲間に対する思いが描かれていることが最大の魅力《みりょく》で、一度読みはじめたら長安《ちょうあん》へ戻ってからの「西遊後記《こうき》シリーズ」三冊（理論社）まで一気読みしてしまうこと請《う》けあいだ。

　修行《しゅぎょう》を積み仙人狐《せんにんきつね》となった白狐魔丸《しらこままる》が日本の戦《いくさ》の歴史を見つめる「白狐魔記《しらこまき》シリーズ」七冊（偕

成社）は、本当に白狐魔丸が関わっていたのではと思うほど、史実にキャラクターが溶けこんでいる。六冊目は忠臣蔵《ちゅうしんぐら》の世界を描いた『**白狐魔記　元禄《げんろく》の雪**』だったから、きっと次作は幕末の話だろうと待ち続けること七年、二〇一九年十一月に最新刊『**白狐魔記　天保《てんぽう》の虹**』が出版された。「救民」という掛け声のもと行われた大塩平八郎《おおしおへいはちろう》の乱は本当に民《たみ》を救ったのか。天保の大泥棒《おおどろぼう》・鼠小僧《ねずみこぞう》治郎吉《じろきち》の生き方と対比させながら物語は進む。最高だ。待ったかいがあった！

『**ルドルフとイッパイアッテナ**』（講談社）のページをはじめて開いたときの気持ちを、僕は今でもはっきり覚えている。おもしろい字！　猫《ねこ》が手のひらでぺたんと押《お》したような、スタンプみたいな楽しい文字。当時はフォントという言葉を知らなかったが、文字にはいろいろなデザインがあることに気づいた。杉浦範茂《すぎうらはんも》さんの絵とピッタリ合っている。

　飼い猫のルドルフは、ししゃもを盗《ぬす》んで魚屋から追いかけられ、偶然逃げこんだトラックで岐阜から東京へやってくると、そこでボス猫のイッパイアッテナと知りあう。イッパイアッテナはルドルフに、まず人間から食べものをもらう方法を教え、それからなぜ自分には小学校の給食にシチューが出る日がわかるのかを教え、そして文字を読めることの大切さを教えた。

　イッパイアッテナは「教養」という言葉を使う。教養とは文章を読めるということ、書けるということ、人の気持ちをおもんぱかれるということ。ルドルフが字を読めないブッチーをからかうと、「できないやつをばかにするなんて、最低のねこのすることだ。教養のあるねこのやることっちゃねえ」とたしなめる。僕はこの本でルドルフといっしょに、教養の大切さだけでなく、いばったらかっこ悪いということも学んだ。『ルドルフとイッパイアッテナ』に教わったことは、いつも僕の「引き出し」のすぐに取り出せる場所にある。

小学校高学年の僕はいわゆる児童文学にどっぷり浸《ひた》っていた。

『キャプテンはつらいぜ』『キャプテン、らくにいこうぜ』『キャプテンがんばる』の「キャプテンシリーズ」(後藤竜二《ごとうりゅうじ》、講談社)は、杉浦範茂さんの絵にひかれて手にとった。後藤さんの本の中では、この三冊がダントツで好きだ。

どらねこ横町の少年野球チーム「ブラック=キャット」は、負けることにすっかり慣れてしまっている。キャプテンを含む六年生三人が去り、エースの吉野《よしの》くんが塾《じゅく》の夏期講習で抜けてしまった崖《がけ》っぷちチームの新キャプテンに、「ぼく」こと長谷川勇《はせがわゆう》が選ばれる。

小学五年生の夏休みに「ぼく」はキャプテンとしてさまざまな体験をする。エースの吉野くんのかわりに、つきあいが途絶《とだ》えていた秀治《ひでじ》を仲間に入れたり、応援《おうえん》団長のケンをぐれた仲間から助け出したりするときに、チームは冷静な話し合いが必要な場面に直面する。仲間たちはそれぞれ葛藤《かっとう》を抱《かか》えつつ、大会の優勝をめざして全力を尽《つ》くす。目標に向かってがんばる全員にそれぞれの思いがあるのだから、それをまとめるキャプテンとは大変な役目だと思う。

この原稿を書くために読み直していて、クスッと笑ってしまった。「ぼく」の通信簿《つうしんぼ》で算数の成績が「三」から「四」に上がったことで喜んだ両親がビールを飲みながら「ぼくをどこの大学に入れようか、ワセダかケーオーか」。早稲田《わせだ》や慶應のすごさを知らなかった六年前は、この会話のおもしろさはわからなかったなあ。

『**びりっかすの神さま**』(岡田淳《おかだじゅん》、偕成社)は、クラスでびりになったときだけ見える神さまのお話だ。岡田さんの物語はどれも好きだが、悩《なや》みに悩んでこの一冊を紹介する。

主人公の木下始《きのしたはじめ》は、父の死をきっかけに転校してきた日に、教室の中に翼《つばさ》の生えた小さな男を見つける。この男はクラスでびりになった子どもにしか見えないと気づいた始は、わざとテストで0点をとり、その男と心のなかで会話をするようになる。始は考えた。運動会のクラス対抗《たいこう》リレーでびりになったら、クラス全員が「びりっかすの神さま」に会えるのだけど……。

何気なく使ってしまう言葉だが「がんばる」とはどういうことか、競争とは何か、いろいろな問いがこの一冊につまっている。リレーがどうなったか、「びりっかすの神さま」はクラス全員に見えたのか、ぜひ本を手にとって確かめてほしい。

『**あばれはっちゃく**』(山中恒《やまなかひさし》、理論社)もお気に入りだ。

手のつけられないあばれもの「あばれはっちゃく」こと桜間長太郎《さくらまちょうたろう》は、思い立ったらすぐというより、考えるより先に体が動いているタイプだ。クラスのかわいこちゃんや近所のきれいなお姉さんに、かっこいいところを見せようとがんばっては大失敗。彼に負けず劣《おと》らず早とちりでけんかっ早《ぱや》い家族たちや、彼を取り巻く人々の勘違《かんちが》いも手伝って、長太郎の毎日は気の毒なほどトラブル続きだ。しかし長太郎には申し訳ないが、これがめちゃくちゃ笑えるのである。きっと昭和にはあちこちにいて、平成のうちに絶滅《ぜつめつ》したかもしれない「あばれはっちゃく」に会いたい方はぜひ！

新聞を読んでいて、『**三匹《びき》のおっさん**』（有川浩《ありかわひろ》、文藝春秋）の広告に「ドラマ化決定」と書いてあるのを見つけた。読んだ本がテレビドラマになるなんて、まるで自分の手柄《てがら》のように感じた。

キヨこと清田清一《きよたきよかず》は地元のゼネコンを定年退職し、嘱託《しょくたく》としてゲームセンターで働きはじめる。還暦《かんれき》ぐらいでジジイの箱に蹴《け》りこまれてたまるかということで、かつての「三匹の悪ガキ」の面々、剣道家《けんどうか》のキヨ、柔道家《じゅうどうか》のシゲ、頭脳派のノリが、自分たちの住む町の夜回りを始める。ゆすり、痴《ち》漢《かん》、悪徳商法、すべての事件は必ず三人の活劇で締《し》めくくられるのだが、なかでもノリさんの武器であるスタンガンの攻撃《こうげき》に文字通りしびれた。

あいかわらず絵本も大好きだった。絵本の世界は全方位に広がっている。『**1つぶのおこめ**』（デミ作・さくまゆみこ訳、光村教育図書）は、高校の数学で習う等比数列の概念《がいねん》を、数学とは感じさせない楽しさで教えてくれる。インドの大学で伝統絵画を学んだ著者が描いた、鮮《あざ》やかで美しい絵本だ。『**決戦！　どうぶつ関ヶ原《せきがはら》**』（コマヤスカン、講談社）は、文章だけではなかなか手強《てごわ》い天下分け目の一日の流れが、めちゃくちゃ楽しく理解できる。

このころは学校に着くとすぐさま図書室の廊下《ろうか》で『毎日小学生新聞』を、中休みと昼休みは図書室で「科学漫画サバイバルシリーズ」（朝日新聞出版）を読み、家に帰ると自分と同い年くらいの少年が主人公の物語を次々と手に取った。『**ぼくがぼくであること**』（山中恒、岩波少年文庫）や『**ぼ**

くらは海へ』（那須正幹、偕成社）を読んで、家族とうまくいっていない子、受験勉強のストレスのある子の存在を知った。見えないだけで自分の近くにもいるのかもしれない、そう思えば、僕が感じている学校の居心地《いごこち》の悪さも納得《なっとく》できる気がした。

担任の先生もクラスも同じまま六年生になった。それはよくも悪くも、去年と同じ日々が卒業まで続くことを意味していた。そのころ読んだ「オシ本」はこんなラインナップだ。

『**前田建設ファンタジー営業部**』（前田建設工業株式会社、幻冬舎）。

建設のプロ集団が、漫画やアニメに登場する建造物を実際に造ることになったら、という奇想天外な問いを立て、それを検証していく。大まじめだからこそのおもしろさがつまっている。このあと二冊の続編が出ているが、一冊目のこの本は「マジンガーZ」の基地である「光子力《こうしりょく》研究所」を取り上げ、あとはお客さまからの注文を待つだけという状態で終わる。アニメの回によって大きさや描かれ方が違うマジンガーZの格納庫はどの回の状態を採用するかという問題から、掘削《くっさく》工事による富士山《ふじさん》周辺の環境《かんきょう》問題や水質問題まで、営業部員たちはとことん議論を重ねる。会話形式で書かれているので臨場感たっぷりだ。

『**少年H**』上下（妹尾河童《せのおかっぱ》、講談社）。

「河童が覗《のぞ》いたシリーズ」で知られる、舞台美術家の河童さんが自身の少年時代を描いた小説だ。神戸の洋服屋に生まれた肇《はじめ》は、いつも胸に「H. SENŌ」と編みこまれたセーターを着ていて「H」

と呼ばれている。好奇心と正義感の強い「H」は、冷静な視点で自分たちを苦しめる社会に疑問を感じながら、たくましく成長していく。

戦争中でも変わらない日常の暮らしを描くことで、河童さんは戦争という非日常との差異を浮《う》かびあがらせる。戦争の恐怖《きょうふ》は空襲《くうしゅう》だけではない。先生から受ける暴力の恐怖、何を信じていいのかわからなくなる恐怖。誰もが「お国のために」と思っていたわけではないこと、新聞記事が子どもでも変だとわかるほどお粗末《そまつ》なものだったこと。それでもそれを変だと言えない、軍や隣組《となりぐみ》から何重にも監視《かんし》された社会の様子がこの一冊から見えてくる。

夏休みは、中央図書館の子ども司書講座に参加した。ポップカード作りで『**あしたは晴れた空の下で　ぼくたちのチェルノブイリ**』（中澤晶子《なかざわしょうこ》、汐文社）を選んだ。一九八六年に起きたチェルノブイリ原発事故を描いたこの本は、事故から二年後に出版されたが、東日本大震災《だいしんさい》による福島第一原子力発電所の事故をきっかけに復刊された。

「こうなるまで、私たちは何をしていたのでしょう」。中澤さんは本の一行目にそう書き、このタイミングで復刊するのは「不幸」なことだと断言している。人類はこれから核《かく》とどうつきあえばいいのか。僕はこの本をきっかけに、原水爆の本を次々と予約しては読むようになった。

するとある日、勝山こどもと母のとしょかんの司書さんが、僕の予約した本を棚から出しながら、「原発事故に関心があるんですね」と声をかけてくれた。そして「同じ視点からのものが多い印象ですよ。よかったらこれも読んでみませんか」と言って渡してくれたのが『**ぼくの・稲荷山《いなりやま》戦記**』

（たつみや章、講談社）だった。代々、稲荷神社の巫女《みこ》を務めている家に生まれた森田守《もりたまもる》は、狐の初音《はつね》とともに稲荷山の開発阻止《そし》のため動き出す。たつみやさんの著書はみな、人間が自分の都合で環境を壊《こわ》すことに対する警鐘《けいしょう》を鳴らしている。

『十二の真珠《しんじゅ》』（やなせたかし、サンリオ）。

やなせさんが月刊誌に連載《れんさい》したメルヘン十二編が収録された、やなせたかしという真珠の「核」のような一冊だ。絵本**『あんぱんまん』**（やなせたかし、フレーベル館）が、アニメ「それいけ！アンパンマン」のもとになっているのは有名な話だが、その『あんぱんまん』のもとが『十二の真珠』の中の一編「アンパンマン」だ。この作中の「アンパンマン」は子どもや人気者のヒーローからバカにされながらも、戦争でひもじい思いをする子どもたちにアンパンを運び続ける。汗《あせ》だくでかっこ悪いこのヒーローこそが、やなせさんが生み出した「正義の味方」のはじめの姿だった。

大学を卒業して間もなく、やなせさんは召集《しょうしゅう》され中国の戦線に送られた。行軍中の部隊に食料の補給は途絶える。やなせさんにとっての戦争とは飢《う》えとの戦いだった。人間にとって最大の苦しみは食べるものがないということ、飢えている人に食べものを差し出す行為《こうい》は絶対的な正義だということ。その強い思いがアンパンマンを生み出した。

やなせさんは数々のすてきな作品を発表しながらも、「漫画家やなせたかし」としての代表作を生み出したいと苦しんでいた。そんなときに描いたのが絵本『あんぱんまん』だった。顔を食べさせるなんて変だとまわりからいくら言われても、やなせさんは「自己犠牲のない正義なんてありえない」という信念を曲げなかった。大人が認めなかった絵本『あんぱんまん』を支持したのは、まだ字の読めない小さな子どもたちだった。「それいけ！アンパンマン」がはじめてテレビ放送されたとき、やなせさんは六十九歳になっていた。

『ルリボシカミキリの青』（福岡伸一《ふくおかしんいち》、文藝春秋）は、生物学者の福岡ハカセが週刊誌に連載したコラムをまとめた本だ。とくにおもしろかったのは「文楽《ぶんらく》の生物学」の回。野村萬斎《のむらまんさい》さんの企画「解体新書」に参加した福岡さんは、人形遣《にんぎょうつか》いのからくりにじっくり向きあった。機械的な文楽人形は三人の人形遣いの手により、まるで生きているように動く。「生きているように見える」とはどういうことなのかを、福岡さんはこう分析《ぶんせき》する。

「たくさんのパーツが組み合わさって、互《たが》いに他を律しつつ、動きながら平衡《へいこう》を保っていること。これが生命を生命たらしめているもっとも重要なポイントだ。動的平衡。それが生命を、単なる機械とは決定的に異なるものにしている」

「ルリボシカミキリの青」の回は、福岡さんの好きな色「青」の歴史について書かれている。フェルメールの「真珠の耳飾《みみかざ》りの少女」のターバンの青から青色発光ダイオードへ、さらに福岡ハカセのもっとも憧れたルリボシカミキリの青へと話が進んでいく。一度でいいから実物が見たいと福岡少年は何シーズンも野山をさまよい、ついにルリボシカミキリに遭遇《そうぐう》する。その青は息が止まるほど美しく、しかも見る角度によってさざ波のように淡《あわ》く濃《こ》く変化する。こんな青さがなぜ世界には存在するのだろう。

「福岡ハカセがハカセになったあと、ずっと続けてきたことも基本的には同じ問いかけ」と語る福岡さんがこの本で繰り返し伝える「動的平衡」のことは小学生の僕には難しすぎたけれど、プロローグに書かれていることはそのすべてが優《やさ》しく輝《かがや》いて見えた。

なかでも胸を打たれたのがこの一節だ。

「大切なのは、何かひとつ好きなことがあること、そしてその好きなことがずっと好きであり続けられることの旅程が、驚くほど豊かで、君を一瞬《いっしゅん》たりともあきさせることがないということ。そしてそれは静かに君を励《はげ》ましつづける。最後の最後まで励ましつづける」

この本はこの先もずっと、僕の屋台骨のような存在であり続ける。


卒業が迫《せま》ってきた。「中学で部活を始めたら本が読めなくなる」「部活に入る前に思い切り楽しもう」というまわりの声を、僕は「おかしいなあ」と思って聞いていた。いやならしなければいい。本当は部活を楽しみにしているはずなのに、こんな言葉を毎日のように繰り返しているのは、みんなも不安なんだろうなと思った。

卒業式は、傘《かさ》がなんの役にも立たないほどの大雨だった。一ヵ月後から始まる中学校生活がどういうものかよくわからないまま、僕たちは「輝く未来」へ放り出された。

ぼくのあしあと読書編　その四

中学一〜三年生

清張さんの
小説を
読むように
なった

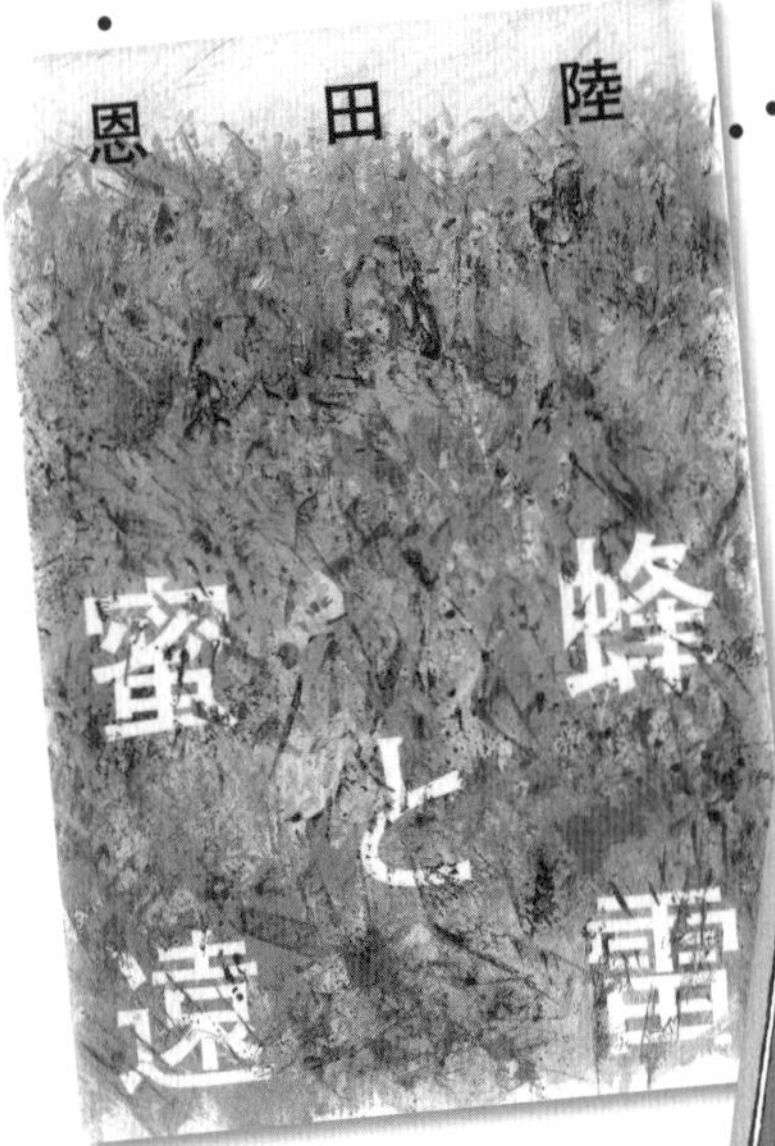

中学校の図書室で真っ先に目に入ったのは、貸し出しカウンターに置かれた『**火花**』（又吉直樹、文藝春秋）だった。ここでは、市立図書館で予約しても何百人待ちで忘れたころに割り当てられる話題の本……例えば芥川賞や直木賞《なおきしょう》、本屋大賞の受賞作を、自分の本棚から取り出すように借りられた。

土曜日は学校外の模型同好会、日曜日は父のロックバンドに参加したため、市立中央図書館に立ち寄るのは、ほぼ予約本の入れ替えをするときだけになった。中央図書館で借りるのは、調べもののために読む本が中心だった。

学校図書室と市立図書館、二つのルートで借りると、しばしば自分の読む能力を超《こ》える量の本が集まった。「つんどく」状態だ。しかし借りた本は積みっぱなしにしておけないので必死で読んだ。僕は買って積んだままのプラモデルを指す「つみプラ」という言葉にならって、これを「つみぼん」と命名した。漢字で書くと「罪本」である。

国語の教科書は良質のブックガイドでもある。授業で習ったヘルマン・ヘッセの『**少年の日の思い出**』（光村図書出版『国語1』）で、友達の蝶の標本を盗み、壊してしまった主人公の苦しい気持ちに心を揺《ゆ》さぶられた。ほかの作品も読みたい。『**車輪の下**』（高橋健二《たかはしけんじ》訳、新潮文庫）をすぐに借りた。

内気な性格だが成績優秀《ゆうしゅう》なハンスは、村の人々の期待を受けて勉強に励み神学校に入学する。どうしても神父になりたかったわけではないが、神学校への進学はその当時、田舎《いなか》の優秀な子どもが選べる唯一の進路だった。

ハンスは受験をすることで優越感《ゆうえつかん》を得たが、このころから物語の最後まで続く「頭痛」が、彼が幸せではないことを暗示している。規則だらけの学校生活で心のバランスをくずすと、周囲の反応は打って変わって冷ややかになった。ハンスは故郷に戻り職を得るが、かつて見下していた連中と立場が同じになったことへのいらだちと、自分に向かない仕事をしている苦しさで、心身は限界に近づいていく。

悪意からではない周囲の人々の関わりにより、一人の人間が破壊《はかい》されていく恐《おそ》ろしさに圧倒された。世界がほの暗く感じ、持っていき場のない思いでいっぱいになるこの体験は、『スーホの白い馬』や『黒地の絵』で出会ったものと同じだった。

なぜ人は、打ちのめされるとわかっていながら文学作品を読むのだろう。一度この問いにぶつかった人は、本を生活から切り離せなくなる。そして、作者がどんな思いでその作品を書いたのかを考えるようになっていく。

ノンフィクションとフィクション、二つの視点から一つのテーマを追うようになった。

『海と毒薬』(遠藤周作《えんどうしゅうさく》、新潮文庫)。

「私」は引《ひ》っ越《こ》してきた町で、持病の治療《ちりょう》ができる医師を探していた。勝呂《すぐろ》医師は腕《うで》はたしかだが、どこか不安にさせられる雰囲気《ふんいき》を持った人物だった。義妹《ぎまい》の結婚式に出席するために訪《おとず》れた町で、「私」は思いがけず勝呂医師の過去を知ることとなる。太平洋戦争末期の一九四五（昭和二十）年五月、F市の大学病院で、阿蘇山《あそさん》で捕虜になったB29の搭乗員《とうじょういん》八名の生体解剖《かいぼう》が行われたが、勝呂医師はそこに関わっていた。

戦争で誰がいつ死んでもおかしくない状況にあって、助手の勝呂は治療することの意味を見失いかけていた。病院には医学部長の椅子を争う二つの勢力があり、投票前に点数稼《かせ》ぎで行った手術を失敗した勝呂の上司は、汚名《おめい》返上のために軍の要請《ようせい》による生体解剖実験を引き受けてしまう。

どう考えても犯罪としか思えない行為を集団として受け入れる理由が、手術に関わった人それぞれの暮らしのなかにあることに怖《こわ》さを感じた。何に対しても無感動な自分を変えたいとか、きれいごとを言う上司の妻への反発とか、そんなことが殺人の理由になってしまうのだ。これは、いつだってこのような事件が起きうるということを示している。

『復讐《ふくしゅう》するは我にあり』（佐木隆三、文藝春秋）。

二件の殺人を犯《おか》し、七十八日の逃避行《とうひこう》の間にさらに三人を殺害し、多額の現金をだましとった希《き》代《たい》の知能犯、榎津巌《えのきづいわお》。のべ十二万人もの警察官を動員して逮捕《たいほ》された犯人の死刑執行《しけいしっこう》までを描いた直木賞受賞作だ。

事件に巻きこまれた人たちの証言をつないで話は進んでいく。僕は、人々の暮らしぶりまでが見えてくる証言を読みながら、犯行の動機を知る手がかりを探した。なぜ信仰心《しんこうしん》のある人間がこのような事件を起こすのか。佐木さんはそれを知りたくて、犯人のたどった道をていねいに取材し、「社会派小説」と呼ばれるジャンルを切《き》り拓《ひら》いていった。タイトルの「復讐するは我にあり」は新約聖書の一節だが、「我」とは榎津の信じた神のことだ。佐木さんはこの小説を書くことで人は人を裁《さば》けるものではないという考えにたどりつき、こんなにインパクトのあるタイトルをつけたのだと思う。

佐木さんが亡《な》くなったのを知ったのは僕が中一の秋、十一月十七日の朝刊でだった。北九州市立文学館の初代館長で、子どもノンフィクション文学賞の設立者であり選考委員でもあった佐木さんとは、表彰式で二度もお会いしていたのに、知識がなく何も話せなかったことが悔《く》やまれた。

「犯罪を犯した人を人間として理解する温かい視線が、彼の犯罪小説を文学たらしめたのです」

作家の古川薫《ふるかわかおる》さんが、新聞に寄せた言葉に涙《なみだ》が出た。

学校図書室では、新刊本のほかは著者別に並んだ日本文学の棚の「あ」から順に本を選んでいたので、中学時代に読んだ小説は、有川浩、いしいしんじ、上橋菜穂子……とあ行の著者の作品が多い。有川浩さんの『**図書館戦争**』（メディアワークス）で、戦闘《せんとう》シーンの描写の緻密《ちみつ》さと、どこまでも砂糖味がする恋愛《れんあい》の描写とのギャップにのけぞり、小川洋子《おがわようこ》さんの『**博士の愛した数式**』（新潮社）で、数学を美しいと感じる人の存在を知った。

朝井《あさい》リョウさんの『**桐島《きりしま》、部活やめるってよ**』（集英社）は、高校バレー部のキャプテン桐島がどんな人物かが、桐島君が一度も登場しないまま周囲の反応から浮《う》き彫《ぼ》りにされる。小説全体に流れる気だるい空気感……僕は今、朝井さんが書いたそのままの、だる〜い世界に生きている。

中学生になると、小学校より三十分早く家に帰れるようになったので、読むことに多くの時間を使えた。「自学ノート」に書くために読む本が増え、読まなければ文章は書けないと思うようになっていた。そんな日々のなかで、もしかしたら自分の言葉遣いがまわりから浮いているのかもと思う出来事があった。テストの記述問題の解答で「尊ぶ」という言葉を使ったら「今の言葉で書きましょう」と書かれて減点された。納得いかなかったし、「今の言葉」に違和感《いわかん》を覚えたが、僕に優しい先生だったので何も言わなかった。

二年生からは、春休みに訪れた「てつのくじら館」（広島県呉市）で知った、太平洋戦争末期に関門海峡《かいきょう》へ投下された機雷《きらい》のことを調べまくった。中央図書館の参考資料室で司書を務める轟良子《とどろきよしこ》さんからは、市史のほかには個人の回顧録《かいころく》を読むといいというアドバイスをもらった。「子どもノンフィクション文学賞」に応募した「海底の残留兵」は最終選考にも残れなかったが、原稿用紙五十枚を書けたことは自信になった。

機雷について知りたいなら、小説『**機雷**』（光岡明《みつおかあきら》、講談社）。まずはこれだ。

太平洋戦争開戦前に体調をくずした海軍中尉《ちゅうい》の梶井成明は、不本意ながらも掃海艇《そうかいてい》勤務となった。直接戦闘には関わらない地味な持ち場だったが、米軍機から関門海峡に投下される高性能な機雷の掃海作業は、物資の輸送を船舶《せんぱく》に頼《たよ》っていた日本にとって重大な任務だった。終戦後、陸海軍は解体され軍関係者の公職追放が行われたが、掃海作業に従事していた軍人の任務はそのまま続いた。華々《はなばな》しく散っていった同期の戦友たちに劣等感《れっとうかん》を抱《いだ》きながらも、梶井は機雷処分に人生をかける。

直木賞を受賞した光岡さんの代表作は、掃海部隊がどんなものだったかを知るのにとても役立った。終戦当時、無数の機雷と沈船《ちんせん》で航行不能だった海がどうやって安全を取り戻したのかということ、平和が終戦とともにひとりでにやってきたのではないことを、この本が教えてくれた。

松本清張の小説を読むようになったのも中二のころだった。小学生のとき、松本清張記念館の売店で「中学生になったら出してね」と「読書感想文コンクール」のチラシをもらったことがあった。当時はまったく歯が立たなかった清張作品。よし、やるか！　いよいよ約束を果たすときがきた。

『或る「小倉日記」伝』（松本清張、新潮文庫）は、新聞社で働いていた清張さんが芥川賞を受賞し、作家としての人生を歩むきっかけとなった作品だ。

「小倉日記」とは、文豪森鷗外《ぶんごうもりおうがい》が小倉に軍医として赴任《ふにん》した二年十ヵ月の間に書いた日記のこと。主人公の田上耕作《たのうえこうさく》は、所在がわからなくなった「小倉日記」の研究に没頭《ぼっとう》するが、道半ばにしてこの世を去る。中学進学をあきらめ、学歴による差別に苦しんだ清張さんは、いくら努力しても報《むく》われず孤独《こどく》な人生を送る耕作に自らを投影した。

僕はこの作品で、中高生対象の「松本清張読書感想文コンクール」に応募した（１８１～１８３ページ）。機雷の研究の最中だったので、僕は耕作の探求心に自分と重なる部分を見出《みいだ》していた。

耕作の死から数ヵ月後に「小倉日記」は見つかり、「田上耕作が、この事実を知らずに死んだのは、不幸か幸福かわからない」という一節で物語は閉じる。僕は感想文に「戦争のために体調をくずし、研究を再開できなかったのは不幸」と書いた。けれども今は、誰かの人生を不幸か幸福かなんてひとことで言えるものではないと思うし、清張さんも読者にどちらなのかを問うためにこう結んだのではないとわかる。

この時期に読んだ、新しいものを生み出す人のかっこよさが伝わる本たちを紹介する。

『メカニックデザイナーの仕事論』（大河原邦男、光文社新書）。

サブタイトルは「ヤッターマン、ガンダムを描いた職人」。この偉大《いだい》なるメカニックデザイナーは、なりゆきで入ったアニメ制作会社で、なりゆきで「科学忍者隊ガッチャマン」の飛行機や武器をデザインすることになり、そのまま現在に至るのだそうだ。大河原さんは、ユニークでかっこいいメカを次々と生み出す自分のことを「職人」と呼ぶ。本には「監督《かんとく》が出したイメージを忠実に作画し、なおかつアニメで動かしやすく、商品化まで持っていくことに集中します」とあった。作図は「どこをどう省けばアニメーターが楽になるか。そしてメカのイメージを崩《くず》さないか」という「省略の美学」に基《もと》づいて行われるそうだ。アニメを見る人とおもちゃを作る人の、どちらのことも考えてデザインする、たしかにそれは職人の仕事だ。かっこよすぎる！

なりゆきで就《つ》いた仕事を天職のようにした大河原さんの生き方は、「夢＝卒業後に就く仕事」という考え方から離れてもいいというメッセージともとれる。夢と仕事を一致《いっち》させることが人生の目的ではないと思えば、将来何をしたいか決まっていないのは悪いことではない。

『未来創造――夢の発想法』（松本零士、角川書店）。

この本は、小惑星《しょうわくせい》探査機「はやぶさ」が地球へ帰還《きかん》した二〇一〇年に出版された。松本零士さんはそのときのニュース映像を見ながら、自分の描いた「未来」が現実になりつつあると感じたそうだ。『銀河鉄道９９９』や『宇宙戦艦ヤマト』を世に送り出し、漫画の黄金期を築いた一人である零士さんが、自分の人生を振《ふ》り返《かえ》りながら「創造力」は体験から始まると語る。零士さんが少年時代を過ごした戦後の小倉の風景がたっぷり描かれているのも、小倉っ子の僕にはうれしいことだ。

零士さんは「漫画が国際化するはるか以前から、思想、宗教、信条、民族感情には触《ふ》れないように意識して」作品を作り、「異民族同士がお互いに傷つけ合ってはならん」と強く思っていたそうだ。松本零士作品が世界各地で人気である理由の一つはここにある。この本に影響を受け、僕は文章を書くとき、誰かを傷つける書き方になっていないかを意識するようになった。

かこさとしさんといえば「だるまちゃん」。僕はこの自伝に出会えてよかったと心から思う。

『未来のだるまちゃんへ』（かこさとし、文藝春秋）。

かこさんが多くの絵本を描いた背景には、十九歳で敗戦を迎《むか》えたときの苦い記憶があった。戦争に負けたとたん、手のひらを返すように態度を変えた大人たちに失望した。そして戦争を悪だとは思っていなかった自分のことを「死に残り」だと感じたかこさんは、子どもたちに未来を託《たく》すことに人生を使おうと決めた。子どもたちに自分の目で見て、自分の頭で考え、自分の力で判断し行動する賢《かしこ》さを持つようになってほしいと願うかこさんの姿勢に、僕は心を打たれた。

かこさんの絵本は細部まで詳細に描かれたものが多い。例えば『**ならの大仏さま**』(加古里子、福音館書店)は、大仏が造られたころの世界の様子、聖武天皇がなぜ大仏を造ろうとしたかを描く。大仏建立《こんりゅう》が当時の社会にもたらした影響を書いても、子どもには難しくてわからないだろうとは考えない。子どもが「もっと知りたい」と思ったときに必要とされる本をかこさんはめざす。それらは未来のだるまちゃん、つまり平和とともに生きる子どもたちへの優しく強いメッセージだ。

この物語がどこまでもリアルに感じられるのは、上橋さんのフィールドワークのたまものだ。

『**精霊の守り人**』(上橋菜穂子、偕成社)。

女用心棒のバルサは、橋から投げ出された新《しん》ヨゴ皇国《おうこく》の第二皇子チャグムを救い出す。チャグムは精霊の卵を宿したことで皇帝《こうてい》からいのちをねらわれていた。チャグムの母の二《に》ノ妃《きさき》から強引《ごういん》に依《い》頼《らい》され、バルサは皇子を連れ逃亡《とうぼう》の旅に出る。帝《みかど》の追っ手と、卵をエサにする化けものが次々と二人に襲《おそ》いかかる。バルサはチャグムと卵を守りきれるのか。

国際アンデルセン賞作家賞を受賞した上橋さんによるファンタジー小説の金字塔《きんじとう》だ。風景、あらゆる描写の細やかさに、まるで自分がその世界にいるような気分になる。とくに戦闘シーンは、武器の形状や立ち回りの描写がじつにリアルで、上橋さんが実際に体を動かし確認しているのではないかと想像してしまう。料理がおいしそうだと思っていたら、『**バルサの食卓**《しょくたく》』（上橋菜穂子・チーム北海道、新潮文庫）というレシピ本を見つけた。考えることはみんな同じとわかってうれしくなった。「守り人」ファンは物語の世界に連れていかれるだけでなく、胃袋までつかまれているのである。

この物語の世界が抱えている問題が、僕たちが生きている世界の問題と変わりがないことが、世代を問わず多くの読者の支持を集めている理由の一つだと思う。間違いなくおもしろいファンタジーを読みたいという人はぜひこの一冊を。そして一気に「守り人」シリーズを読破してほしい。

中学校は、今思い出しても息のつまるところだった。先生一人ひとりは「自学ノート」にコメントを書きこんだり、本を紹介したりしてくださる頼りになる存在なのに、「先生方」となるとその圧は相当なものだった。体育祭、文化祭、修学旅行などの行事のあとは必ず学年集会が行われ、今日からまた気を引き締めていこうと言われる。行事をすると生徒の気が緩《ゆる》み、そのあとの指導が大変になるのなら、行事なんて面倒くさいものはしなければいいと思いながら聞いていた。

三年生になっても一学期の間は家での生活はこれまでと変わらず、平日は二時間くらい勉強、残りの時間は読書で過ごし、土日は模型同好会とバンド練習に参加した。

受験生であることをわきに置いて、九月末が締め切りの松本清張記念館が主催する中高生読書感想文コンクールに応募した。三編の課題作から『**左の腕**』（『無宿人別帳』文春文庫所収）を選んだ。飴《あめ》売《う》りの卯助《うすけ》とその娘おあきは料理屋の松葉屋で働くことになる。しかし卯助には、おあきにさえも知らせていない秘密があった。岡《おか》っ引《び》きの麻吉《あさきち》に弱みを握《にぎ》られ脅《おど》される卯助。そんなある晩、松葉屋が盗賊《とうぞく》に襲われて……。『左の腕』は読み手の期待を裏切らない、胸がスカッとする短編の時代小説だ。清張作品は推理小説ばかりではない。歴史小説、現代小説、ノンフィクション、評伝と連なる清張山脈はどこからのぼりはじめても制覇《せいは》しがいがあるが、初心者は、僕もそうだったように短編からがおすすめのルートだ。

十一月末に「子どもノンフィクション文学賞」の応募を終えると受験勉強一色になった……と言いたいところだが、読書は息抜きと称《しょう》してわずかながら（?）続けていた。

そのなかからベストオブ息抜き本を挙げるなら「空想科学読本シリーズ」（柳田理科雄、メディアファクトリー）の右に出るものはない。漫画やアニメ、文学作品のちょっと無理のある設定をどこまでも科学的に検証する大人気シリーズで、この原稿を書いている時点ですでに二十五冊を刊行している。

例えば、『**空想科学読本7**』に登場するエリック・カールさんの『**パパ、お月さまとって！**』（もりひさし訳、偕成社）が柳田さんの目にはこう見える。お月さまと遊びたくなったモニカちゃんのために、パパは長いはしごを月に立てかけのぼっていく。地球の表面から月の表面まで三十七万六千キロ。はしごの一段を三十センチとすると十二億五千万段で、寝食《しんしょく》を忘れて一段一秒でのぼり続けても四十年かかる計算だ。月に着いたパパは月が細く小さくなるのを待ち、やがて月を手にする。だがその瞬間からはしごは倒《たお》れ出《だ》す。パパ危うし！

柳田さんの検証は続く。はしごは倒れるというより「地球の球面にそってなめらかにまわりはじめる」ので、パパは長いはしごのてっぺんにじっとしているだけで、数時間でふわっと地球に着地できるだろう。その考えを絵にして解説しているうちに柳田さんはハッと気づく。地球とともに自転するはしごは、遠心力が働いて宇宙に向かって引っぱられているので、根元を固定しておけば倒れない！　柳田さんは論理的な思考の果てに、往復八十年をかけさえすれば、パパはモニカちゃん（?）の願いをかなえることができると結論づけた。

身近な人と「大げさだよね」とか「ありえないよね」などと言って終わるような話題に科学的な説得力を持たせることで、ベストセラーのシリーズを生み出した柳田さんはすごいと思う。僕はこの本でおなかがよじれるほど笑って、受験勉強の気分転換《てんかん》をしていた。柳田さんが『宇宙戦艦ヤマト』好きで、どの本にも必ず一つは「ヤマト」ネタがあるところも、とても気に入っている。

クスッと笑えて、気持ちが和《やわ》らぐ、ヨシタケシンスケさんの絵本もよく読んでいた。どの作品にも絵本と過ごす幸せがいっしょにパッケージされている。

『あるかしら書店』（ヨシタケシンスケ、ポプラ社）は「本にまつわる本」の専門店。店のおじさんは、お客さんの探しているちょっと風変わりな本を「ありますよ！」と出してくれる。

なかでもいちばん好きなのが「本にまつわる仕事の本」に登場する「読書履歴捜査官《りれきそうさかん》」だ。清張ミステリーのラストシーンのような断崖《だんがい》の上で、男は刃物《はもの》をふりかざしながら最後の抵抗《ていこう》を示す。それに対し読書履歴捜査官は「先月『日本の崖１００選』を読みましたね…」「『成りあがり』を五回も読んだアナタなら、きっとやり直せる…」と、男の読んできた本のタイトルを組み合わせながら説得する。僕も説得されてみたい。

「大ヒットしてほしかった本」には、書店員、編集者、作家といった、本を作る側の人たちの気持ちが描かれている。「大ヒットしないかナ…」「今年こそひょっとしたら大ヒットが…」「大ヒットじゃなくてゴメンネ…」いろいろあるが、今の僕にいちばん近いのはこれだ。

「お世話になった方々のためにも赤字にならないといいのですが…あわよくば…あわよくば大ヒットしてほしい…」

そこだけ春が来たかのような花の表紙。ちょっとはじめの部分だけ……と**『蜜蜂《みつばち》と遠雷』**（恩田陸《おんだりく》、幻冬舎）を手にとった。失敗した。出版史上はじめて直木賞と本屋大賞をダブル受賞した名作の引力は半端《はんぱ》ではなかった。

若手ピアニストたちの登竜門《とうりゅうもん》、芳ヶ江《よしがえ》国際ピアノコンクールの本選で繰り広げられる四人のピアニストたちの華麗《かれい》なる戦いに、思わず引きこまれた。本から音楽が聴《き》こえてくる。コンテスタント、審査員、コンクールのスタッフ、観客の耳を通して次々とピアニストたちの熱演が僕に届く。天才たちの次の演奏が聴きたくてページをめくる。音楽ってこんなに豊かに言葉で表現できるのかという驚きのうちに、辞典のように厚い一冊を読み終えていた。

風間塵《かざまじん》は音楽に愛されていると、かつて天才少女と呼ばれた音大生の栄伝亜夜《えいでんあや》は感じた。塵の存在は「ギフト」であり、また「災厄《さいやく》」でもあり、コンクールに集まったすべての人の心を大きく揺さぶり続ける。

読者はきっと四人のうちの誰かを応援したくなるだろう。僕は、あまりにも浮世離れしている塵は遠くから眺《なが》める存在であり、イケメンの優勝候補マサル・カルロス・レヴィ・アナトールも手の届かない大スターだと感じた。二十八歳のコンテスタント高島明石《たかしまあかし》はかつて天才たちとの能力の差に苦しみ、一度は夢をあきらめたサラリーマンだ。年齢的《ねんれいてき》に最後のチャンスとなるこのコンクールで、音楽への思いと向きあう明石に共感する読者は少なくないだろう。僕は明石の幸運を願った。

物語の佳境《かきょう》での、亜夜と明石の出会いは感動的だ。これはいい場面だなあと思っていたら、高校の入試問題でそのシーンと再会した。問題を作った先生と僕が『蜜蜂と遠雷』でつながった。一人で戦っているときに、友達に出会ったような気持ちになった。

『或る「小倉日記」伝』を読んで

北九州市立思永中学校二年　梅田明日佳

二〇一六年度松本清張記念館 中高生読書感想文コンクール
優秀賞（中学の部）受賞作品

脳の腫物《ツモール》のため口がだらりと開き、左足は自由に動かず、主人公田上耕作は好奇の目で見られていた。頭脳は人一倍も優《すぐ》れているのに健康に恵《めぐ》まれなかった気の毒な人物と、そんな先入観を持って読みはじめた。しかし読み進めていくうちに、僕は次第《しだい》に耕作がうらやましく思えてきた。研究の伴走者《ばんそうしゃ》の母、耕作を尊敬している友人の江《え》南《なみ》、仕事という勉強の機会を与えた白川《しらかわ》医師は、耕作の生活と苦しい研究をサポートしている。とくに江南は、偶然にも田上に『小倉日記』を探すきっかけをくれた人物だ。人生をかけるテーマを見つけた耕作は「鉱脈をさぐりあてた山師のように奮いたった」。この作品を通じて清張さんは、人間は力になってくれる人と打ちこめるものがあればがんばれることを伝えてくれている。

江南が見せてくれた鷗外の小説『独身』で、耕作が小さいころ近くに住んでいた

「でんびんや」が「伝便屋」であることを知ったことをきっかけに、耕作は「鷗外のものに親しむようになった」。自分に関係していることを、外の世界で発見したときの気持ちは僕にもよくわかる。僕は今年の春、広島県呉市の「てつのくじら館」(海上自衛隊呉史料館)に行った。そこで「日本近海における触雷《しょくらい》位置」と書かれた一枚の地図に出会った。僕の住んでいる近くの関門海峡は太平洋戦争末期に機雷(簡単に言うと海にしかける爆弾)の被害をもっとも受けた海だと知った。僕はそれ以来、次々と本を読み、記録をとり続けている。清張さんが実在の人物である田上耕作の研究について調べて書こうと思ったきっかけはなんだったのだろう。

耕作は失われた『小倉日記』の空白を埋《う》める仕事を思い立った。自分で鷗外に関わった人たちを取材して、鷗外が小倉でどんな生活をどんな気持ちで送ったかを調べた。取材先で耕作は、小さな手がかりを見つけては研究を深めていった。自分にしかできないことをしているというプライドを持って研究する一方で、「そんなことを調べて何になります?」と言われたり、取材にこぎつけるまでにいやな思いをしたりしている。耕作は、本当にこんなことをする必要があるのだろうかと思ったり、自分の努力がまったくつまらなく見えたりしながらも、決して研究を投げ出さなかった。K氏からの激励《げきれい》の手紙と、嵩《かさ》を増していった資料が彼を支えた。

耕作がこの世を去っておよそ二ヵ月後、鷗外の『小倉日記』は見つかった。「田上耕作が、この事実を知らずに死んだのは、不幸か幸福かわからない」と清張さんはこの話を締めくくった。僕は、不幸か幸福かどちらかで答えるのなら、不幸だったと思う。もし生きているうちに見つかったら、鷗外の『小倉日記』と比べる研究もできただろう。鷗外の研究者として文学界でヒーローになれたかもしれない。

耕作の不幸は、戦争のせいで体調をくずし、研究を復活させることができなかったことだ。治ると信じて、集めた資料を江南に整理してもらうこともしなかった。でんびんやの鈴《すず》の音が、おだやかな最期《さいご》を思わせてほっとするが、耕作は志半ばで世を去った研究者なのだ。

耕作の研究はついに完成せず、その努力が世の中に認められることはなかった。清張さんは、世の中に耕作のことを知らせたくて田上耕作の実名のまま、『或る「小倉日記」伝』を書いたのだと思う。そして清張さんが、この作品で世の中に広く知られるようになったということが、僕がこの話を好きないちばんの理由だ。

※書籍化《しょせきか》にあたり一部加筆しました。

ぼくのあしあと読書編　その五

高校一～三年生

変わらずに変わり続ける

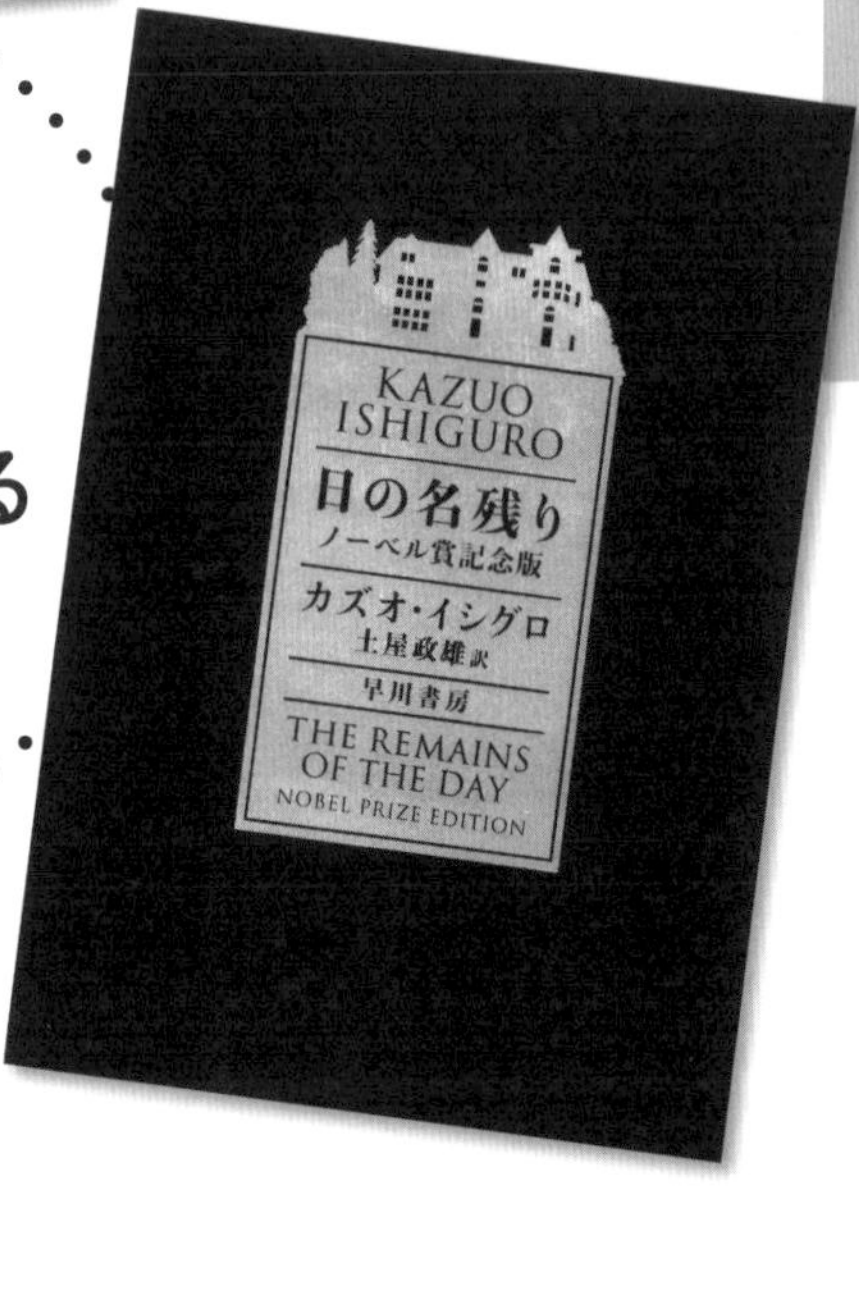

きっと誰だって、人生の節目にはこれからの目標を立てるものだ。高校生になった僕は、早くも三年後の受験に向けて勉強をがんばろうと思っていた。高校生だから応募できる作文コンクールにもチャレンジしたい。「自学ノート」は学校の先生方から続けることを勧《すす》められた。

高校生活は、これまでとはちょっと違った。小学校のように読書のじゃまをするやつがいない。総合的な学習の時間に「うめちゃんも何か言って」と言うから発言したら、そんなのおかしいと言ってくる困った女子もいない。中学校のように誰かをバカにすることでしか自分を保てないやつも、「うめちゃんカワイ～」とからかってくる女子ももういない。バンド練習にも模型同好会にも行けなくなったが、それを残念だと思う時間もないほど授業についていくことに集中した。

中三の夏に発売された**『漫画　君たちはどう生きるか』**（吉野《よしの》源三郎《げんざぶろう》原作・羽賀《はが》翔一《しょういち》漫画、マガジンハウス）が大ヒットを続けていた。何十年も前の小学生コペル君の体験を通して、「自分はこれからどう生きるか」ということを僕だけでなく日本中が考えていた。

「将来の夢を持つことは大切だ」大人が口にするこの言葉がずっしりと重たいのは、その「夢」が職業を指しているからだ。「将来は何になりたいの？」と聞かれるのは、「まだ決まってないの？」と言われているように感じられた。

思いが迷走《めいそう》しているときに『読売新聞』の文化面で出会った、北九州市出身の芥川賞作家・平野《ひらの》啓一郎《けいいちろう》さんの記事を、僕は大事にしまっている。「自分　ひとつじゃない」という見出しに引きつけられた。「グローバル化した時代に、『分人』の視点は有効だと考えます」という平野さんの発言が心に残り、**『私とは何か　「個人」から「分人」へ』**（平野啓一郎、講談社現代新書）を読んだ。

人間にはいくつもの顔があり、その表情は家族、友達など……対人関係によって変わる。そのうちのどれか一つを「本当の自分」と考えると、そこがうまくいかなくなったときに自分を肯定《こうてい》しにくくなる。対人関係ごとの自分、すなわち「分人」はすべて「本当の自分」だと平野さんは説明する。

「学校でいじめられている人は、自分が本質的にいじめられる人間だなどと考える必要はない。それはあくまで、いじめる人間との関係の問題だ。放課後、サッカーチームで練習したり、自宅で両親と過ごしたりしている時には、快活で、楽しい自分になれると感じるなら、その分人こそを足場として、生きる道を考えるべきである」

この一文で、対人関係に悩んでいるどれだけの人が救われるだろうかと思った。平野さんは大学時代に「アイデンティティの動揺《どうよう》」に悩み、自分の切実な疑問を、小説を書くことを通じて考えていくことにしたそうだ。そんな平野さんの思索《しさく》の過程が、この本を読むととてもよくわかる。『私とは何か』は、生きづらさを解決する本であるばかりか、内なる疑問を書くことで解き明かそうとする平野さんのことを、大好きになってしまう本でもあったのだ。

一度見たら忘れられないタイトルの本に新聞広告で出会った。**『不死身の特攻兵　軍神はなぜ上**

官に反抗したか』（鴻上尚史《こうかみしょうじ》、講談社現代新書）。特攻兵が不死身とはどういうことだろう。

戦局が悪化した太平洋戦争末期、日本軍は前代未聞《みもん》の作戦に手を出した。爆弾を積んだ航空機で敵艦に体当たりする特別攻撃、いわゆる「特攻」である。一九四四（昭和十九）年十月二十五日の出撃を皮切りに、海軍で二五二五人、陸軍で一三八八人が犠牲になった。若者の将来を無意味に消費しただけの悲惨《ひさん》な作戦だったのに、戦後しばらくたつと、特攻は若者たちがいのちをかけて国を守ろうとした美談として語られるようになった。

この本は、そうした特攻のイメージをくつがえす。陸軍最初の特攻隊「万朶隊《ばんだたい》」の隊員に任命された佐々木友次伍長《ささきともじごちょう》を、鴻上さんが取材した。

一度の体当たりで死ぬよりも、生き延びたほうが国の役に立つ、無駄死《むだじ》にはしたくない。そう考えた佐々木伍長は「必ず体当たりで」の命令に抗《あらが》い帰還する。それに対する陸軍参謀《さんぼう》の言葉はパワハラどころの騒ぎではない。「それほど命が惜《お》しいのか、腰抜《こしぬ》けめ！」「必ず死んでこい」。それでも彼の意思は揺るがなかった。彼は参謀の命令を拒否《きょひ》し続け、最終的に九回の出撃から帰還した。

戦後、多くの学者や文化人が特攻の愚《おろ》かさや無謀さについて論じているが、時間も空間も離れた地点から発言するのはさほど難しいことではない。上からの命令が絶対だった時代に、現場にいながら自分の考えを信じ実行するのが、どれだけ難しいことだったか。

多くの特攻隊員が喜んで国のために死んでいったというストーリーは、「世間」という実体のない空気が作り出したものだ。おかしな命令だと感じながらも、現場の空気に抗いきれずに自分のいのちを差し出した若い兵士たちの心の葛藤は、自分の身に置《お》き換《か》えれば想像に難《かた》くない。少し考えれば、人のいのちをいのちとして扱わない特攻が美談となっていることに違和感を覚えるはずだ。

佐々木伍長の生き方を通して鴻上さんは、日本に根付いてしまった「同調圧力」についての問題提起をしている。世間で当たり前と言われていることが本当か。鴻上さんは、多くの人と自分の考えが違うとき、安易に迎合《げいごう》しない勇気を持つことの大切さを伝えようとした。


夏休みに、中学時代に「自学ノート」を読んでもらっていた北九州イノベーションギャラリーの片峰陽子さんから手紙が届いた。「ぼくのあしあと　総集編」を読んだ知りあいが、梅田君に手紙を書きたいと言っています、ＮＨＫエデュケーショナルの佐々木健一さんという人で怪《あや》しい人ではありません、とのことだった。しばらくすると、宅配便で荷物が届いた。手紙といっしょに入っていた佐々木さんの著書四冊のうちの一冊に見覚えがあった。

「Mr.《ミスター》トルネード」こと藤田哲也《ふじたてつや》博士について書かれた本。藤田博士は竜巻《たつまき》（トルネード）などの気象研究の世界的権威《けんい》だが、僕は数ヵ月前に、新しく開館した北九州市立小倉南図書館にできた「藤田哲也顕彰《けんしょう》コーナー」で、この本を手にしていた。「怪しい人」だなんてとんでもないこと！　さらにその本の著者がのちに僕に会いに来るなんて、普通なら思わない。

『**Mr.トルネード　藤田哲也　世界の空を救った男**』（佐々木健一、文藝春秋）は、佐々木さんが手がけたＮＨＫのドキュメンタリー番組『ブレイブ　勇敢《ゆうかん》なる者　Mr.トルネード～気象学で世界を救った男〜』を書籍化《しょせきか》した作品だ。

気象学者・藤田哲也博士については、残念ながら出身地の北九州でもあまり知られていないが、竜巻の規模を表す「Fスケール」の考案や下降気流「ダウンバースト」の発見は、私たちの社会に大きく貢献《こうけん》している。それまでパイロットのミスとされていた、離着陸時《りちゃくりくじ》の航空機が突然《とつぜん》地面にたたきつけられる事故の原因をつきとめたことで、航空機事故は激減した。もしノーベル賞に気象学の部門があったなら、間違いなく受賞しただろうと言われるほどの功績だ。

科学者の評伝だから、かた苦しい本だろうと思ったら大間違い。藤田博士のユニークなエピソードがいくつも登場する。竜巻がやってきたら人は逃げるのが普通だ。ところが博士は、あるときはカメラを手に屋根へのぼり、またあるときは飛行機でわざわざ竜巻に入って観測した。自ら「Mr.トルネード」と名乗り、アメリカでは聞き取りにくい英語を、日本では聞き取りにくい日本語を話した。彼のまわりの人はそれを笑って「フジタ語」と呼んだ。探偵《たんてい》のような洞察力《どうさつりょく》から「気象界のシャーロック・ホームズ」と、また数字のデータをわかりやすい立体イラストで表現することから「気象界のウォルト・ディズニー」とも評された。図版がたくさん使われていることも、この本が「思わずクスッと笑ってしまう本」になることに一役買っている。

佐々木さんは藤田博士の功績について「すべての起点は、長崎に投下された原子爆弾だった」と書いた。皮肉なことに、一九四五年八月の長崎の原爆調査で見た光景が、三十年後のダウンバーストの発見につながったのだ。

課外授業と、学校から勧められた小論文コンクールの原稿に取り組んだことで、高校一年の夏休みはないも同然だった。二学期からは朝七時四十分に始まる朝課外「ゼロ時間目」がスタートし、本どころか新聞も読めないほど時間に追われるようになった。この取り組みでグンと成績を上げる生徒がいると聞いたが、それに僕はあてはまらなかった。これまで以上に勉強しているはずなのに結果が出ない苦しさに、僕は気力の限界を感じはじめていた。

十一月、夏からメールのやりとりを続けていた佐々木さんが僕の家に上陸した。「友達とあまり遊ばないのはなぜ？」と聞かれ、「リーダーの意見に合わせて遊ぶのが面倒になったから」と答えた。佐々木さんはインターネットの連載記事「鴻上尚史のほがらか人生相談」を転送してくれた。それは、帰国子女の高校生の母親からのもので、「個性的なファッションをクラスの中心にいる女子から批判された娘が、クラスで浮いてしまった。他の子と同じような服に変えたほうがいいだろうか」というものだった。鴻上さんは、「娘さんが戦っている相手は日本です」と書いていた。佐々木さんは「ほがらか人生相談」で、僕は『不死身の特攻兵』で、それぞれが鴻上さんの書いた文章で同調圧力のことを考えていたと知り、うれしくなった。

「東大は簡単だ!!」えっ、ホントに？　この漫画を読んだら東大に入れるのではないかと勝手な想像がふくらむのが『**ドラゴン桜**』（三田紀房《みたのりふさ》、講談社）だ。

おバカの集まる私立龍山《りゅうざん》高校は倒産寸前だった。弁護士の桜木建二《さくらぎけんじ》は学校の債権《さいけん》処理のために招かれたが、学校と自分の評判を高めるために一年以内に東大合格者を出すと宣言する。しかし、特進クラスには水野直美《みずのなおみ》と矢島勇介《やじまゆうすけ》の二人しか集まらず、しかもその二人の学力は中学レベルも怪しい状態だった。桜木のもくろみは成功するだろうか。

勉強の計画の立てかた、模試の受け方、センター試験対策と、実際に使えるテクニックが次々と紹介されていく。二人の生徒のためにやってくる講師たちが、誰をモデルにしているのかがわかりやすすぎるところも笑える。ちなみに、この講師陣《こうしじん》のおもしろさは、続編の『**ドラゴン桜２**』にも引《ひ》き継《つ》がれている。講師たちに学習面を、桜木に生活面をアドバイスされながら、水野と矢島は着実に力をつけていく。はたして二人は東大に合格できるだろうか？

『ドラゴン桜』は爆発的なヒット作となった。「ドラゴン桜」は「東大」を連想させるワードとなり、テレビドラマ化され、「ドラゴン桜」の名前を冠《かん》した関連書籍が続々と生まれた。僕もこれを読むことで、東大と自分がつながっているような錯覚《さっかく》を楽しみ、自分に役立つ情報が得られることを期待して『ドラゴン桜2』を購読《こうどく》している。僕はいわゆる「新テスト」を受ける最初の学年なので、この問題に触れた回のときはページをめくる手に思わず力がこもる。

ところでこの大学入試新テストだが、英語の民間検定試験や、国語や数学の記述式問題の導入が中止になった。早くから対策を始めていた僕たちはもちろんだが、作者の三田さんの困惑《こんわく》もひとことでは言い表せないものがありそうだ。

二〇〇一年の夏、歴史学者の磯田道史さんは東京・神田神保町《かんだじんぼうちょう》の古書店をめざして走っていた。目録に載っていた加賀藩御算用者《かがはんごさんようもの》の家計簿《かけいぼ》を誰よりも先に手に入れるためだ。天保十三（一八四二）年七月から明治十二（一八七九）年五月の間の三十六年分の古文書。饅頭《まんじゅう》一個の出費まで記録された詳細な家計簿と家族の日記や書簡などを無事ゲットした磯田さんは、そこから家計簿の主《あるじ》・猪山《いのやま》家《け》の暮らしだけでなく当時の社会の様子までを読み解き、**『武士の家計簿「加賀藩御算用者」の幕末維新《いしん》』**（新潮新書）を書き上げた。

当時、武士がそろばんを扱うことはいやしいとされ、それは下級武士の仕事だった。そんな下級武士の一人だった猪山信之《のぶゆき》は藩主前田斉泰《まえだなりやす》が将軍徳川家斉《とくがわいえなり》の娘・溶姫《ようひめ》を妻に迎える際に、婚儀《こんぎ》に関わる物品購入の係となった。この間の仕事ぶりが評価された信之は「知行《ちぎょう》」に取り立てられたが、江戸との二重生活で借金がふくらみ、利子を払うので精いっぱいの暮らしだった。しかし、武士としての儀礼行事をおろそかにはできない。信之の子・直之《なおゆき》は、家財、茶道具《さどうぐ》、書籍、衣類をことごとく売り払って急場をしのいだのだが、この「不退転の決意」がのちに猪山家の家運を好転させる。「大政奉還《たいせいほうかん》」（一八六七年）のとき、京都で兵站《へいたん》事務を任されていた直之の子・成之《しげゆき》は、京都に続々と集まってくる藩兵の食料を確保するため采配《さいはい》を振った。すると、その仕事ぶりを維新政府の軍務官・大村益次郎《おおむらますじろう》に買われ、軍務官会計方《かいけいかた》に任命されたのである。

明治維新後、旧加賀藩の士族の多くが落ちぶれるなか、猪山家は特殊《とくしゅ》技能を持っていたため生きのびることができた。「大きな社会変動のある時代には、『今いる組織の外に出ても、必要とされる技術や能力をもっているか』が人の死活をわける」と磯田さんは結論づけた。歴史を知ることは今を知ることにつながる。この家計簿が磯田さんのものになってよかったと僕は心から思っている。

高一の三学期は約一週間ほど家にテレビカメラが入った。春休みは、松本清張記念館の柳原《やなぎはら》暁子《あきこ》さんからいただいた『**十五の夏**』上下（佐藤優《さとうまさる》、幻冬舎）を読んだ。佐藤さんにとって世界を旅することは、僕が近所に出かけるのと同じ感覚なのかとたじたじになった。

BS1スペシャル『ボクの自学ノート～7年間の小さな大冒険～』が放送されたのは、令和元日の五月一日だった。反響で自分を見失わないようにねと佐々木さんに言われていたが、翌日までは完全なる通常運行だった。な～んだと油断した三日目に変化はやってきた。この本の執筆《しっぴつ》でお世話になっている編集者の小沢一郎さんから電話があった。テレビ取材は「どのように番組の撮影が行われるのか見たい」という好奇心で引き受けたが、本は好奇心だけでは書けない。しかし僕は、「どのように一冊の本が生まれるのか見たい」という気持ちに勝てなかった。

かくして僕は、「自学ノート」を書いていただけで本を出すという、入学したときには考えもしなかった高校生活を送ることになったのである。

『**舟《ふね》を編む**』（三浦《みうら》しをん、光文社）。僕は主人公の「まじめ」に似ていると言われたことが何度かあるが、はたしてそれはほめ言葉なのか？

玄武書房《げんぶしょぼう》辞書編集部の荒木公平《あらきこうへい》は、定年退職後に辞書編集を引き継ぐ人材を探し、営業部でやっかい者扱いされていた馬締光也《まじめみつや》に白羽の矢を立てる。言葉に対して鋭《するど》い感覚を持つ馬締は、水を得た魚のように国語辞典『大渡海《だいとかい》』の刊行に全力を尽くす。紆余《うよ》曲折を経て十五年後「辞書は言葉の海を渡る舟」という思いをこめた国語辞典は完成する。この本は二〇一二年の本屋大賞に選ばれた。

高一のときNHKの『プロフェッショナル　仕事の流儀《りゅうぎ》』という番組で、僕ははじめて辞書編纂《へんさん》者《しゃ》の仕事の一端《いったん》を見た。『三省堂《さんせいどう》国語辞典』編集委員の飯間浩明《いいまひろあき》さんが、町で言葉の「用例採集」を行う。そして「どの言葉も理由があって生まれてきたので、その言葉なりに大事にしてあげたいと思うわけです」と語る。生まれてきた言葉のなかには、そのうち消えていきそうなものや品位に欠けるものもあるけれど、それに顔をしかめるのではなく、どの言葉にもそれを作り出した人の思いがあると飯間さんは考えるのだ。かっこいい。

飯間さんの用例採集は二十四時間体制だ。テレビの画面から、ふだんの会話から、辞書に載っていない言葉をつかまえて語釈《ごしゃく》をつけていく。飯間さんの著書『**三省堂国語辞典のひみつ**』（三省堂）には、大学の教室で欠席届を持ってきた学生が「公欠扱いにして」と申し出るエピソードが紹介されている。飯間さんは大型辞典に載っていない「公欠」の語釈を、『三国』編集委員の腕の見せどころといわんばかりに、はりきって書く。

「こうけつ［公欠］（名・他サ）〔学校で〕課外活動・忌引（キビキ）などが理由の、公式に許される欠席。〔出席などとしてあつかう〕「―届（トドケ）」」

ちなみに僕は高二の九月に、学校を「公欠扱い」で休む機会を得た。くわしくは「あとがき」を読んでいただくとして、話は『舟を編む』に戻る。

馬締が異動になった辞書編集部には、同期入社の西岡正志《にしおかまさし》がいた。お調子者の西岡には、職場のみんながなぜそこまで辞書作りに情熱を注げるのかがわからなかった。馬締に対しても、はじめはコミュニケーション能力が低いことをバカにしていたが、次第に夢中になれるものがあることをうらやましく感じ、上司に期待されていることや不釣り合《ふつりあ》いなほど美人の彼女がいることに嫉妬《しっと》を覚えるようになる。この西岡の心の揺れと、彼を支える麗美《れみ》の優しさが印象に残った。

西岡も次第にこの仕事にやりがいを感じはじめるのだが、皮肉にもその矢先、辞書編集部の予算削減《さくげん》のために宣伝広告部へ異動を命じられる。失意のなかで彼は、いつか配属される馬締の後輩《こうはい》のために、引き継ぎ資料というか、辞書編集部でうまくやっていくための知恵《ちえ》をファイルに残す。そしてその結末は、三浦さんに直接お礼が言いたくなったほどのいい場面なのだ。新旧二人の辞書編集部員の間に何が起きたのか、僕イチオシの名シーン（ほぼラスト）まで全速前進してほしい。

プロ棋士《きし》の羽生善治《はぶよしはる》さんが、東京オリンピックの聖火ランナーに選ばれたことがニュースになった。僕は『**聖《さとし》の青春**』（大崎善生《おおさきよしお》、講談社）を読んでから、羽生さんについて見聞きするたびに、「東の羽生、西の村山《むらやま》」と期待されたプロ棋士・村山聖さんのことを思い出すようになった。

難病を抱えながらも名人の座をめざした男、村山聖。この本は、順位戦のリーグで最上位のA級まで上りつめるも、志半ば二十九歳でこの世を去った「怪童《かいどう》」の人生を、雑誌『将棋世界』の編集長を務めた大崎さんが描いたノンフィクション作品だ。

聖は三歳のときに重い腎臓病《じんぞうびょう》になり、子ども時代の多くを病院で過ごした。閉鎖《へいさ》された空間と迫りくる死の恐怖から、大人への怒りが爆発することもあったが、そんな苦しみを忘れるほど熱中したのが、父の教えてくれた将棋だった。病身をおして将棋に励み、十七歳でプロデビューを果たす。谷川浩司《たにがわこうじ》、羽生善治、いつか名人に勝つことが彼の目標になった。

しかし、自分が勝つことは相手を殺すことだと感じている聖にとって、将棋は生きがいであると同時に苦痛を伴《ともな》うものでもあった。彼はこの複雑な精神の苦痛を和らげるため、東南アジアやアフリカの孤児たちに毎月仕送りをした。将棋が弱くなることを恐れて鎮痛剤《ちんつうざい》の使用を拒《こば》み、膀胱《ぼうこう》がんの痛みに耐《た》えた。聖にとって将棋とはどういうものだったのか。棋士として生きることへの執念《しゅうねん》には鬼気《きき》迫るものがある。

生あるものは必ず死ぬ。だがどうしたって納得できない死を、ときに僕たちは見ることがあり、自分が生きていることが当たり前ではないと思い知らされる。そのやり場のない思いが大崎さんを執筆に向かわせた。書くことで大崎さんの気持ちは救われただろうか。

ノーベル文学賞作家、カズオ・イシグロさんとの出会いは、福岡伸一さんの対談集『**動的平衡ダイアローグ　世界観のパラダイムシフト**』（木楽舎）だった。福岡ハカセのイシグロさんへの尊敬の念が行間から伝わってくる。イシグロさんの紹介文にあった『**日の名《な》残《ご》り**』という小説のタイトルの美しさが心に残った。小遣いをはたいてピカピカのノーベル賞記念版を買ったところ、村上春樹《むらかみはるき》さんの解説「カズオ・イシグロを讃《たた》える」という大きなおまけまでついてきた。

『日の名残り』（土屋政雄《つちやまさお》訳、早川書房）は執事《しつじ》のスティーブンスの独白で物語が進んでいく。イギリスの名門貴族の屋敷《やしき》だったダーリントン・ホールは、売りに出されてアメリカの大富豪《だいふごう》ファラデイ氏のものになる。長年ここで働いてきたスティーブンスは、新しい主人の勧めで自動車での小旅行に出かける。彼はこれを機に、かつてともに屋敷を支えた元「女中頭《じょちゅうがしら》」のミス・ケントンを呼び戻そうと考えていた。スタッフ不足と、自分が長年彼女に対して抱えていた複雑な気持ちを解消するために。

スティーブンスの言葉遣いはおだやかだが、心の中はジェットコースターなみに揺れ動いている。新しい主人のためにジョークの練習をしていると大まじめに語り、ミス・ケントンに「おセンチな恋愛小説」を読んでいるのが見つかると、上品な言葉の勉強のためだと言い訳する。失礼を承知で申し上げれば、ノーベル賞作家の代表作は、まさかの「笑える本」だったのだ。

ある夜ダーリントン・ホールでは、イギリス首相《しゅしょう》とドイツ大使の秘密会議が行われていた。ダーリントン卿《きょう》は、高貴の身は義務を伴うという「ノブレス・オブリージュ」の精神で世界大戦を回避《かいひ》しようとした。だが卿は利用されたにすぎなかった。ナチス政権下のドイツを支援《しえん》するのがどれだけ危険なことかに気づいていながら、スティーブンスは執事としての職務を超えず沈黙《ちんもく》を守った。

ミス・ケントンに恋心《こいごころ》を抱いていながら、何度か訪れた大事な局面では「みずからの地位にふさわしい品格」を保つことを優先させ続けた。そして秘密会議の夜、ミス・ケントンにベンと婚約したと告げられる。彼女は明らかに引き止めてほしいというメッセージを出しているのに、スティーブンスは「執事としての自分」を盾《たて》にして、決断から逃げてしまう。

第二次世界大戦がドイツのポーランド侵攻《しんこう》によって始まったとき、イギリスはすぐにドイツに宣戦布告した。ダーリントン卿の努力は水の泡《あわ》となり、それまでの行いは激しく非難された。スティーブンスは、貴族が民衆を導く時代の終わりを目の当《ま》たりにし、新しい時代の考え方を理解する。そのうえで政治に無関心をよそおい、新しい主人に仕え、それまでと同じように生きていく。

社会が大きく変わるとき、その波にうまく乗れる人とそうでない人がいる。この少しさびしい響《ひび》きのタイトル『日の名残り』とは、古きよきイギリスの残照のようなスティーブンスを指している。

楽器や歌声はもちろん、雷鳴、波、街路樹の葉のそよぎ、どんな音でも音符《おんぷ》に置き換えることのできる能力は、音楽家にとって必要なものなのか。『**絶対音感**』（最相葉月、新潮文庫）はその答えを求めた最相さんの探求心の結晶《けっしょう》だ。

音楽教育者の園田清秀《そのだきよひで》は一九三一（昭和六）年のフランス留学時に、絶対音感を持っている現地の子どもが、自分が必死に弾《ひ》く曲をやすやすと弾きこなす姿に驚かされた。絶対音感教育が日本の音楽レベルを底上げすると考えた彼は、息子の高弘《たかひろ》にそれをほどこすと同時に普及《ふきゅう》にも努めた。高弘は日本を代表するピアニストになり、絶対音感教育は音楽の早期教育の世界に広がった。

　戦争の渦中《かちゅう》にあった日本では、海軍がこの能力に着目した。絶対音感を持つ人の協力を得て、敵潜水艦《せんすいかん》や飛行機の種類から位置までわかる「人間レーダー」の開発に乗り出した。そして一九四一（昭和十六）年には、国民学校の授業でイロハ音名による絶対音感教育が始まった。戦後は一時敬遠されたが経済復興とともに復活し、今でも早期英才教育法の一つとして人気がある。

　子どもをより優れた音楽家にしたい。世界でもまれな絶対音感信仰が日本で続いているのは、そんな願望のためだ。だが、それがあると幸せとか音楽家として優れているとか、そういうものではないらしい。絶対音感とは「音感」としては絶対だが必要性としては絶対ではない、価値につけられた名前なのだ。

　最相さんは、絶対音感のある人に音がどう聞こえているかを知りたいという探求心から、多くの音楽関係者にインタビューを行い、読みごたえのある一冊を生み出した（巻末の取材協力者一覧を見てほしい）。僕だったら、ドラえもんの「ひみつ道具」のなかに絶対音感を体験できるものってないのかなあ、と思うだけで終わりそうだ。

　僕は高二の夏から半年間、最相さんのエッセイ「あのころの子ども」（新刊情報誌『こどもの本』に連載）のカットを描かせていただいた。文章のイメージに合うカットを描くために、十日かけて最相さんの代表作の一つ『**星新一《ほししんいち》　一〇〇一話をつくった人**』（新潮社）を読んだ。そしてさらに最相さんの超人的な取材力を知り、そんなすごい人と雑談しかしたことのない自分に驚いた。「知らないということは実に恐ろしいことなんだ」（by《バイ》『ドラゴン桜』）。表彰式で五回もお会いしていたのに、なんちゅうもったいないことをしていたのか！　相当なアホである。

「えっ、読んだことないの？」と編集の小沢さんに驚かれたのだが、読んでいないのには理由があった。リリーさんの心のうちを見てはいけないような気がして、ずっとあとまわしにしていた。

おそるおそる読みはじめた**『東京タワー　オカンとボクと、時々、オトン』**（リリー・フランキー、扶桑社）には、かけがえのない存在だったオカンと暮らした日々、そして別れが描かれていた。「オカン、ありがとね」。リリーさんは「オカン」のことを書き残すために、自分の心をさらけ出した。それを多くの人が自分の気持ちと重ねながら受け止め、この本は二百万部を超える大ベストセラーとなったのだ。

オカンはボクが四歳のとき小倉を離れ、筑豊《ちくほう》の炭鉱町でボクと二人で暮らした。やがて上京したボクは、何をすればいいのかわからず自堕落《じだらく》な生活を送るようになる。オカンはそんなボクのために、がんを患《わずら》いながらも働いていた。恐れている「いつか」が迫っていることを知ったボクは、オカンを東京に呼び寄せる。

「手書きだからこそ出せる温かさがあると思うんですよ」。リリーさんは二〇一五年、北九州市立文学館に『東京タワー』の自筆原稿を寄贈《きぞう》した。その原稿は、額に入れて飾りたくなるほど美しい文字で綴られていた。

僕は今、この本の原稿をパソコンで書いている。パソコンは書き直しが簡単で、順番も自在に変えられる。仕上がりの速さは完全にパソコンの勝利だが、すぐに書き直せるのをいいことに、深く考えずに書いたり消したりしながら言葉を探していると感じる。リリーさんが手書きで『東京タワー』の原稿を書いたのは、文章を安易なものにしたくなかったのと、自分の記憶のなかにしっかり残したかったからではないだろうか。

寄贈式のあとリリーさんは、オカンとの別れを描いた最終章について「泣きながら書いた以外の記憶がまったくない」と話した。きっとその部分は、書く手が追いつかないぐらいに頭のなかで文章が完成されていたのだと思う。小倉生まれのリリーさんの話し言葉で綴られたオカンへの思いは、気持ちがダイレクトに伝わってきて涙がこぼれた。

「遥《はる》か地平線の向こうまで広大に広がる巨大な霊園。この街に憧れ、それぞれの故郷から胸をときめかせてやってきた人々。この街は、そんな人々の夢、希望、悔《くや》しさ、悲しみを眠らせる、大きな墓場なのかもしれない」

リリーさんは東京のことをそう書いた。時は過ぎ思いは変化しても、この文章を書いたときの気持ちは、リリーさんの心にそのまま残される。

『東京タワー』を読んで、僕は何か変わっただろうか。

「ゆく川の流れは絶えずして、しかももとの水にあらず」。誰もが知っている『**方丈記**《ほうじょうき》』（鴨長明《かものちょうめい》）

の出だしの一文だ。生物学者の福岡伸一さんは、『読売新聞』のインタビューに応えて、「『方丈記』は生命のありようを過不足なく表現しています」と語っている。生命は絶えず自らの細胞《さいぼう》を壊しては新しいものに作りかえることで動的な平衡を保っているので、変わらないように見えていても、一年もたてば物質的には別人だそうだ。では記憶はどうだろう。同じように作りかえられているのだろうか？　**『最後の講義　完全版』**（福岡伸一、主婦の友社）によると、記憶は「物質」ではなく「状態」なので、消えることはないのだそうだ。

「変わらずに変わり続ける」。最後の「子どもノンフィクション文学賞」の表彰式の会場で、最相葉月さんが「自学ノート」に書いてくださった言葉だ（46ページ）。僕はこの言葉がとても気に入っている。僕は新聞を読み、気になったことを本で調べ、あるときは自分の目で確かめた。そして知ったことや伝えたいことを「自学ノート」に書いてきた。それらはいつのまにか川のようにつながり、今日まで途切れることなく続いている。その川に常に新しい知識や感動が流れこんでいれば、僕はその変化を今はまだうまく言葉にできないだけで、きっと変わり続けているはずだ。

第4章

ぼくの「自学ノート」高校生編

この章も、
横書きの「自学ノート」を
そのまま紹介《しょうかい》しています。
217ページまで飛んで、
そこからさかのぼって
読むようにしてください。

僕《ぼく》は今も「自学ノート」を書き続けています。
新聞記事の感想、体験の記録……、
テーマをしぼらずに書いたノートは歴史年表となり、
まるで羅針盤《らしんばん》のように、僕の進む道を探してくれています。

お大尽席

小屋の外で
待っていたとは
ありがてぇ!

芝居小屋の中には
お弁当や筋書きを売る
五軒長屋、
外にはお土産物を
売る二十軒長屋が
お目見えし、連日
大にぎわいでした。

昼の部 12:55
「お祭り」
夜の部 19:20
「小笠原騒動」
でうしろの壁が開きます。
日を追うごとに見物客
増量!! 小倉城
からも!!

千秋楽
11/27
撮影!

舞台大詰め、後ろの壁が開くと白くライトアップされた小倉城が舞台の一部になり、勢揃いした役者とまるで一枚の絵のように見えました。あまりの感動に、期末テスト前に立見で昼の部も観ました。

そして大失敗!!(笑)

11/6(火)、
文化祭の代休に夜の部「小笠原騒動」を観劇しました。博多座と比べて演者との距離が近く迫力がありました。小倉祇園太鼓の演奏など地域感タップリの演出が面白かったです。

平成中村座の定式幕(じょうしきまく)は初代中村勘三郎が幕府の船の櫓を漕ぐ音頭を取ったほうびにもらった帆布がはじまりです

平成中村座には超豪華お弁当付きの、「お大尽席」があります。
そしてなんと2階左右の舞台の脇に「桜席」という超マニアックな席があります。
ココ!↓ 舞台ソデが見える!!

31 2019年(令和元年) 11月13日

北九州市小倉北区の映画館「小倉昭和館」で17日午後8時半から、同区の特設劇場での歌舞伎公演「平成中村座」に出演している歌舞伎俳優の中村勘九郎さんと、市出身の映画監督、平山秀幸さんによるトークイベントが開かれる。

同館は16日から、平山さんが監督

17日小倉昭和館

公開された「ターン」は、勘九郎さんが当時の勘太郎で出演。07年公開の「やじきた道中 てれすこ」は勘九郎さんの父、十八代目中村勘三郎さんが主演している。

チケットは前売り、当日ともに両作品の観賞券と飲み物付きで2500円。定員250人。問い合わせは同館(093・551・4938)へ。

いだてん
大河ドラマ
東京オリムピック噺

10/27(日)「お練り」NHK大河ドラマ「いだてん」で主役の金栗四三を熱演中の中村勘九郎さんを先頭に、魚町銀天街ヒカリテラスを出発しました。ここ とゴールの井筒屋周辺は身動きできないほどでした 井筒屋玄関前では役者が来る度、紙吹雪が舞いました。

中村勘九郎
銀天街で
お仕事中の人も
みんな仕事の
手をとめ
スマホ片手に
お練り
見物
中村七之助
今日から11/26まで
千秋楽の
役者さん、裏方さんが
小倉に滞在します。
近くのお店でバッタリ
会えるかも
しれません

中村獅童
片岡亀蔵

商売繁盛ヨイヨイヤー!!

10月5日
待ってまし
平成中村座
平成中村座令和最初の公演として小倉初上陸
僕は新聞で、芝居小屋が約2週間で建てられると知って、
舞台のうしろが開くと小倉城が見えるように建てられています
10月6日
ほぼ毎日、学校の帰りに定点観察を行いました。写真を撮る人だけでなく、
10月15日
チケットは11月6日(水)夜の部13列11・12番小笠原騒動
長寿祈願なのか、拝む人も見かけました。

小倉に「平成中村座」がやってきた!
芝居《しばい》小屋を建てる様子をカメラで定点観察するアイディアを思いついた。

4月1日の昼前は、日本中が菅官房長官と新元号の書かれた額に注目していました。僕は11時20分からテレビをつけて歴史的瞬間を待ちました。

菅さんが持っている額の文字が見えそうになったとき、僕は思わずテレビを覗き込みました。その一瞬を読売新聞のカメラマンが見事に捉えていました。僕はこの写真をとても気に入っています。

「令和」は万葉集の「梅花《うめのはな》の歌三十二首」の序文から引用されたそうです。

「令和」と聞いたとき、僕の頭に「昭和」という元号がよぎりました。戦争がまた起こってしまうのではと不安に思う人がいるかもと考えました。次に「れいわ」は「へいわ」と響きが似ているので、考案した人は平成に引き続き平和な時代であってほしいという願いも込めたのでは、と感じました。

2019年(平成31年)4月6日(土曜日)　夕刊　1

令和の「顔」

菅さん、よかったね!!

発表直前「次代」見えた

写真は語る　4月1日　首相官邸

「あっ、見えた」。望遠レンズを付けたカメラのファインダー越しに、発表直前の新元号らしい文字がちらりと目に入ってきた。首相官邸で開かれた元号発表の記者会見。菅官房長官が、秘書官から手渡された額を演台に置こうとした瞬間の出来事だった。

歴史に残るであろう新元号発
場。「その時」に立ち会った喜
緊張を感じながらシャッターを
続けていたので、どんな文字が
れていたのかは、わからなかっ
だが、写真を見てみるとしっかり
和」をとらえていた。ほんの少
く、新時代を「先撮り」したこ
なった。（東京写真部　伊藤紘

＊国内外の本紙記者が、１週間で撮りためた中か
んだ写真をお届けします。土曜日に随時掲載しま

菅《すが》義偉《よしひで》官房《かんぼう》長官の晴れ舞台《ぶたい》。見出しも写真も最高だ!

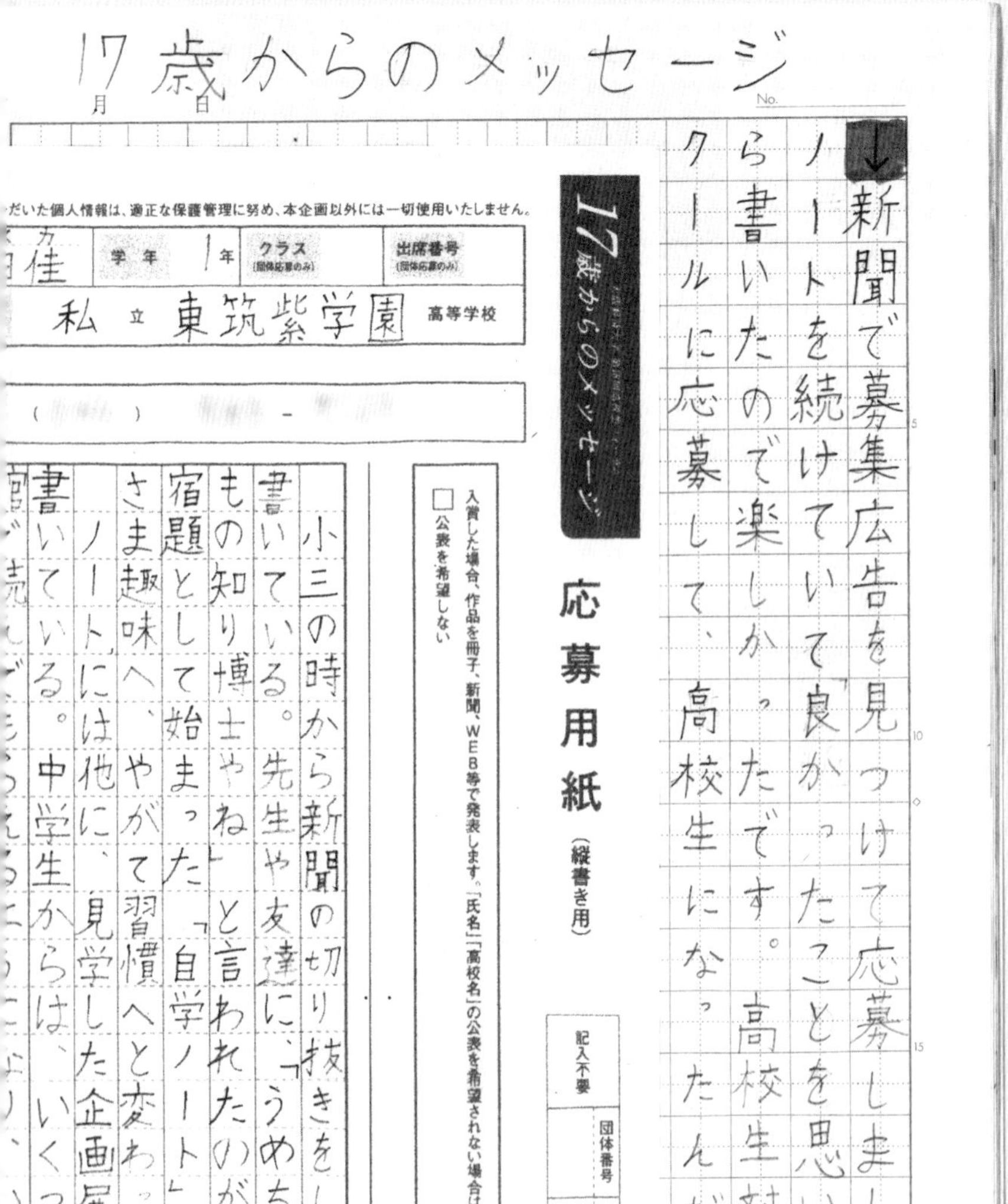

17歳からのメッセージ
月
日
No.
↓新聞で募集広告を見つけて応募しました。自学ノートを続けていて良かったことを思い出しながら書いたので楽しかったです。高校生対象のコンクールに応募して、高校生になったんだと実感しました。
だいた個人情報は、適正な保護管理に努め、本企画以外には一切使用いたしません。
佳
学年 1年
クラス（団体応募のみ）
出席番号（団体応募のみ）
私立 東筑紫学園 高等学校
（ ） -
17歳からのメッセージ
応募用紙（縦書き用）
入賞した場合、作品を冊子、新聞、WEB等で発表します。「氏名」「高校名」の公表を希望されない場合は左にチェックしてください。
□公表を希望しない
記入不要
団体番号
個人番号
小三の時から新聞の切り抜きをし、感想を書いている。先生や友達に、「うめちゃんは、もの知り博士やね」と言われたのが嬉しくて、宿題として始まった「自学ノート」は、すぐさま趣味へ、やがて習慣へと変わった。
ノートには他に、見学した企画展の感想も書いている。中学生からは、いくつかの資料

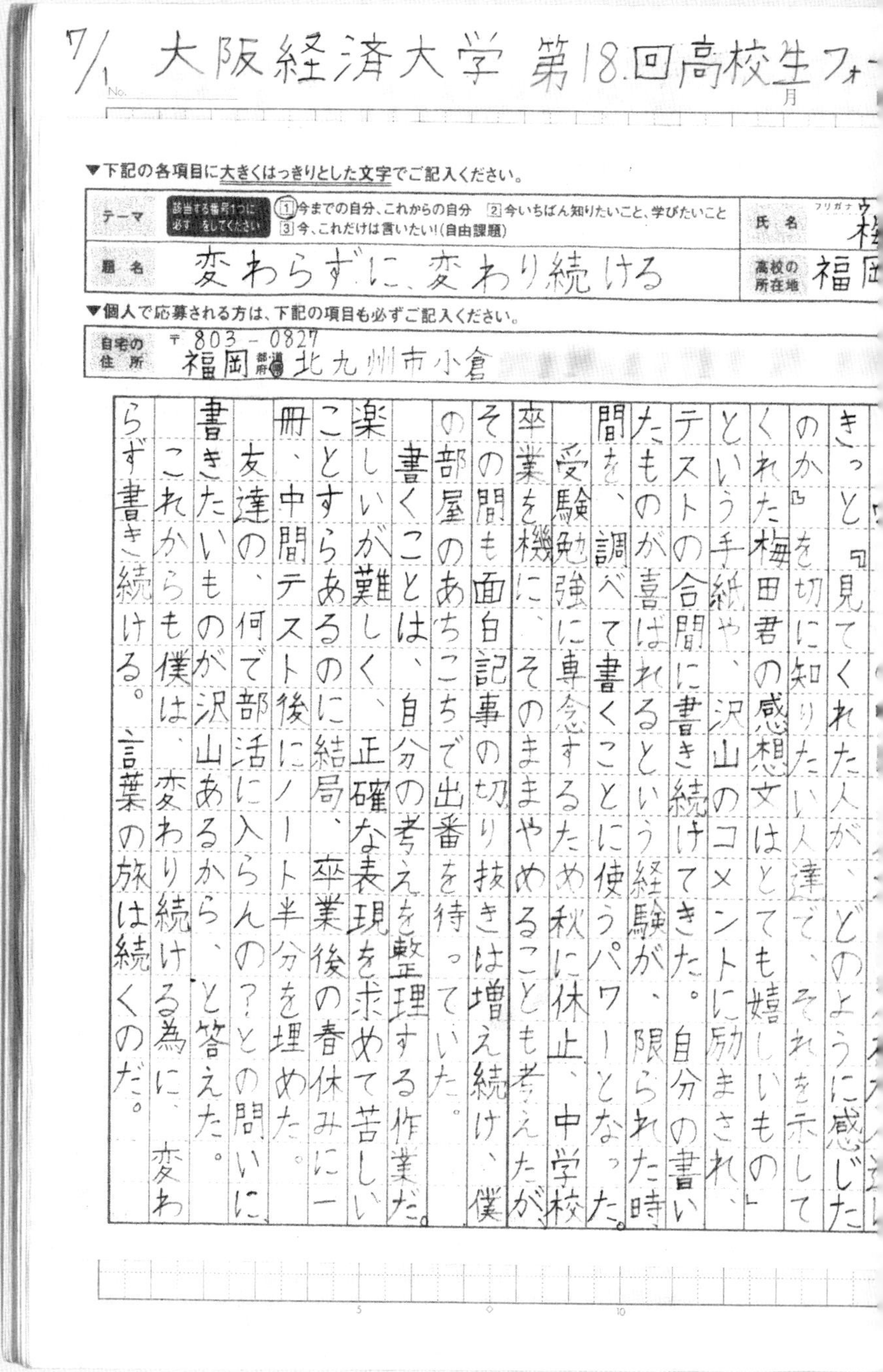

7/1 大阪経済大学 第18回高校生フォー

No.　月

▼下記の各項目に大きくはっきりとした文字でご記入ください。

テーマ	該当する番号1つに必ず○をしてください ①今までの自分、これからの自分 ②今いちばん知りたいこと、学びたいこと ③今、これだけは言いたい!(自由課題)	氏名	フリガナ
題名	変わらずに、変わり続ける	高校の所在地	福岡

▼個人で応募される方は、下記の項目も必ずご記入ください。

自宅の住所	〒803-0827 福岡 都道府県 北九州市小倉

きっと『見てくれた人が、どのように感じた
のか』を切に知りたい人達で、それを示して
くれた梅田君の感想文はとても嬉しいもの」
という手紙や、沢山のコメントに励まされ、
テストの合間に書き続けてきた。自分の書い
たものが喜ばれるという経験が、限られた時
間を、調べて書くことに使うパワーとなった。
　受験勉強に専念するため秋に休止、中学校
卒業を機に、そのままやめることも考えたが、
その間も面白記事の切り抜きは増え続け、僕
の部屋のあちこちで出番を待っていた。
　書くことは、自分の考えを整理する作業だ。
楽しいが難しく、正確な表現を求めて苦しい
ことすらあるのに結局、卒業後の春休みに一
冊、中間テスト後にノート半分を埋めた。
　友達の、何で部活に入らんの？との問いに、
書きたいものが沢山あるから、と答えた。
　これからも僕は、変わり続ける為に、変わ
らず書き続ける。言葉の旅は続くのだ。

大阪経済大学主催《しゅさい》のコンクール「17歳《さい》からのメッセージ」では、なりたて高校生の決意を書いた。
タイトルは最相葉月さんから贈《おく》られた言葉だ。（→46ページ）

まるちゃんは永遠に

版　2018年(平成30年)8月29日(水曜日)　讀　賣　新

世界のまる子ファン悼む

さくらさん死去「永遠の笑顔残す」

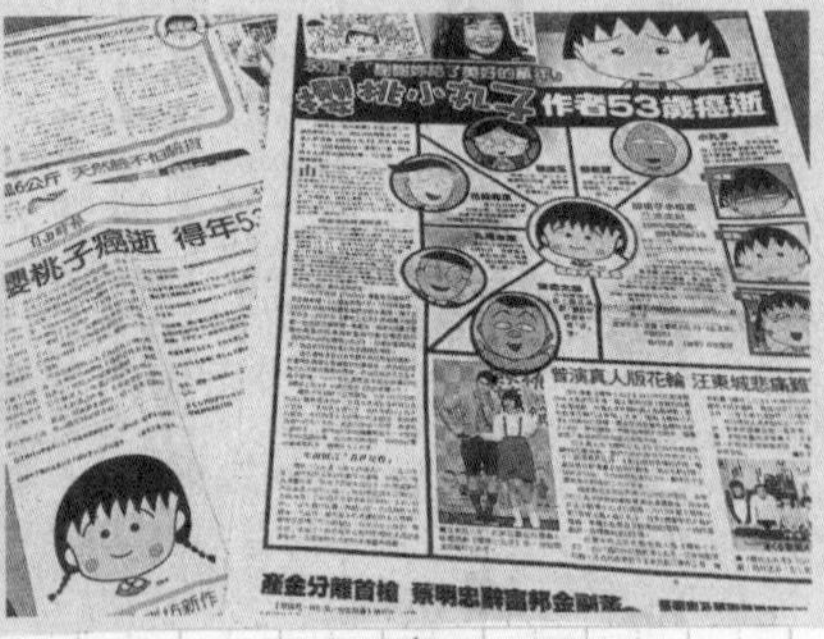

28日、台湾のメディアもさくらももこさんの訃報を大きく伝えた

【上海＝吉永亜希子、カイロ＝倉茂由美子】台湾や香港のメディアは28日、乳がんで亡くなった漫画「ちびまる子ちゃん」の作者、さくらももこさんの訃《ふ》報《ほう》を大きく伝えた。

台湾紙・蘋果日報は1面にさくらさんの顔写真と泣いているまる子を並べて掲載した。中面ではお金持ちの息子の花輪クンなど人気

中国大陸でも、27日夜からインターネットで「面白いキャラクターを生み出してくれてありがとう」「ご冥《めい》福《ふく》をお祈りします」などの投稿が相次いだ。

一方、中東でもインターネットなどで訃報は広がった。「ちびまる子ちゃん」はこの地域で、「マルコ・サギーラ」のタイトルで子どもたちに親しまれてお

んの作品は、テレビで毎週放送され、図書館でも常に誰かが手に取っている「活動中」のものばかりで、評伝などにも次回作が読めない無念さがにじんでいます。誰が読んでも、しかも海外の人でも、どこか自分と照らしあわせるところがある普遍性を持っていることが人気の最大の理由です。NHK「チコちゃんに叱られる」のチコちゃんが人気なのは、まるちゃんのような姿が、他人とは思えない雰囲気を醸し出しているのもあると思いました。

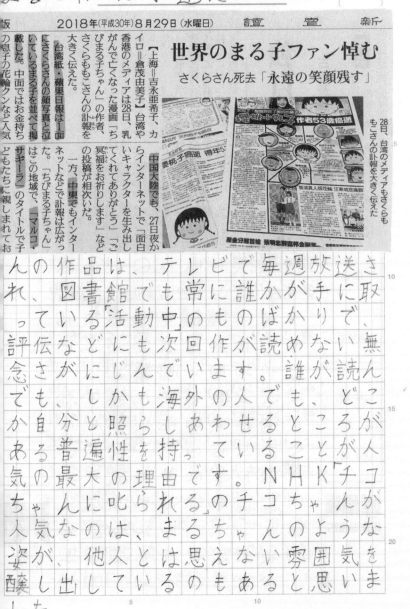

2018年(平成30年)10月15日(月

夕刊 7面 (　)

29 社会

星島日報は、「まる子の永遠の笑顔を残してくれた」と題する記事で、「ちびまる子ちゃんはアジアで広く親しまれた」と人気ぶりを振り返った。

声が次々と投稿された。パレスチナ自治区ガザに住むエンジニアの女性(27)は「作品を通して、日本の平和な日常に憧れた」と話した。

〈関連記事19面〉

作家や俳優が亡くなった後、追悼番組や新聞記事などで、その作品のよさを再確認するという動きが広がります。さくらももこさ

ひらづみ！

朝比奈あすか

もものかんづめ

さくらももこ

単行本74刷209万部
文庫本20刷68万部
集英社、390円

さくら・ももこ　1965年、静岡県生まれ。84年、短大在学中に漫画家デビュー。漫画だけでなく、『さるのこしかけ』『さくら日和』など、エッセーでも人気を集めた。

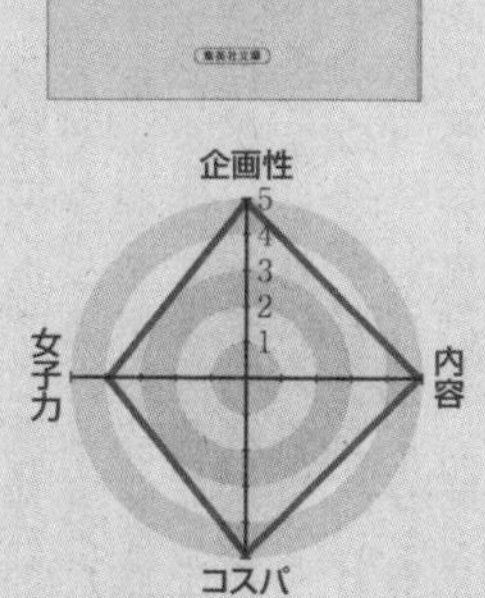

鋭い人間観察 媚びぬ筆

この夏、乳がんにより53歳の若さで亡くなったさくらももこさんの作品に、全国から注文が殺到している。漫画『ちびまる子ちゃん』だけでなく、『もものかんづめ』などのエッセイ集にも大幅に増刷がかかった。

思えば、雑誌『りぼん』で『ちびまる子ちゃん』の連載が始まったのは、私が小学校高学年だった昭和61年（1986年）だ。平成2年にアニメ化されると、まるちゃんはブラウン管の中でも大人気に。中学生だった私は、テーマソングの『おどるポンポコリン』をウォークマンでピーヒャラピーヒャラ聴いていた。

妹に薦められて『もものかんづめ』を読んだのは、高校生の頃だった。なんて面白いんだろうとびっくりした。さくらさんの手にかかると水虫も健康ランドも男女の別れの一コマさえも爆笑の種になってしまう。

私は特に、「メルヘン翁」が好きだ。祖父の最期を描いたこの作品には、さくらさんのウィットと文才が詰まっている。久しぶりに読み返したら、やっぱり面白いのだけど、それだけじゃなく、人間観察の鋭さと、誰にも媚《こ》びない筆さばきに感動した。さくらさんは「メルヘン翁」を自ら解説する文章の中で、『ちびまる子ちゃん』の友蔵爺《じい》さんには「私の憧れと理想とまる子への想《おも》い入れ」を込めたと語っている。解説文にはさくらさんの家族観や、人間の絆への考察も記されており、改めて胸を打たれた。さくらさんの書くものをもっと読みたかったなと心から思った。

SMAPの解散、安室奈美恵さんの引退、そしてさくらさんの死……。40代になった私は、永遠に続くものはないのだという当たり前のことを思い知らされている。平成時代は来年の4月に終わりを迎える。（作家）

亡《な》くなった方の記事を切り抜く時間は、その人の足跡《そくせき》に思いを馳《は》せる時間でもある。

れる理由

読書時間がゼロの大学生は、いくつかに分類されます。
①小学生くらいからゲームにはまって、本との付き合い方が分からなくなっている人達
②小学生くらいから、スポーツや受験勉強で本を読む時間などとても取れなかった人達
③低学年で「かいけつゾロリ」までは楽しめたのに、その後読む本をうまく見つけられなかった人達
以上のことから、小学生で絵本から児童書にシフトするのを大人に助けてもらうことが本を読む大学生を増やすカギだといえます。児童書から一般書へのシフトも同様です。

2018年7月9日夕刊 9面

の力

鵜飼哲夫

の書店の地位はコンビニとネット通販と情報サイトに取って代わられた、というのが本当の所ではないか？」と指摘している。いくら"いい本"でも書店に置

最近の中公文庫も付録充実で目を見張る。井伏鱒二の『珍品堂主人』の「増補新版」を生誕120年の今年出したが、巻末には、小説のモデルになった人のこ

めぐって」なども併録。安岡文学の独特の雰囲気の秘密にも迫っている。
濱口竜介監督が映画化（東出昌大主演、9月1日公開）した芥川賞作家・柴

11/2 読書時間0の大学生の生ま

ことへの危機感が広がっている。6月に都内で開かれた三島由紀夫賞の贈呈式では、選考委員の平野啓一郎が、「小説を読むことがゲームやスマホよりも面白いと思わせなければ、本は読まれません」と語り、「作家の世界観、文章の雰囲気に読者が包まれたいと思わせる小説を書くことが大事」とした。その上で、受賞作の古谷田奈月「無限の玄」には「独自の雰囲気があり、小説を読んだ人に、もう一回読みたいと思わせる力がある」と称賛した。

が、今日では名作すら売れなくなり、売れ筋の本が売り場の大半を占め、〝いい本〟を探すことが難しい書店も増えている。芥川賞作家・磯﨑憲一郎は、文芸時評（朝日新聞6月27日朝刊）で、「かつては少ないながらも海外小説や文庫の古典が並べられていた売り場を、売上ランキング上位の小説とダイエット本に明け渡してしまった結果、街

名作を文庫に

トで比較的廉価な文庫の付加価値を高めることは一つの方法だろう。1988年に創刊した講談社文芸文庫は、大江健三郎『万延元年のフットボール』など、純文学を中心とした名作をそろえる。その特色は、本文の後に「著者から読者へ」と題したオリジナルエッセーや文学者の解説、年譜、著作目録など、盛りだくさんな付録にある。

イラスト　寄藤文平

怪文天下をおおいつつあるとき、谷崎文章読本が再び世に出るのは、もっとも時宜を得たことである〉という三島由紀夫の文章をはじめ、小林秀雄、内田百閒《ひゃっけん》、折口信夫《しのぶ》の4人の本書への批評文をつけた。〈文章の味と云うものは、藝の味、食の味などと同じ〉で〈心がけと修養次第〉という谷崎の指摘は今も有益だ。

6月の新刊、『安岡章太郎戦争小説集成』も充実している。何をやってもうだつの上がらぬ万年二等兵の軍隊生活を描く安岡の「遁走《とんそう》」は、かつては角川文庫に入っていた戦争文学の傑作で、食べる・排泄《はいせつ》するという人間の基本すらままならぬ軍隊の滑稽と悲惨を、ユーモアもこめて描く。文庫オリジナルの本書では、「遁走」に加えて「銃」「餓」など安岡の戦争短編5編も収録し、巻末には開高健との対談「戦争文学と暴力を

襞に迫る小説の増補に際して、書き下ろし短編「同じ街の違う夜」を収録。土地の空気、都市のノイズを描き、文章に独特の雰囲気のある柴崎のエッセンスを、文中にはさまれた森泉岳土のマンガとともに楽しめる。

作家の須賀敦子は随想「塩一トンの読書」（ハルキ文庫『こころの旅』収録）で、古典や名作には〈読むたびに、それまで気がつかなかった、あたらしい面〉を発見できる、と記す。平成時代になってからは文庫本の値段も高くなり、安岡の文庫も1000円と安くはないが、何度も読みかえせて、本の面白さをより深く味わう一助になる付録がついていることを考えれば、かなり安いともいえる。

名作も次々と絶版になる時代。名作を読ませる文庫の編集力が問われている。

（次回は8月13日予定です）

鵜飼哲夫《うかいてつお》さん（読売新聞編集委員）のコラム「ほんの散策」が好きだった。
鵜飼さんが次々と本を紹介してくださるので、読むものに困ったことがなかった。

18歳「大人」不安と自覚

成人年齢を引き下げる改正民法が13日成立した。明治以来、140年以上にわたって続いた定義が変わり、4年後には18歳から「大人」の一員になる。主権者教育など「18歳成人」に向けた取り組みを進めている高校も多いが、経済的に自立していない若者が親の同意なくローン契約ができるようになることなどを不安視する声は少なくない。〈本文記事1面〉

「大人」の基準を巡る主な経緯

奈良時代以降	昔の成人式にあたる男子の「元服」は、身分によって異なるものの、15歳前後
江戸時代	男性の場合、前頭部の髪をそる月代《さかやき》が大人の印。15～20歳くらいに行われたとされる
1876年（明治9年）	太政官布告で成人を20歳と定める
1896年（明治29年）	民法で「満二十年ヲ以テ成年トス」と定める
2007年5月	憲法改正の手続きを定める「国民投票法」が成立。投票権を「原則18歳以上」に与えると明記
08年2月	鳩山邦夫法相（当時）が、法制審議会に成人年齢を引き下げるべきかどうかを諮問
09年10月	法制審が、18歳への引き下げが
15年6月	選挙権年齢を18歳以上とする改正公職選挙法が成立
18年3月	成人年齢を18歳に引き下げる民法改正案を、政府が閣議決定
6月	改正民法が与党などの賛成多数で成立
22年4月	改正民法が施行予定。成人年齢は20歳から18歳へと引き下げ

「お金」理解未熟・社会人は歓迎

「家庭でお金について話す機会がない生徒も多く、18歳から契約が結べることを理解するのは難しいのではないか」。長野県立豊科高校で昨年度、金融教育を実践した女性教論(50)は、生徒たちのお金に関する意識が低いと感じるという。

学校にかかる費用や、自分で使っているスマートフォンの料金を知らない生徒も珍しくなく、「学校だけでなく、家庭からお金について学ぶ環境を整える必要があるのでは」と指摘する。

佐賀県立高3年の鐘ヶ江愛貴さん(17)は、「高校生はまだ未熟。お金の大切さや管理の仕方を十分理解した上でクレジットカードを作るなどしないと、トラブルにつながる可能性がある」と法改正の影響を懸念。長崎県立高3年の女子生徒(18)も、「成人式が大学受験の時期と重なるため、今まで通り成人になるのは20歳でいいのでは」と困惑気味だった。

一方、成人年齢の引き下げを歓迎する18歳も。今春から働き始めた山口県岩国市の会社員今井響さん(18)は、「きつい思いもしながら、社会人としての立場を自覚してきた。周りを見ても18歳は十分しっかりしていて、時代に即した法改正だと思う」と語った。

改正民法が施行される2022年に18歳を迎える年代は、現在、中学2年生。福岡市立中2年の大原康輝さん(13)は、「『大人』というと、ずっと先の話という感じで、4年後に大人になるという実感はない。まだ時間があるので、少しずつ必要な知識を学んでいきたい」と話す。

「しっかりと働いて社会に貢献するのが成人のイメージ」という大分市立中2年の遠島鈴さん(13)は、「これから経験を積んで、大人になる自覚を持てるようになりたい」と強調した。

教育評論家の尾木直樹さんの話「社会や国際情勢が変化している中、フレッシュな感性を持った多くの若者を成人の仲間に迎えられるのは喜ばしい。一方、4年後に成人になる子供たちが自ら判断して責任ある行動をとれるようにするための取り組みはすぐに始める必要がある。契約トラブルを防ぐ教育だけでなく、生徒を学校運営に参加させるなどして、主体的に行動できるようになるための経験も積ませてほしい」

二〇一八年六月十四日 朝刊三十一面
新聞などで色々な情報を得たうえで、再度自分の考えを整理することが大切です。
僕は、国会で起こっていることを自分にも関係があることとして、人任せにせず自分の考えを持つことで、経済的には自立できていなくても「成人」になれると考えます。

「自学ノート」は高校生になっても続けた。さすがに漫画《まんが》を描《か》く時間はなくなったが（笑）。

11/4 18歳成人 僕の意見

18歳成人 22年4月から

改正民法が成立

飲酒・喫煙20歳

成人年齢を20歳から18歳に引き下げる改正民法が13日、成立した。2022年4月1日の施行予定で、飲酒や喫煙などは「20歳未満禁止」を維持する。歴史的な制度変更に対する国民の理解をどのように広げ、混乱を最小限に抑えていくかが課題となる。

13日の参院本会議で採決され、与党の自民、公明両党と野党の日本維新の会などが賛成した。立憲民主党、国民民主党、共産党などは反対した。

成人年齢は1876年（明治9年）発布の太政官布告で、20歳と定められた。今回の引き下げで、18歳や19歳は民法上の「成年」として扱われるようになる。施行後は、18歳でも親の同意なしに携帯電話やローンなどの契約ができるほか、法定代理人抜きで民事裁判を起こせる。結婚できる年齢は現行の「男性18歳以上、女性16歳以上」を「男女とも18歳以上」に統一する。

旅券法など関連する22の法律も改める。これにより、有効期限10年のパスポート取得や、裁判所への性別変更申し立てなどは、18歳から可能になる。

政府は成人年齢引き下げの狙いについて、若者の自立を促し、社会の活性化につなげることだとしている。選挙権年齢と成人年齢を、わかりやすく統一する狙いもある。憲法改正の手続きを定める国民投票法（2007年成立）は付則で、選挙権年齢や成人年齢引き下げの検討を促した。その後、15年に改正公職選挙法が成立し、選挙権は現在、18歳から付与されている。

飲酒や喫煙の「20歳未満禁止」を維持するのは「若いうちに始めると健康への悪影響が増す」とされるためだ。ギャンブルについても保護者や教師から「非行への引き金になる」と懸念が出たため、解禁年齢の引き下げを見送った。

読売新聞が今年3～4月に実施した世論調査では、成人年齢引き下げへの反対（56％）が賛成（42％）を上回った。こうした現状を踏まえ、参院法務委員会は改正民法の成立に先立つ12日、「18歳、19歳の若年者に理解されやすい形で周知徹底を図る」べきだとする付帯決議を全会一致で採択した。政府は関係府省庁連絡会議で制度移行に伴う課題を洗い出し、対策を急ぐ。

〈関連記事3・31面〉

成人年齢の引き下げで変わること、変わらないこと

20歳→18歳へ 引き下げ	16歳→18歳へ 引き上げ
ローン契約：親の同意なしに、18歳でもローンやクレジットカードの契約が可能	女性の婚姻年齢：男性と同じ「18歳以上」に統一
パスポート：「5年有効」のパスポートだけでなく、「10年有効」も取得できる	「20歳から」を維持　飲酒、喫煙：健康への影響を考慮し、20歳未満は禁止
性別変更の申し立て：性同一性障害の人は、18歳でも家庭裁判所に性別変更を申し立てられる	競馬や競輪などのギャンブル：「非行につながりかねない」として、20歳未満は禁止

二〇一八年六月十四日一面

明治以来140年以上続いた「成人」の年齢が4年後、20歳から18歳に引き下げられます。僕はちょうど4年後に20歳になるので、平成14年生まれの人は最後の「20歳成人」世代となります。4年後、僕より1つ下の19歳、2つ下の18歳の人達と一緒に成人になるのか、とても気になります。

「18歳成人」の狙いは、若者の自立を促し、社会の活性化につなげることだそうです。選挙権を得る18歳を成人と考えるのは自然な感じがするし、18歳成人の国は他にもあるので、無茶な話ではないといえます。しかし、ほとんどの子供が小遣い程度の金額しか扱ったことがない高校3年生のうちに自力でローンを組めるようになるのはトラブルが起きても不思議ではない状況です。また成人式が行われる時期が、僕達平成14年生まれが現役で初めて体験することになる「新テスト」現在のセンター試験の時期と重なっていて、成人式どころではないことも気になります。

選挙権年齢《ねんれい》の引き下げ、成人年齢の引き下げ、大学入試新テスト……。
変革の時代を生きる僕には、自分の頭で考えなければならない問題がいっぱいだ。

「あとがき」をよそおった　ぼくのあしあと　高校生編

中学校を卒業したあとの春休みに、僕《ぼく》は再び「軍艦防波堤《ぐんかんぼうはてい》を語る会」に参加しました。

軍艦防波堤とは、戦後の物資がなかった時代に軍艦を沈《しず》めて造った防波堤のことで、北九州市若松区の軍艦防波堤は、三隻《せき》の駆逐艦《くちくかん》を着底させたものです。現在も姿が見られるのは「柳《やなぎ》」一隻で、沖縄に向かう戦艦大和を護衛《ごえい》した「涼月《すずつき》」と「冬月《ふゆつき》」で造られた部分は、風化が進んだためコンクリートで埋設《まいせつ》されました。「冬月」は戦後、機雷《きらい》の掃海《そうかい》をしたことでも知られています。

代表の松尾敏史《まつおあつし》さんは「また来てくれましたね、若い人が軍艦防波堤に興味を持ってくれることが何よりもうれしいです」と、持参した「自学ノート」を会場に展示してくださいました。翌年の「語る会」では会場設営のお手伝いをしました。また高一の夏には、「子どもノンフィクション文学賞」落選作品『海底の残留兵』を読んだ「北九州市の文化財を守る会」理事長の前薗廣幸《まえぞのひろゆき》さんが、会報用に機雷についての文章を書かせてくださいました。

映画・芸能資料館「松永《まつなが》文庫」の松永武《たけし》さんは、およそ六十年間にわたり映画・芸能関連の資料を収集し、映画会社などが散逸《さんいつ》させてしまったものも含《ふく》めて、貴重な資料を数多く遺《のこ》しました。継《けい》続《ぞく》は力なりを体現したような松永さんから僕は、中二から取り組んだ機雷の研究でたくさんの励《はげ》ましをいただきました。中三の春に研究が行きづまったときには、「中学生には難しすぎるテーマです。誰《だれ》か気骨のある新聞記者さんが調べてくれるといいのですが」とおっしゃっていました。松永さんは僕が高一の秋に亡《な》くなりましたが、「関門海峡《かいきょう》の機雷のことを少しずつでも発信していきたい」という思いは、松永さんの思い出とともにいつも僕の心のなかにあります。

第3章の「ぼくのあしあと　読書編」で書いた「公欠扱《あつか》い」の話をします。

小沢さんの「本を書きませんか」から一週間後、今度は『読売新聞』から「新聞スクラップのイベントにパネラーとして参加しませんか」とお誘《さそ》いが。そしてまたもや僕はやってしまったのです。プレゼンなんてしたこともないのに、読売新聞東京本社に行ってみたいという気持ちに勝てず……。

イベントの司会も務める東京農業大学教授の柴田文隆《しばたふみたか》さんと読売新聞編集委員の森川暁子《もりかわあきこ》さんが、打ち合わせで小倉の僕の家までおみえになり、柴田教授とプラモデルの話題で盛り上がりました。あれっ？　大学教授と趣味《しゅみ》が同じなんて、僕は夢でも見ているようでした。

『ひとり日和《びより》』で芥川賞作家となった青山七恵《あおやまななえ》さんもゲストだと聞いて驚《おどろ》く間もなく、ネット上に青山さんと僕の写真が並んだイベント告知が載《の》りました。新聞にも告知記事が出ました。そして僕は「公欠願い」を学校に提出しました。はじめて飛行機に乗る僕に、柴田教授は「はやぶさ」帰還《きかん》にもご利益《りやく》のあった「飛不動《とびふどう》」の飛行護《ひこうまもり》を送ってくださいました。

そして迎《むか》えた九月七日。「新聞スクラップ✂わたし流」の会場には、お世話になった方たちが大勢集まっていました。みなさん僕のプレゼンが心配でドキドキだったはず。そんなとき僕は、みんなの心配をよそに控《ひか》え室《しつ》で青山さんにちゃっかりサインをいただいていました。

プレゼンは柴田教授、青山さん、そして僕の順番でした。大学生を教えているお二人の話を聞いていたら絶叫《ぜっきょう》マシンの順番を待っているような気分になりましたが、もはや逃《に》げ出《だ》すことはできません。僕はガチガチでマイクの前に立ちました。客席は静まりかえり、僕の話を待っています。

はじめに北九州市が文化施設《しせつ》の多い町だとアピール。次に市役所に仮面ライダーがいたことに触《ふ》れながら、映画のロケが多いと話しても反応はイマイチ。ところが、文化施設への「アポなし訪問」がテレビで紹介《しょうかい》されたことについて、反省していると言ったら会場が大笑い！ それからメインの「自学ノート」をどのように作っているかについての説明をしました。

プレゼンのあと『三省堂国語辞典』の編纂者《へんさんしゃ》、見坊豪紀《けんぼうひでとし》さんのご子息の行雄《ゆきお》さんが声をかけてくださいました。ハッと気づくと僕の前にお客さんが並んでいて、サインを求められ驚きました。会場には、僕の「自学ノート」のコピーが並べられ、多くの人が手に取っていました。編集委員の鵜飼哲夫さんとは会えただけでも感激なのに、著書を三冊いただきました。おみやげが工藤《くどう》パンの太《だ》宰治《ざいおさむ》生誕百十年記念パン「人間失格カステラサンド」だけではいけなかったかな。

イベント終了《しゅうりょう》後《ご》はホテルの喫茶《きっさ》コーナーで、小沢さんとこの本の原稿《げんこう》の打ち合わせ。まるで本物の作家のよう！ 翌日は柴田教授が「世界一の本の街」神田神保町を案内してくださいました。古書店街は、翌日からの修学旅行（ハワイ）をやめてここにいたい、いや、いつかここで働きたい！と思うほどの魅力《みりょく》がありました。東京で過ごした三日間は、僕にとってまさに人生のピークでした。

九月十九日の『読売新聞』朝刊にイベントの記事がカラーで掲載《けいさい》されました。大きすぎて折りたたまないと「自学ノート」に貼《は》れません。お世話になったお礼に、新聞スクラップイベントでの楽しい思い出を「自学ノート」二冊にまとめて送りました。すると余白だった十数ページに、文章とスクラップのプロたちのコメントがぎっしりとつまった、超豪華《ちょうごうか》なノートになって帰ってきました。

『ボクの自学ノート〜7年間の小さな大冒険〜』が何度再放送されても、学校生活に変化はありません。NHKエデュケーショナルの佐々木健一さんから「あれ？　急にモテたりしなかったの？」と無責任なLINE《ライン》が（笑）。この番組は文化庁芸術祭のテレビ・ドキュメンタリー部門で優秀賞《ゆうしゅうしょう》を受賞しました。僕は勉強とこの本の原稿の合間を縫《ぬ》って、佐々木さんとの出会いから撮影《さつえい》までを「自学ノート」一冊にまとめ、年末にノートを佐々木さんに送りました。

リリー・フランキーさんいわく「最後のアナログの子ども」の僕は、パソコンとスマホを持っていますが、パソコンは執筆《しっぴつ》用、スマホはほぼ打ち合わせのメール用。残しておきたい新聞記事を見つけたり、おもしろい体験をしたりすれば、やっぱり「自学ノート」にどう書こうかなと考えます。

「ぼくのあしあと　読書編」は、高二の夏から半年、自分の読書歴を振《ふ》り返《かえ》りながら勉強そっちのけで書きました。必要に迫《せま》られて本を買っているうちに、「第3章棚《だな》」が誕生！『東京タワー』の背の金色の部分がキラッと存在感を放っています。

僕は「自学ノート」の取り組みを通じて、文章を書くこと、読むことを仕事にする方々と知りあうことができました。樹木希林《ききりん》さんの『一切《いっさい》なりゆき　樹木希林のことば』に「人生なんて自分の思《おも》い描《えが》いた通りにならなくて当たり前」とありますが、なりゆきに任せていたら僕の人生は、自分の想像など軽々と超《こ》えるほどおもしろいものになりました。高校生に見えている世界なんて本当にちっぽけなもので、その先に広い世界があることを、何人ものプロフェッショナルの方々がチラッと見せてくださいました。

テレビの撮影でお世話になったカメラマンの藤田岳夫《ふじたたけお》さんから「これからは心のはさみでしっかり選択《せんたく》して前に進んでいってください。北九州市の方々は明日佳君の宝物です」というメールが届きました。僕の原点は北九州市にあります。これまで「自学ノート」や作文を読んで応援《おうえん》してくださったこの町の方たちへの感謝を忘れず、僕はそろそろ普通《ふつう》の高校生に戻《もど》ろうと思います。

そして今度は、小沢さんとの出会いから始まる「自学ノート」が生まれそうです。

……とここまで書いたのち、新型コロナウイルスの影響《えいきょう》で、全国の小中高の臨時休校が始まりました。僕たちは今、世界史で習うレベルの非常事態のさなかにいます。ペストやスペイン風邪《かぜ》の教訓は生かせないのか、そう思いながら僕は、日々新聞を通して、静かに社会を見つめています。

二〇二〇年五月　梅田明日佳

これまでの記録を1冊にまとめる作業を通じて、
あらためて多くの方に支えられて今の僕がいることが分かりました。
ここにお名前を記して、感謝の気持ちに代えたいと思います。
「自学ノート読んだのに」「コメント入れたのに」名前がない!!　という方には、
次にお会いしたときに手書きでお名前を入れさせてください(笑)。

「自学ノート」つながり

日明小学校・有吉比扶美先生、河野良子先生、森田久美先生、柴﨑賀子先生、
思永中学校・奥弘行先生、藤江智規先生、平戸恵子先生、守永聖美先生、
東筑紫学園高校・谷口明子先生、橋本廉士郎先生、井ノ口正文先生、
北九州市立中央図書館・轟良子さん、北九州市立若松図書館・古野佳代子さん、
株式会社ヨシダ・吉田清春さん、北九州イノベーションギャラリー・金氏顯さん、片峰陽子さん、
安川電機みらい館・岡林千夫さん、北九州市漫画ミュージアム・田中時彦さん、石井茜さん、
松本清張記念館・檜垣一美さん、柳原暁子さん、メーテルこと吉田有輝子さん、
毎日新聞社・伊藤和人さん、山﨑太郎さん、軍艦防波堤連絡会・松尾敏史さん

「子どもノンフィクション文学賞」つながり

作家・佐木隆三さん(故人)、児童文学作家・那須正幹さん、
ノンフィクションライター・最相葉月さん、第3章大トリのリリー・フランキーさん、
北九州市立文学館・今川英子さん、小野恵さん、松永文庫・松永武さん(故人)、凪恵美さん、
北九州市の文化財を守る会・前薗廣幸さん、「子どもの本」編集部・岡野久美さん

「テレビ番組」と「新聞イベント」つながり

NHKエデュケーショナル・佐々木健一さん、株式会社インフ・藤田岳夫さん、中山寛史さん、
東京農業大学・柴田文隆さん、作家・青山七恵さん、
読売新聞社・森川暁子さん、堀竜一さん、鵜飼哲夫さん、山口優夢さん、川浪康裕さん

小学館の飯田昌宏さんと編集の小沢一郎さんのおかげで、この本が誕生しました。
17歳の楽しい思い出をありがとうございました。

梅田明日佳より

(所属はお会いした当時のものです)

梅田明日佳（うめだあすか）

2002年、福岡県北九州市生まれ。北九州市立日明小学校、思永中学校を経て、私立東筑紫学園高校3年在学中。小学校3年生から北九州市が主催する「子どもノンフィクション文学賞」への応募を続け、「ぼくんちは寺子屋です」で小学生の部大賞、「ぼくのあしあと 総集編」で中学生の部大賞を受賞する。2019年11月に放送されたNHKスペシャル「ボクの自学ノート〜7年間の小さな大冒険〜」が話題に。

ぼくの「自学ノート」

2020年7月20日　初版第1刷発行

著者　梅田明日佳（イラストも）

発行者　飯田昌宏

発行所　株式会社小学館
〒101-8001 東京都千代田区一ツ橋2-3-1
編集 03-3230-5133
販売 03-5281-3555

DTP　ためのり企画

印刷所　凸版印刷株式会社

製本所　株式会社若林製本工場

協力　北九州市立文学館、松本清張記念館、読売新聞社

撮影　森清（FRaUWeb）（カバー、本文1、4〜5、11、132ページ）

ブックデザイン　坂川事務所（坂川栄治＋鳴田小夜子）

ISBN978-4-09-388769-4